U0451256

成都大学文明互鉴与『一带一路』研究中心学术丛书

杨玉华 主编

张程 著

韩国汉语会话书词类研究
（1910—1945）

中国社会科学出版社

图书在版编目（CIP）数据

韩国汉语会话书词类研究：1910—1945/张程著．—北京：中国社会科学出版社，2022.12

（成都大学文明互鉴与"一带一路"研究中心学术丛书）

ISBN 978-7-5161-3728-4

Ⅰ.①韩⋯　Ⅱ.①张⋯　Ⅲ.①汉语—词类—研究　Ⅳ.①H146.2

中国国家版本馆CIP数据核字（2023）第120197号

出 版 人	赵剑英
责任编辑	张　潜
责任校对	马婷婷
责任印制	王　超

出　　版	中国社会科学出版社
社　　址	北京鼓楼西大街甲158号
邮　　编	100720
网　　址	http://www.csspw.cn
发 行 部	010-84083685
门 市 部	010-84029450
经　　销	新华书店及其他书店
印　　刷	北京明恒达印务有限公司
装　　订	廊坊市广阳区广增装订厂
版　　次	2022年12月第1版
印　　次	2022年12月第1次印刷
开　　本	710×1000　1/16
印　　张	25.5
插　　页	2
字　　数	328千字
定　　价	135.00元

凡购买中国社会科学出版社图书，如有质量问题请与本社营销中心联系调换

电话：010-84083683

版权所有　侵权必究

成都大学文明互鉴与"一带一路"研究中心学术丛书编辑委员会

顾　　问	曹顺庆　张　法　项　楚
	谢桃坊　姚乐野　曾　明
主　　任	刘　强　王清远
副 主 任	杨玉华
委　　员	何一民　王　川　潘殊闲　谭筱玲
	袁联波　张　起　代显华　张学梅
	魏红翎　李　敏　马　胜　诸　丹
	周翔宇
主　　编	杨玉华
常务编委	魏红翎　周翔宇
秘　　书	李天鹏　黄毓芸

成都大学文明互鉴与"一带一路"研究中心学术丛书总序

  习近平总书记指出:"文明因交流而多彩,文明因互鉴而丰富"。"文明互鉴"是构建人类命运共同体的人文基础,是增进各国人民友谊的桥梁,是维护世界和平与推动人类社会进步的动力,而"一带一路"则是文明互鉴的重要路线、渠道和阵地。尤其是在时逢"百年未有之大变局"的今天,在多元文化碰撞、交流日益密切的时代语境下,实施"一带一路"倡议,促成各国文明、文化的交流、互鉴、共存,以消除不同文明圈之间的隔阂、误解、偏见,对于推动国家整体对外交往及中华优秀文化的传承、传播、创新,建构"美美与共、和而不同"的全球性文明,乃至建构人类命运共同体都具有紧迫的现实意义和深远的历史意义。

  成都是一座具有4500年文明史、2300多年建城史的城市,是中国首批24座历史文化名城之一,有着悠久厚重的历史文化积淀,创造过丰富灿烂的文明成就,形成了"创新创造、优雅时尚、乐观包容、友善公益"的天府文化精神。成都又是"南方丝绸之路"的起点,从古蜀时代开始,就形成了文化交流、互鉴的优良传统,留下了文明互鉴、互通的千古佳话。作为"一带一路"节点城市、"南方丝绸之路"起点城市，成都在新时代建构人类命运共同体的文明互鉴与"一带一路"倡议中占有重要地位，扮演着重要角色。必当趁势而上、大有作为。

　　成都大学是一所年轻而又古老的学校，其校名可追溯到1926年以张澜先生为首任校长的"国立成都大学"。虽然1931年后即并入国立四川大学，但却取得了骄人的成绩，不仅居四川三所大学（国立成都大学、国立成都师大、公立四川大学）之首，而且在全国教育部备案的21所国立大学中，也名列第七。并且先后有吴虞、吴芳吉、李劼人、卢前、伍非百、龚道耕、赵少咸、蒙文通、魏时珍、周太玄等著名教授在此任教。因此，成都大学乃是一所人文底蕴深厚、以文科特色见长的高校。即便从通常所认为的1978年建校算起，也仍然产生了白敦仁、钟树梁、谢宇衡、常崇宜、曾永成"五老"，并且都是以传统的文史学科见长的教授。成都大学作为成都市属唯一的全日制本科院校，理应成为成都文明互鉴、对外交往、文化建设以及提升国际化水平的重镇和高地。

　　站在新的历史起点上，成都大学在实施"五四一"发展战略，实现其高水平快速可持续发展的进程中，如何接续其深厚人文传统，再现文科历史荣光，建成成都文化传承发展创新高地，在成都世界文化名城及"三城""三都"建设中，擘画成大方案、提供成大智慧、贡献成大力量，就成了成大人的光荣使命和重大责任。因此，加强与兄弟院校的合作，特别是依托四川大学的高水平学术平台、师资、项目，借智借力，培育人才，建设学科，积累成果，不断发展壮大成都大学的人文社会科学，就成了不二选择。

　　正是在这样的背景下，成都大学进一步强化拓展与四川大学的合作，在其"中华多民族文化凝聚与全球传播省部共建协同创新中心"

下成立"成都大学文明互鉴与'一带一路'研究中心"(以下简称"中心")。"中心"以中华多民族优秀传统文化研究的学科体系、学术体系和话语体系建构为基础,旨在为促成中华优秀传统文化与多元文化对话、互鉴及未来的创新发展而搭建支撑平台、凝聚社会共识、建立情感纽带,指导引领成都大学文科高水平建设和高质量发展。中心立足西南、心系天下,充分发挥成都作为"一带一路"节点城市、"南方丝绸之路"起点城市的独特优势,以学术研究为依托,以理论研究、平台构建、学科培育、人才培养、智库建设为抓手,积极参与构建当代中国国家文化,就文明互鉴、"一带一路"倡议、中华优秀传统文化的传承、传播、创新做出实质性的贡献。

要实现上述目标,需要搞好顶层设计,精心编制中长期规划,汇聚和培育一支高水平人才队伍,立足成都大学人文社科的现实基础和优势,久久为功,集腋成裘,推出一批高水平的标志性研究成果,充分彰显学术创新力,逐渐提高"中心"的影响力。因此,编撰出版"成都大学文明互鉴与'一带一路'研究中心学术丛书"就成了重点工作和当务之急。

"成都大学文明互鉴与'一带一路'研究中心学术丛书"每年从成都大学人文社科教师专著中遴选,并全额资助出版。每年一辑,一辑八种左右。开始几辑不分学科系列,待出版的专著积累到一定数量或每年申请资助出版专著数目较多时,方按学科类别分为几个系列。如天府文化系列丛书、成都大学学术文库、重点优势学科研究系列丛书(如古典学、文艺学、比较文学等)。资助出版的著作为专著、译著、古籍整理(点校、注疏、选注等),以创新性、学术性、影响力为入选标准。力求通过10年的持续努力,出版80部左右学术著作,使丛书在学界产生较大的规模效应和影响力,成为展示成都悠久厚重历史文化积淀、中国人文社科西部重镇丰硕成果的"窗口"和成都大学深厚人文传统、雄厚社科实力和丰硕"大文科"建设成就的一张靓丽名片。合抱之木，起于茎寸。百年成大，再铸辉煌！但愿学界同仁都来爱护"丛书"这株新苗，在大家精心浇灌壅培下，使之茁壮成长为参天大树！

杨玉华

2021年11月6日

于成都濯锦江畔澡雪斋

序　文

　　我与本书的作者张程第一次见面不是在韩国,而是在数年前我受邀到成都大学进行专题讲座时。在我讲完后的提问环节,在四川大学读研的张程站起来问我能不能在我的门下读博士。我没有料到会有人提出这样的问题。我觉得有点惊慌,但是心里很高兴,于是就爽快地回答他"可以"。回国后由于工作忙,我几乎都忘了那件事。但是过了几年以后,成都大学的刘兴均教授给我推荐了一名博士生,他就是张程。

　　张程办完留学手续来到韩国在我办公室报到的那天,我跟他谈了今后他在韩国的学习计划,以及怎么适应韩国的生活等多方面的问题。当天我就提出博士论文的选题问题。当时我的书架上摆着日据时期在韩国使用的九种重要的中国语会话教材。我虽然对那些书很感兴趣,但是由于跟我学的专业差距很大,所以无法进行更深入的研究。由于张程的硕士专业就是语法,所以我给他介绍了这些书,并建议把它们当作博士论文的研究对象。从那以后一直到博士毕业的三年多时间里,他潜心研究了那些教材,最终完成了博士论文。此次出版的书正是对他的博士论文《日据时期韩国汉语教材词类研究》进行补充和修正的产物。当时进行论文答辩时,评委们都对他的论文给予很高的评价,主要理由有两点：第一，论文对那些教材里的词类进行了全面而系统的分析；第二，到那时为止，学界对那些教材的研究成果几乎微乎其微。

下面我们先了解一下日据时期韩国的中国语会话教材所具有的价值和意义。

第一，20世纪初，在韩国出版的中国语会话教材，是考查一百多年前中国语口语的一份好材料。

第二，日据时期的教材，虽然其题材深度不够，内容也存在不足，而且有效仿西方和日本的痕迹，但是可以考查20世纪初中国语会话体的使用情况。

第三，单从编撰者为韩国人的角度来看，可以说它能考查近代韩国进行中国语教育的初期情况，给后人提供宝贵的第一手材料。

第四，通过梳理十多种（该书研究对象为9本）教材中出现的词汇与句子，可以考查中国语当时使用的词汇与语法现象。

第五，通过梳理当时用于会话的句子和叙述文中出现的语法现象，可以考查从近代到现代这一过渡期中国语的语法特征。

第六，在有些教材中，使用专业语法术语来表示词类的分类和时态的区分，以便读者理解，由此可以考查到当时作者对中国语语法的认知程度。

第七，通过考查可以发现，教材中出现的很多字形、句子与现在存在着许多差异，保存了很多韩国本土汉语异体字、俗字，这也能为汉语字体变化、句子语法化过程的探究提供宝贵的资料。

第八，这些书籍在韩国的中国语教材研究史上也具有重要的历史意义。到朝鲜时代为止，中国语教材的编撰大多由官方主导，而到了日据时期，则根据需要在民间力量主导下编撰了中国语教材。

上面所列举的种种意义，就能充分说明研究过渡期韩国的中国语教材特别切合实际。本书研究了当时韩国的中国语教材中出现的词类，通过分析和考查资料，反映了当时中国语语法的独特一面。由此可见，本书也有助于对比研究不同时代中国语会话教材在语法上的差异。

张程诚实守信，礼貌待人。尤其是写论文时，他常常研究到深夜，可谓是诚实的化身也不为过。远在异国他乡，留学生活给他带来了很多困难，但他都默默地克服了各种难关。读书人平时生活上的诚实，肯定会影响到论文的质量和水平。张程的诚信度对他的论文质量和水平起到了举足轻重的作用，这也是语法专业的人值得一读本书的重要理由之一。

张程取得博士学位回国后就当上了他的母校成都大学的一名教师。他现在执教生活过得很充实，最近在授课和学术领域都获得了很多奖项。这些成果会给他今后的执教生涯留下深刻的足迹，并让他的生活更加熠熠生辉。

本人序文写得有些杂乱无章，想起要放在正文前面，感到有点儿羞愧。但是"青出于蓝而胜于蓝"，作为他的博士导师，满心都是愉悦。

2022 年元旦
于韩国岭南大学莫下斋 崔桓

目录

第一章 绪论 ········· 1
  第一节 研究缘起 ········· 1
  第二节 研究对象 ········· 4
  第三节 研究综述 ········· 11
  第四节 研究意义 ········· 14
  第五节 研究方法 ········· 16

第二章 名词 ········· 17
  第一节 名词的语义分类 ········· 17
  第二节 名词的句法功能分类 ········· 38
  第三节 名词的造词法 ········· 44
  第四节 与普通话名词的比较 ········· 56
  第五节 小结 ········· 62

第三章 动词 ········· 63
  第一节 动词的语义分类 ········· 63

第二节　动词的构词研究 …………………………… 65
  第三节　动词"有"的研究 …………………………… 69
  第四节　动作动词语法功能概况 …………………… 75
  第五节　动词重叠式研究 …………………………… 78
  第六节　与普通话动词的比较 ……………………… 86
  第七节　小结 ………………………………………… 90

第四章　形容词 ………………………………………… 91
  第一节　形容词的分类研究 ………………………… 91
  第二节　形容词的构词研究 ………………………… 93
  第三节　形容词的语法功能研究 …………………… 94
  第四节　形容词重叠 ………………………………… 108
  第五节　与普通话形容词的比较 …………………… 110
  第六节　小结 ………………………………………… 111

第五章　副词 …………………………………………… 113
  第一节　副词的定义 ………………………………… 113
  第二节　副词的分类研究 …………………………… 116
  第三节　副词的结构形式 …………………………… 167
  第四节　与普通话副词的比较 ……………………… 169
  第五节　小结 ………………………………………… 175

第六章　量词 …………………………………………… 176
  第一节　量词的分类研究 …………………………… 176
  第二节　量词的认知基础 …………………………… 187
  第三节　与普通话量词的比较 ……………………… 191
  第四节　小结 ………………………………………… 193

第七章 代词 … 194
- 第一节 人称代词 … 194
- 第二节 人称代词重叠 … 204
- 第三节 指示代词 … 205
- 第四节 遍指代词 … 211
- 第五节 疑问代词 … 212
- 第六节 与普通话代词的比较 … 217
- 第七节 小结 … 220

第八章 介词 … 221
- 第一节 介词的定义 … 221
- 第二节 介词的范围 … 223
- 第三节 介词的分类研究 … 224
- 第四节 与普通话介词的比较 … 249
- 第五节 小结 … 251

第九章 连词 … 252
- 第一节 连词的定义 … 252
- 第二节 连词的分类研究 … 254
- 第三节 与普通话连词的比较 … 277
- 第四节 小结 … 278

第十章 助词 … 279
- 第一节 助词的性质和范围 … 279
- 第二节 助词的分类研究 … 280
- 第三节 与普通话助词的比较 … 323
- 第四节 小结 … 325

第十一章　语气词 ·· 326
　　第一节　单音节语气词 ······································· 326
　　第二节　语气词"啊"与"呀""哪""哇"的关系 ········ 341
　　第三节　双音节语气词 ······································· 346
　　第五节　小结 ·· 348

第十二章　《汉语会话书》的词类特征 ··················· 349
　　第一节　命名的多样性 ······································· 349
　　第二节　词类归属成员的不一致性 ······················ 351
　　第三节　词类的下位分类特征 ····························· 357
　　第四节　词类划分的原因 ···································· 363
　　第五节　"儿"化特征 ·· 366
　　第六节　小结 ·· 374

第十三章　结论 ··· 375

参考文献 ·· 379

后　记 ··· 388

第一章　绪论

第一节　研究缘起

近年来,汉语研究在汉文史料的挖掘、出土资料的丰富和海外文献的介入等方面取得了可喜成绩,资料视野的扩展极大地促进了汉语研究的发展。朝鲜半岛的汉文文献是汉语研究非常重要的资料来源,朝鲜半岛作为汉文化的一个亚文化圈,官方及民间的汉语教育历史都很悠久,在长时间的内化下形成了自己独特的体系和特征。

早在朝鲜时代(1392—1910),朝鲜半岛就出现了大批汉语教科书,如《老乞大》《朴通事》《训世评话》《五伦全备》《华音启蒙》《你呢贵姓》《象院题语》《骑着一匹》等。学者们对这一时期汉语教材的研究在版本考订校对、语法词汇、韩文注音等方面已经取得了丰硕成果。如汪维辉等(2005、2011)主编的《朝鲜时代汉语教科书丛刊》和《朝鲜时代汉语教科书丛刊续编》为近代汉语尤其是北方汉语口语的研究提供了非常宝贵的语料[1]。

---

[1] 李春红:《日据时期朝鲜半岛汉语会话教科书语言研究》,博士学位论文,吉林大学,2017年。

1895年中日甲午战争之后，中国在朝鲜半岛势力衰微，文化交流基本处于停顿，1910年日本正式将朝鲜半岛变为自己的殖民地，直到1945年日本战败结束。这35年日本殖民统治时期，总共发布过四次《朝鲜教育令》，汉语教育在严酷的打压下艰难地生存着①。

　　在1908年，日本通过李完用傀儡政府公布《私立学校令》，规定不能确保3000元基本金的私立学校一律关闭②。教育事业由此受到挫折，私立学校数量下降，对此，韩国民众采取了设立不需获得许可的教会学校和书堂（私塾）的形式予以对应。统监府还专门设立所谓的"教科书编辑及鉴定委员会"，对私立学校的教科书进行严格的审查，强行删去带有政治观点和激发人民情绪的词句，又以妨碍治安为由禁止一郡以上的联合运动会。傀儡政府于1909年发布《出版法》，严禁历史、地理、国语等与民族教育有关书籍的出版发行，这些禁书有：玄采的《幼年必读》、《中等教科东国史》，李相翊翻译梁启超的《越南亡国史》，金大熙的《二十世纪朝鲜论》等③。

　　1911年朝鲜总督府发布第一次《朝鲜教育令》，将日语定为官方语言，主要是在政府机构、裁判所和学校使用，剥夺了朝鲜语作为官方语言的地位。并且朝鲜总督府关闭了汉城外国语学校，汉语部也随之消失，官方汉语教学就此中断，汉语转入民间自学④。1922年颁布第二次《朝鲜教育令》实行日本人和韩国人的双重教育体制，各级学校减少韩国语教学时数，增加日语教学时数，并把日语定为"国语"。1926年京城帝国大学的法学部开设支那文学与支

---

① 金基石：《韩国汉语教育史论纲》，《东疆学刊》2004年第1期。
② 柳汉喆：《韩国独立运动史研究》，一潮阁，1988年：第76页。
③ 《官报》：隆熙四年（1910年）8月13日，奎章阁韩国学研究院。
④ 岳辉：《日据朝鲜半岛时期汉语教育的殖民色彩》，《山东大学学报》（哲学社会科学版）2015年第6期。

那哲学专业，1927年北京大学魏建工先生应邀前去任教。但直到1945年，支那文学系仅有9名学生毕业。韩国汉语教育濒临崩溃。1938年颁布第三次《朝鲜教育令》，禁止韩国语在学校使用，实行同化政策。1943年颁布第四次《朝鲜教育令》，继续对韩国同化教育，使之军国主义化，并关闭了所有私立学校，韩国民族教育被完全扼杀①。

1931年九一八事变后，日本扶植建立了伪满洲国，处于侵略的需要，日本制定了移民"满洲"的基本国策，韩国大量的报纸媒体开始宣扬美化移民政策。如：《每日申报》就报道中国东北为"今日的乐土，同胞们一起雄飞踊跃吧"②。于是大量的日本人和韩国人移民中国东北，使用汉语交流也就变得越来越重要了，正如李春一在《满洲语无师自通》序言中说到"只因言语不通之关系，每见该邦人士，如聋哑相面，朝夕往来，颇感困难"。在此"国策"下，朝鲜总督府1932年修改了第二次《朝鲜教育令》，发布了第十二号、十三号朝鲜总督府令，恢复中断了20多年的官方汉语教学③。在这一时期，韩国的汉语教育迎来了"黄金时期"。无论是官方还是民间的学校数量还是汉语教科书的出版都出现了高峰。

朴在渊、金雅瑛《汉语会话书》、《汉语会话书续编》收录了此时段韩国刊行的汉语教科书15种，这一时期朝鲜半岛的汉语教科书以会话为主，且以实用自学为主，书名多冠以"速成""自习""自通""独学"等词语语料以北京官话为主，有少量教材用"满洲语"作为书名，强调语料来源于东北官话。这批教材在词类、句法、编写体例和刊行

---

① 金基石：《韩国汉语教育史论纲》，《东疆学刊》2004年第1期。
② 《今日의乐土이다》，《每日申报》，1932年3乐12日，第2版。
③ 岳辉：《日据朝鲜半岛时期汉语教育的殖民色彩》，《山东大学学报》（哲学社会科学版）2015年第6期。

等方面，都和西方的语言教材更加接近，使汉语成为一门真正的现代外语语种，而不再是传统的东亚书面共同语。这标志着朝鲜半岛汉语教育大众化的开端，是朝鲜半岛现代汉语教学与研究最初的成果（毕信燕，2019）。

语言研究分为语音、词汇和语法，语法的变化最为缓慢，《汉语会话书》中的部分教科书对汉语词类的记录反映了当时教材编写者的词类观和语法的过渡特征。比如《汉语独学》就将词分为：数字、代名词、动词、名词、形容词。《华语教范》将词分为：陪伴词、动词、前宾词、副词、形容词、打消话、助词、连续词。虽然分类和名称与现代汉语有不一样的地方，但词类标注已经明了。

这些汉语教科书的词类特征是什么，有哪些独特的词类现象，反映了日据韩国汉语界的哪些词类观，同时又佐证了早期现代汉语什么样的词类特征？基于上述思考，本书以《汉语会话书——20世纪10—30年代旧活字本9种》（以下简称《汉语会话书》）里的系列教材为研究对象，考察此时期汉语的词类特点，以期完整展现此阶段朝鲜半岛汉语独特的语言现象，并为早期现代汉语的历史发展、东北地区语言接触等问题提供域外语料佐证，也为早期现代汉语研究提供异域的语料印证。

第二节　研究对象

本书的研究对象为《汉语会话书》中的词类问题。该书收录了1911—1938年（日据时期）朝鲜半岛所出版的汉语教科书9种，由韩国鲜文大学中韩翻译文献研究所朴在渊、金雅瑛编撰而成，于2009年8月在韩国学古房出版社出版；我们把9种书的作者、出版年份、发行所列出，见表1-1。

表 1-1　　1911—1938 年朝鲜半岛出版的 9 种汉语教科书

著作	作者	发行所	出版年份(年)
《汉语独学》	宋宪奭	朝鲜书馆发行	1911
《汉语指南》	柳廷烈	汇东书馆	1913
《华语精选》	高永完	普书馆	1913
《华语教范》	李起馨著、陈国栋阅	普昌书馆	1915
《汉语大成》	李源生	以文堂	1918
《"支那"语集成》	宋宪奭	德兴书林	1921
《中国语自通》	白松溪	永昌书馆	1929
《满洲语自通》	(朝鲜)文世荣著 (沈阳)马茂林校阅	株式会社以文堂	1934
《"支那"语大海》	文世荣	永昌书馆	1938

下面我们对这九本教材的内容和体例作简单说明。

《汉语独学》全一册，共 110 页，出版于 1911 年，是《汉语会话书》中的第一本。该书以初级汉语自学者为教学对象，以交流会话为主，用大量的对话练习提升自学者汉语语感，并帮助其熟悉汉语语法，从而学会使用汉语进行交际。书中的会话设计以上流社会流行的北京官话为基准，同时，会话书中东北官话的因素也十分明显[①]。

朝鲜于 1910 年沦为日本殖民地，朝鲜总督府针对语言文字政策先后下达了四次《朝鲜教育令》，以日语为官方语言，扼杀了当时的民族语言教育[②]。从西汉末年直至近代，古代汉语文言文在包括中国、日

[①] 张辉、宋婷婷：《日据时期朝鲜汉语官话会话书〈增补改正汉语独学〉音系标记》，《东疆学刊》2017 年第 3 期。

[②] 陈明娥：《韩国汉语会话教材 600 多年的发展变化——以 14 至 20 世纪汉语会话书为例》，《宁夏大学学报》(人文社会科学版) 2016 年第 2 期。

本、蒙古、朝鲜半岛、越南以及琉球群岛等东亚"汉字文化圈"发挥着通用语言和外交语言的作用①。朝鲜半岛称呼中国语言都使用"汉语""中国语""华语"。可见在第一个《朝鲜教育令》时期,该书依然沿用了"汉语"的称呼。然而在1912年该作者的《自习完璧"支那"语集成》中,"汉语"被"支那语"替换,这说明汉语会话教材的编撰逐渐受到了语言文字政策的影响。

《汉语指南》全一册,共817页,出版于1913年,是《汉语会话书》中的第二本。除凡例外,包含3个部分:词汇、散语、会话。从词汇到单句,再到语篇,书中的内容展示了清末民初的中国社会生活。《汉语指南》的编写体例分为汉语官话和朝鲜语翻译,分布于每页的上半部分和下半部分,中间用横线隔开(见图1-1)。

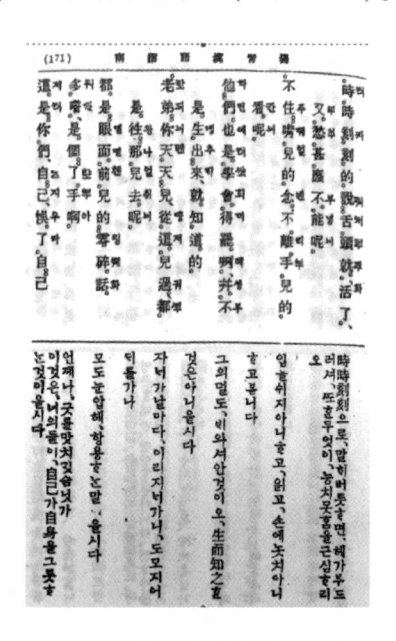

图1-1 《汉语指南》编写体例

---

① 黄行:《论中华民族通用语的民族变体》,《云南师范大学学报》(哲学社会科学版)2022年第1期。

该书词汇共分为 28 部，包含数目部、四季部、礼拜部、月份部、日期部、时辰部、天文部、地理部、方向部、人事部、工商部、身体部、房屋部、家伙部、衣裳部、饮食部、菜谷部、走兽部、飞禽部、鱼介部、虫字部、草木部、金石部、邮政电报局银行部、城府部、草船部、陆军部、海军部，涉及生活各方面。散语共分为 50 章，每章先将同属一个类别的新词列出，然后再用新词造句。会话共有 69 篇，有的是对话交流，有的是讲述故事，内容包含《伊索寓言》、中国成语典故、生活吃穿住行的介绍等。

《汉语指南》的学习内容非常接地气，展示了中国日常生活各个方面，能够帮助学习者在短时期内学以致用，这对我们今天对外汉语教学教材的编撰有着极好的启发意义。同时，反复在不同的语境中进行词汇语法的操练能够快速地让学习者习得运用，熟练掌握语法在交际中的实际用法，从而快速地学好汉语。总之，该书遵循了由易到难的编写原则，为学习者全面展示了清末民初中国社会的日常生活，同时授以地道的官话，是一本融合结构与功能的汉语官话教科书。

《华语精选》全一册，共 287 页，出版于 1913 年，是《汉语会话书》中的第三本。该书共 7 部分，第一部分为官话平仄编，按音分为上平、下平、上声、去声，将重要的字归入不同的音。第二部分为词汇，按不同的类别收录词汇，将其分为天文、地理、时令、家族、身体等十四类。第三部分为官话入门，该部分根据 15 个不同的主题编写了日常用语，没有情景和对话。第四部分为散话补充，主要是日常用语，基本为长难句。第五部分为动词应用编，主要是常用的单音节动词，然后造出一句常用句。第六部分为文话应用编，主要是一些书面的双音节动词和形容词，然后造出一句常用句。第七部分为华语问答，共 40 课，以不同的主题形成课文，收录了关于会面、来访、旅行、门诊、买卖、拜年等主题的会话。

《华语教范》全一册，共174页，出版于1915年，是《汉语会话书》中的第四本。该书的前半部分为词汇，后半部分为会话。词汇包括陪伴用例、动词用例、前置词用例、副词用例、形容词用例、动词及打消话用例、助词用例、连续词用例。词汇部分每页分为三部分，上面罗列重点词，中间展示例句，下面为例句的谚文翻译。会话部分每页分为两部分，上半部分为汉语对话，下半部分为谚文翻译。疑难字则在右侧用谚文解释，句中则用顿号表示停顿，句和句之间则用空格隔开。

《汉语大成》全一册，共159页，出版于1918年，是《汉语会话书》中的第五本。该书共有四编，包含单话、会话、问答、长话。第一编单话例举了基本的数词、量词、疑问句、否定句、代名词、时间词等，每部分后附有简略的语法说明。第二编为会话部分，每课为不同的主题，课文罗列了日常生活中的实用句子，以供学习者操练使用，每课后又整理了与该课相关的词汇，以供学习者使用。课文的主题包括天文、地文、身体、衣服、饮食、家屋、家具、舟车、花草、商贩、鸟兽、鱼虫、军器。第三编为问答部分，以问卷形式收录了日常生活中的会话主题，如拜访、询问、购物、出行、就餐等。第四编为长话部分，采用了微短文的形式，主要是有教育意义的俗语、格言和寓言。另外，书的"附录"中详细地说明了汉语的发音方法和四声法，并列举了发音比较难的上声字305个，让学习者注意发音。

《"支那"语集成》全一册，共371页，出版于1921年，是《汉语会话书》中的第六本。该书共六编，内容丰富有趣。书中第一编音声和第二编单话主要呈现语音和语法方面的知识。第三编散话、第四编问答和第六编谈论以话题为主线，涵盖了当时社会生活的各个方面，主要包括教育、交谈、天气、健康等主题。

《"支那"语集成》主要针对初级和中级的汉语学习者，以自学为主，从语音、词汇到语法，从简单例句到一问一答，最后到短篇叙述。没有汉字字形分析和教学，几乎没有语法讲解，让学习者完全靠大量的词句学习，来体会汉语语感和语法特点①。

《中国语自通》全一册，全书共 103 页，出版于 1929 年，是《汉语会话书》中的第七本。书前有目录，书末附"百家姓续"和"附录单词"。正文部分根据课文标题分为单句、普通问答和情景对话三大部分。单句部分按照数量词对单句进行编排，从数字、数量、里数、寸尺、斗量、斤数、货币、礼拜、四时、月数、日数、时数，共 12 课。普通问答部分共 3 课，设置了甲、乙两个对话角色，课文内容为甲乙双方的一问一答，主要是对"代词"的学习。情景对话部分共 41 课，主要设置了甲乙两个角色的对话，情景连贯，且每一课按照话题进行了分类，标题非常明确，如"天气""来朋友""到客栈"等。最后是分类词汇部分，共六部分，每一部分按韩音编排。

《满洲语自通》全一册，全书共 474 页，出版于 1934 年，是《汉语会话书》中的第八本。正文部分可以根据课文标题分为单句、普通问答两大部分。单句部分按照字数对单句进行编排，从三字话、四字话一直到八字话，共 70 课。普通问答部分共 10 课，设置了甲、乙两个对话角色，课文内容为甲乙双方的一问一答，没有具体题目。情景对话部分共 30 课，主要设置了甲乙两个角色的对话，情景连贯，且每一课按照话题进行了分类，标题非常明确，如"拜年""问病""借钱"等。最后是分类词汇部分，共 29 课，每一课围绕明确的主题安排词汇，包括"数词""季节""时刻"等。

《满洲语自通》以满洲语为标准语进行著述，会话中口语词较多，充分体现了当时中国的语言面貌。同时，教材内容充分反映了当时中

---

① 金昭希：宋宪奭《〈自习完璧支那语集成〉研究》，硕士学位论文，上海师范大学，2011 年。

国的社会生活，如请安的传统，而发电报又体现了中国信息技术的进步。该教材还包含了大量的专业词汇，如军事、地志、疾病、政府机构等。这些都体现了《满洲语自通》具有特殊的时代特征和很强的针对性，为学习者提供了了解中国社会文化、民生百态和政治军事等情况的路径。

《"支那"语大海》全一册，共313页，出版于1938年，是《汉语会话书》中的第九本。该书由四人部分组成，每个词汇和句子都用韩语和日语注音，并解释词义。第一编会话入门，共25课，主要是一些日常短句，通过反复操练让学习者习得汉语句型。第二编为社交会话部分，共50课，通过不同的主题形成课文，收录了关于会面、来访、天气、旅行、门诊、吃饭、学校、电话、问路、交通、买卖、拜年等主题会话。第三编为家庭会话部分，共5课，收录了关于教导、侍奉老人、接待客人、跟亲戚见面、结婚、表示祝贺的会话。第四编为单语部分，依不同主题收录了相应的词汇，包括数词、陪伴词、季节、时间、天文、地理、地志、方向、身体、疾病、人伦、人事、衣服、饮食、家屋、家伙等。

通过梳理日据时期朝鲜半岛九本汉语会话书的内容和体例，我们发现它们都带有非常鲜明的时代特征。首先，从书名全称来看，这些教材可定位成自学、速成类汉语教材。从内容来看，此批教材的目标群体是与我国进行贸易往来、准备来华留学及移居东三省的朝鲜人民[①]。其次，此类教材符合循序渐进的教学原则，都是先编排相对简单、较为常用的词汇和句式，后编排难度较高、常用率相对较低的词汇和句式，且该类词汇和句式复现率也相对降低。

此类教材的不足之处是没有成体系的语法讲解，这主要表现在词

---

① 李小凤：《基于对外汉语教学的〈官话标准：短期速修中国语自通〉研究》，硕士学位论文，山东师范大学，2022年。

类方面。教材首先通过对朝鲜语的翻译帮助学生理解词义，然后让学生操练句式自己体会词的用法。这虽然有利于初学者潜移默化地习得语法知识，但对于定义为自学、速成的教材来说，如果初级阶段的语法点得不到明确的说明，自学者则很难关注到句法格式内部的语序和词序问题，这容易导致错误类推情况的发生。

第三节　研究综述

对朝鲜半岛日据时期《汉语会话书》的研究集中于中韩两国学者，其视角主要在文献考订、语言研究、体例及内容三个方面。

一　文献考订

这方面的成果主要是韩国学者朴在渊、金雅瑛编订的《汉语会话书》（2009）和《汉语会话书续编》（2011）。书籍由三部分构成，第一部分是卷首语，两位编者用韩文写出，包括序言、本书的简介及其内容、整本书的特点和结语；第二部分是教科书的重排标点本，有汉语、韩语对照；第三部分是附录，是原书的影印本。《汉语会话书》收录了教科书9种，《汉语会话书续编》收录了教科书6种，分别是《交邻要素》《官话问答》《官话丛集》《速修汉语自通》《中语大全》《内满鲜最速成中国语自通》。金雅瑛（2018）详细分析了该时期汉语学习书籍目录，以及韩国研究现状和研究成果，并提出要加强中、日、韩语言对比研究；深入研究这一时期汉语学习书籍的设计方式和组织内容，以期为基于韩国学习者的对外汉语教材编写提供有益的参考。

日本学者远藤光晓（2010）《文献目录》共收录民国时期朝鲜半岛汉语教育文献目录36种。中国学者傅德华（2011）收录了日据朝鲜刊刻的七千多种汉籍文献，但汉语教育类仅见《"支那"语日用单词讲义案》等，日据时期汉语会话书均未收入。张进凯（2021）成功立项的国家社科一般项目"朝鲜半岛日据时期汉语教材收集整理与数据库建设研究"，目前还在进行中。

二 语言研究

（一）词汇研究

这方面的研究以韩国学者为主要力量，分为共时研究和历时研究。

1. 共时研究

金美恩（2008）按照词性分类分析了与现代汉语有差别的个别词，并以此为基础考察了反映当时文化背景的词汇。金雅瑛（2009，2013，2014）按照词类考察了词汇特征，分析了熟语的使用状况，分析了现代汉语双音节化的发展趋势，发现从倒序词汇和不稳定短语过渡到合成词的现象。金雅瑛、金铉哲（2011）对教材所反映的民国时期汉语词汇特征，分为常用词的替换、地道的北京话词汇、其他地区的方言词汇以及近代词汇等几个部分，并进行了详细的考察。朴晟希（2016）考察了不同时期汉语教育的目的和认识上的变化，以句法、语义变化为中心考察了教科书中收录的词汇特征。申美燮（2015，2011）研究了日据时代汉语教材中出现的"代词"和"来着"一词，她认为"来着"是指称事件发生在过去并对现时语境有影响的标记。崔桓（2012）发现在教材中介词后面带有"了"和"着"的现象比较普遍，口语介词的频率比较高，"把"字句还出现了一些病句。

2. 历时研究

金雅瑛（2011，2013，2014）分析了"竟""净"在《汉语会话书》中与普通话的不同用法。发现"竟"在句法、语义指向、语用等方面与现代标准汉语副词"净"具有类似的语法特征。副词

"净"只用作限定副词,并没有用作总括副词。从共时和历时的角度考察了词汇双音节化过渡期的使用情况和语形的合成发展趋势问题、语义的扩大和缩小问题以及词汇语法功能的变化趋势。分析了特殊的时间表达形式。经过近代化,受到西方时间概念的影响,出现了时点、时量词汇的用法和语用义的变化。在时点、时量词汇中,以与现代标准汉语不同的词汇为研究对象,对其功能特征和历时变化过程进行了考察。

（二）语音研究

学者大多针对某一部文献梳理其音系标记体系和中韩音译对应规律,如张辉（2017）、徐美零（2011，2013）、郑京美（2011）、玉昭荣（2009）、金那衍（2012），这些研究为深入研究东北官话与北京官话之间的语音关系,提供了宝贵资料。

（三）语法研究

申美燮（2013）探讨了此时段《汉语会话书》中词类、句法和语法概念的由来,对日据时期中国语教材中出现的语法内容进行了研究,还对教材中的词类名称和语法进行了说明,她认为此阶段的语法概念多受《语言自迩集》的影响。李春红（2017）主要对这一时期以"满洲语"命名的教材中的词汇进行了研究,分为日源外来词、汉语方言来源词,并举例考察了部分特殊介词的形式和用法。代欢（2019）对《汉语指南》语法面貌进行了整体描写,重点分析了量词"股""管"、"把"字句、"再"与否定词的搭配,以及句末"了"。

（四）教材体例及内容研究

汪维辉（2012）整体介绍了《汉语会话书》,认为此类会话书可能是海外编印的最早的一批现代式口语教科书。不过文中对"满洲语"的释义沿用金雅瑛（2010）的观点,认为"满洲语"是山东方言,还有待商榷。刘云（2013）论及早期北京话语料时谈及朝鲜编写的北京话教材，但未对其语言现象进行分析。

金奎利（2019）比较了《汉语大成》（1918）和《"支那"语大海》（1938）的特殊时代背景与教育政策，以及版本体例、内容话题、代表性词汇等方面的异同，总结出了两本会话书之间的异同点以及特征。

综上，可见学界对日据时期朝鲜半岛《汉语会话书》研究存在"三重三轻"现象：重在对单本的教材进行研究，轻于从更全面的材料进行分析；重在对会话书单方面的语言现象进行描写，轻于与现代汉语普通话进行对比，从而得出嬗变的规则；重在对语言、词汇、句法和教材的研究，轻于对词类进行研究。

鉴于此，本研究拟在以下两个方面寻求突破。一是研究视角。本研究立足于《汉语会话书》所搜集的9种教材的词类进行全面的描写，系统考察9种教材中的词类现状，继而探讨词类的语法现象。二是研究方法。基于自建语料库对9种教材词类进行系统分析。

第四节　研究意义

日据时代朝鲜半岛的《汉语会话书》虽是教育文献，但记录了当时中国伪满洲和朝鲜的国情及商贸往来，涉及吃穿住行等各方面；还记录了这段时期特殊的历史、军事及文化等。除此之外，教材中的记音还能真实反映当时汉语语音的实际面貌；其词汇也反映了当时复杂的语言接触和语言融合状况，以及汉语的近代特征及方言之间的互相影响；教材中对词类和句法的记录，也反映了当时编撰者的语法意识及语法的过渡特征。

在当前学术界对这一时期《汉语会话书》词类关注不够的情况

下，我们选定这个题目，以期弥补日据时期《汉语会话书》词类研究的不足，将同时期中、朝的语料进行交相比较，不仅能正确分析朝鲜半岛汉语学习书籍的发展过程，还能为早期北京话的研究提供域外证据。

对日据时期韩国《汉语会话书》的词类进行整理和研究有重大学术价值，主要表现在以下方面。第一，有利于丰富汉语词类的研究内容；第二，有助于汉语词类研究的深入进行，有助于汉语词类研究水平的提高，使相关研究成果更加科学、合理；第三，有利于汉语词类体系的建立和完善。

本书的创新之处有以下几点：第一，语料齐全，本课题不再选择《汉语会话书》中的一两本作为研究对象，这样会造成语言材料不全面，结论就不能真实反映日据时期韩国汉语教材的语言现象；第二，描写全面，本课题在每一章节中对每一个词类都进行了穷尽式的分析，首先对材料进行细致分类，对特殊的语言现象，要么结合汉语史的观点进行解释，要么结合现代语言学理论进行阐释；第三，内容丰富，本课题不再仅描写某一个或几个词类，而是全面描写书中的词类现象，如名词、动词、形容词、助词、副词、语气词、介词、连词等。

《汉语会话书》真实记载了当时鲜活的北方口语，比如有些量词的用法跟今天很不相同，如"一张刀""一队鱼"等，再如某些词缀现在不再那样使用了，如"子"字的用法，见表1-2。

表1-2　　　　　　　　"子"字的不同用法比对

N+V+子			V+N+子
脚踏子	铜吊子	车围子	刷牙子
耳挖子	酒鐼子	茶托子	

从这些语料中我们可以看到"子"作为短语后缀到词后缀的一个过渡。

即"子"可以作短语的后缀，比如"刷牙子"中的"刷牙"是短语，而"耳挖子"中的"耳挖"是词，"脚踏子"中的"脚踏"是词，这就如英语的短语后缀"bookseller"中"er"前边是"book-sell"，而不是"sell book"，也就如现代汉语中的"书贩子"而不是"贩书子"。所以对于像"刷牙子"这类历史语料，随着语法化的内在动因，便在后来的语言中消失了，因为它不符合词缀的规律，它被名词"牙刷"替代了。

第五节　研究方法

一是定量研究与定性研究结合。一方面，对《汉语会话书》的词类采取定量定性分析的方法进行聚类判别；另一方面，选择典型例句进行重点分析和辅证。

二是实证描写与归纳分析结合。首先对《汉语会话书》的每一词类进行全面细致的描写，再在语言事实的基础上进行语法归纳，最后结合相关理论探寻语言现象及背后的逻辑规律。

三是历时比较与共时描写结合。既描写同时期《汉语会话书》的词类，又比较不同时期汉语词类的语法特点，考察其继承和发展；同时结合当时的历史进行社会学分析，由特殊到一般，共时历时结合，以期展现会话书的词类全貌及语料价值。

第二章 名词

第一节 名词的语义分类

早期的语言学家大都从意义方面对名词进行分类,如《马氏文通》把名词分为"公名"和"本名",以名同类之人物曰公名,以名某人某物者曰本名。① 马建忠完全是从名词的意义来分类的。黎锦熙将名词分为特有名词、普通名词和抽象名词三大类,特有名词是某人或某物特有的名称,普通名词是同类事物之名称,抽象名词是无形可定、无数可数的事物之名词。② 黎锦熙的分类完全是按照意义来划分不同名词的。王力将名词分为三类——通名、专名和单位名词,通名即普通名词,专名指人名和地名,单位名词即人们通常认为的个体名词,如"个""只""张"等,即今天的量词。③ 吕叔湘把"意义和作用相近"的分为一类,他把名词分为四类——人物、物件、物质和无形。④

尽管后来从结构主义和原型范畴对名词进行分类的影响越来越大,但自马氏以降,从语义对名词的分类体系却一直继承了下来,基本没

---

① 马建忠:《马氏文通》,商务印书馆1983年版,第33—34页。
② 黎锦熙:《新著国文语法》,商务印书馆1998年版,第81—86页。
③ 王力:《中国现代语法》,商务印书馆1985年版,第11—12页。
④ 吕叔湘:《中国文法要略》,《吕叔湘文集》第一卷,商务印书馆1990年版,第16页。

有什么变化，这说明对名词小类的划分，一直不曾摆脱语义的制约，这一共识应该作为名词分类研究的基础。

在《汉语会话书》中，仅有《汉语独学》专门提及"名词"，并从语义范畴方面对名词进行了分类，分别是天文类名词和人文类名词，综观《汉语会话书》的整个系列，名词远非《汉语独学》中的分类那么简单，数量也远非那么少，我们全面搜集了《汉语会话书》中的名词，对它们从语义上进行分类。

一　称谓名词

（一）亲属称谓名词

① 曾祖辈：太公、太婆。

② 祖辈：爷爷（祖父）、奶奶（祖母、婆婆）、大爷、外公（外祖母）、外婆（外祖母）。

③ 父辈：父亲（爹爹、爸爸）、叔叔、姑姑（婶子）、小婶儿、母亲（老妈、妈妈、生母）、公公、干爹、干妈、姨父、姨妈、岳父、岳母、大娘、婶娘、姑父、姑母、舅舅、舅母、大伯子、小叔子、嫡母、继母、大娘、姨母、奶娘。

④ 平辈：兄弟、弟兄、哥哥、姐姐、妹妹、嫂子、大姑子、小姑子、连襟儿①、叔伯弟兄②、叔伯姐妹③、姑表弟兄④、姨表弟兄⑤、丈夫（男人、家丈）、夫人（太太）、媳妇儿（老婆）、小妾。

---

① 连襟：生活中一般是指姐夫与妹夫的互称或合称；（清）顾张思《土风录》卷十六："姊妹之夫曰连襟。"

② 叔伯兄弟：指祖父母的兄弟的关系。叔伯兄弟是指叔叔伯伯（从父）所生的男儿；如《红楼梦》第四十九回："宝玉忙忙来至怡红院中，向袭人、麝月、晴雯等笑道：'你们还不快看人去！谁知宝姐姐的亲哥哥（指薛蟠）是那个样子，他这叔伯兄弟（指薛蝌）形容举止另是一样了，倒像是宝姐姐的同胞弟兄似的。'"

③ 叔伯姐妹：同祖父或同曾祖父的姐妹间的关系。

④ 姑表兄弟：父亲之姐姐（姑妈）或父亲之妹妹（姑娘）之子。

⑤ 姨表弟兄：妈妈之姐姐（大姨）或妈妈之妹妹（小姨）之子。

⑤ 子辈：儿子、姨表弟兄、女婿、侄儿、侄女、干儿子、干女儿、少爷、姑爷。

⑥ 孙辈：孙子、孙女儿。

汉民族特别重视亲缘关系，又特别重视直系亲缘关系，在直系亲缘关系中又特别重视父系亲缘关系，这种文化观念折射在汉语中的亲属称谓名词，表现为直系、父系亲属名词比旁系、母系更为复杂，这从《汉语会话书》中就可反映出来，见表2-1。

表2-1　　　　　　　父系与母系亲属称谓名词对比

父　系		母　系	
男	女	男	女
大爷、爷爷、祖父、太公、太老爷	奶奶、祖母、太婆、太奶奶	外祖父、外公、	外祖母、外婆
父亲、爹爹、爸爸、叔叔、公公、姑父	母亲、妈妈、姑姑、婶子、大娘、婶娘、嫂子、小婶儿、大姑子、小姑子、姑母	姨父、舅舅	姨妈、舅母、姨母
兄弟、弟兄、哥哥、大伯子、小叔子	妹妹、姐姐、媳妇儿		
儿子、侄儿	女儿、侄女		侄儿
孙子	孙女儿		

从表2-1中我们可以看到，对父系亲属的称谓绝对性地多于母系亲属的称谓，如对父系最高男性长辈的称呼有五种，而对母系最高男性长辈的称呼仅两种；对父系男性平辈的称呼则更加多元化，分年龄阶段的大小，如大伯子、小叔子，而对母系平辈的称呼在书中则没有。

（二）官职称谓名词

1. 封建社会的官职名

皇太后、皇上（皇帝、万岁爷）、皇后（娘娘）、皇太子、太子妃、王爷、亲王（王爷）、中堂、宫保、奴才、尚书、侍郎、大人、武官（带兵官）、文官、尚书、侍郎。

2. 现代社会的官职名

委员、院长、总理、总署、总长。

从《汉语会话书》中的官职称谓名词可以看到当时社会处于一个变动时期，正处于从封建社会到现代社会的过渡阶段，生活中还残存着封建王朝的官职名，所以在汉语教材中还会出现，同时也迎来了新社会，开始使用西方现代国家体制中的官职名称，书中还出现了现代职位名称和古代职位名称合用的方式，如总理大臣、民政部大臣、外交部大臣、军政部大臣、财政部大臣、实业部大臣。

（三）职业称谓名词

在《汉语会话书》中，职业称谓名词分为四种形式，第一种是独立的名词表称谓，第二种是"动宾结构+的"表称谓，第三种是"名词+类词缀"的形式表称谓。

1. 独立的名词表称谓

大夫、医生、太医、厨子、和尚、道士、经纪、讼师（大律师）、裁缝、伙计、屠户、花子、土匪、书办、贼、教习、强盗、佣工、巡警、教师、杀习、先生、学生、记者、陆军、海军、现役兵、预备军、后备兵、国民军、志愿兵、补充兵、老公嘴儿①。

2. "VN的"表称谓

剃头的、管车的＝车掌、赶车的、跟班的、跑堂儿的、送信的、

---

① 注：老公嘴儿：指成年而不生胡须的人，旧时太监称"老公"，故云。

看门的、打杂儿的、洗衣裳的、引水的、算命的、跑信的、唱戏的、弄戏法儿的、照相的、掌柜的、掌柜的、剃头的、管车的、拉车的、看门的、做买卖的、种地的、打更的、送报的、带道的、卖鱼的、卖菜的、做官的。

具有称谓转指功能的"VN 的"结构中的动词与宾语的组合有两大类，第一种动词表示行为，宾语是受事宾语；第二种是动词"做"加上身份名词，宾语是当事宾语，在《汉语会话书》中仅 1 例，如"做官的"。第一种显示的是某种行为，去掉"的"字，则是从事某项职业所发生的行为；第二种出现了所转指的职业或身份，去掉"做"和"的"后就是所转指的对象。它们所指称的对象皆是明确的，并且可以脱离语境独立指称。

这些"VN 的"之所以能明确指称，是因为"V"的认知域系统，在人们的观念中某个动词与某个行为主体存在着相对稳定的搭配关系，即在一般情形下不说出行为主体，仅凭动词就可判断行为主体是什么，如上述语料中的"拉""剃""赶"等动词的行为主体最显著的是"人"，"人"是这些动词行为主体域的原型或最佳代表。当然有些动词的行为主体"人"的属性并不明显，如"跑"，但"跑"这个行为对象域的子项"堂儿"，却清晰显示出"人"的属性。

具有独立转指功能的"VN 的"结构是对从事某种职业的人的俗命名形式，在现代汉语中，这些"VN 的"转指称谓大都能找到与之对应的雅名，如：剃头的＝理发师、送信的＝邮递员、打杂儿的＝服务员、看门的＝门卫；"VN 的"结构的俗名形式就是一种简单的、直接的和能显示职业行为的命名方式。

3. "名词+类词缀"的形式表称谓

站夫、马夫、脚夫、车夫、站长、木匠、泥匠、铁匠、油漆匠、裱糊匠、帽匠、鞋匠、石匠、司机人、使唤人、放送人、匠人、售票员、查票员、文官、武官。

（四）敬称名词

敬称名词分为两类，第一类是表敬成分加上称谓词，《汉语会话书》里表敬成分的有"先""尊""令""大"；第二类是单独的名词表敬称。

第一类：先父、先人、尊佛爷、令尊、尊驾、令堂、令兄、令弟、令郎、令爱、令姐、大人、大丈夫、大律师、大哥。

第二类：阁下、公子、小姐、夫人、姑奶奶、老爷、老太爷、老太太、府上。

（五）谦称或卑称名词

谦称或卑称名词分为两类，第一类是由"家""舍""贱""小"加上称谓词；第二类是单独的名词表谦称。

第一类：家兄、家父、家严、家母、家慈、家姐、家祖、家祖母、家伯、家叔、家伯母、家叔母、家姐、舍妹、舍弟、贱内、贱荆、贱姓、贱货、小儿、小女、小孙、小孙女、小民、小号、小的、小官儿、小妾、小厮、小人。

第二类：内人、犬子。

"家""舍""小"是表示谦恭色彩的语素，由这些语素构成的词用来指称跟自己有关的人就带有了谦虚的意味，"家"多用于构成对长辈和年长的平辈的背后谦称形式，"舍"在汉语亲属称谓里用于构成较自己年幼的平辈和旁系晚辈的背后谦称形式。

（六）其他称谓名词

老婆子、旁人、祖宗、百姓、先生、学生、房东、东家（主人）、徒弟、苦力、乡下人、父母、男子、小孩儿、女孩儿、民人、底下人、丫鬟、夫妻、两口子、亲戚、本家、老头儿、男人（爷们）、娘儿们、姑娘、年轻的、年老的、小子、妞儿、少妇儿、民人、店东、如夫人。

本家为同姓、同宗者,在近代汉语中就已经出现了,如《红楼梦》第九二回:"雨村老先生是贵本家不是?"《儒林外史》第十八回:"胡府又来了许多亲戚、本家。"

如夫人是古代女子称谓,一般用来代指妾。出自《左传·僖公十七年》:"齐侯好内,多内宠,内嬖如夫人者六人。"① 原意是待遇如同夫人一样,后即以此称别人的妾。如夫人,本是刘邦的爱妃,久而久之就成了小妾的代名词。

二 身体器官名词

(一) 身体器官名词分类

1. 头部

脸、脑子、脑袋、脑门子、头、天庭、印堂、门儿、头发、头泥、眉毛、眼皮子、眼睛、眼睫毛、眼球儿、近视眼、花眼、眼脂儿、鼻子、鼻准头、鼻孔儿、鼻子眼儿、糟鼻子、塌鼻子、朦鼻子、口（嘴）、嘴唇儿、嘴唇子、牙、门牙、槽牙、牙花儿、牙床子、牙床儿、牙缝儿、板牙（槽牙）、奶牙、舌头、耳朵、耳轮、耳矢、下巴颏儿、腮颊、腮帮子、脖子、胡子、八字胡、胡子、鬓角儿、舌头、脖子、下巴颏儿、咽喉、嗓子。

2. 上半身

肩膀儿、胳臂、肘子、手、手背、手掌、手心、手缝儿、手纹儿、手腕、指头、大拇指头、二拇指头、小拇指头、中指、四指、骨节儿、指甲、拳头、胸膛（胸脯子）、奶膀、奶头儿、奶子（咂咂儿）、心窝＝命门、肚子＝腹、肚脐眼儿、脊梁背儿、腰、骨头、脊梁骨、胳肢窝、

---

① 左丘明:《左传》,上海古籍出版社2016年版,第319页。

辫子、肩膀儿、脊梁、胸前、肚子脸、睫毛、咽喉、笑窝、肩膀、下巴颏、胳臂。

3. 下半身

屁股、大腿、波稜盖儿、迎面骨、脚、脚掌儿、阳物、腰腿、肚子、脚、小腿、腿肚子、脚板、骨头、骨节儿、踝子骨、屁股、尻、股道、肛门、阴户。

4. 内部器官名词

心、肾、肝、脾、肺、胃、肠、卵子、卵子儿、卵胞儿。

5. 表概称的器官名词

身子、皮肤。

通过从《汉语会话书》中所搜集到的器官类名词，我们发现外部器官名词在数量上占有绝对优势，外部器官的名词分得非常细，外部名词还有很多封建社会的遗留，如印堂、天庭等；内部器官名词多是我们中医药传统词语，并没有现代科学技术下的器官名词，如动脉、盲肠等，可见当时的医学也处于传统中医的时代。

(二) 从语义上对器官名词进行分类

王珏 (2001) 从语义上对器官名词进行了分类，将其分为单纯义器官名词和复合义器官名词。① 单纯义器官名词只具有指称身体器官的语义成分，也可以称为非特征义器官名词；复合词语义结构中除了具有指称身体器官的语义成分外，还有该器官的典型特征语义成分，具有描述性，也可称为特征义器官名词。《汉语会话书》的非特征义器官名词和特征义器官名词举例如下。

1. 非特征义器官名词

眼睛、脸、手、脑子、脑袋、身子、肩膀儿、膈臂、肘子。

---

① 王珏：《现代汉语名词研究》，华东师范大学出版社2001年版，第104—106页。

2. 特征义器官名词

近视眼、花眼、糟鼻子、塌鼻子、瞨鼻子、八字胡。

这两类器官名词不仅在语义上有差别，在构词、构句和句法功能上也有很大的差别，非特征义器官名词一般不能单独作谓语，很少独立地分布于谓语位置；而特征义名词则可以独立分布于谓语位置。

老张眼睛　　　老张近视眼

老张鼻子　　　老张糟鼻子

老长胡子　　　老张八字胡

他长了一对眼　他长了一对花眼

他有一个鼻子　他有一个瞨鼻子

特征义器官名词具有［＋典型特征］的语义成分，自身就具有了描述性，所以在语言组合中就无须借助修饰成分，独立表示人的某种典型生理特征，在语法上就表现为可以充当谓语或"长"的宾语；而非特征义名词不具有［＋典型特征］义，不具有描述性，在语法上就不能单独充当谓语或"长"的宾语。

在否定式中，非特征义器官名词所在的句子表示不拥有某种器官，特征义名词所在的句子表示该器官不具有某种特征：

他不是近视眼　　他没有眼睛

他不是瞨鼻子　　他没有鼻子

三　植物名词

木、草木、芽儿、苗儿、林子、树根、白米、糯米、粳米、小米、大麦、高粱、玉米、黑豆、黄豆、绿豆、芝麻、萝蔔、白菜、韭菜、芹菜、菠菜、豌豆、葱、蒜、豆芽菜、芋头、白薯、香菌、茄子、黄瓜、冬瓜、西瓜、倭瓜（南瓜）、甜瓜、香瓜、竹笋、咸菜、酱菜、生姜、芥末、紫檀、红木、桑树、松树、杉树、柳树、藤、竹、芭蕉、花、草花、菊花、牡丹、芍药、水仙、玫瑰花、菊花、藕花、莲花、海棠、兰花、百日红、百合、桂花、杜鹃花、勤娘子（喇叭花）、植物、树木、枫叶、四季树、小树、草、水草、野草、梗儿、芽、叶子、爬蔓儿、树根儿、椹儿、树枝儿、花朵儿、果品、树干、松树、梅树、樱树、杉松、扁松、檀木、梧桐、桑树（桑椹儿）、桃树、柳树、梨子、槐树、海棠、踯躅①、藤萝、荷、白果树、枫树、苹果＝沙果、芍药、芭蕉、佛手、橘子、无花果、栗子、拓榴、枣儿、榛子、李子、胡桃、竹子、玫瑰、落花生、芦苇、桃儿、葡萄、杏儿、凤梨、十姊妹＝石竹花、菖蒲、水仙、笮草、蕨菜、人参。

四 动物名词

猪、羊、鸡、鸭、狮子、象、老虎、狗熊、狐狸、狸、牛、公牛、母牛、小牛、猪、野猪、马、驴、骡子、骆驼、山羊、绵羊、羊羔儿、猴儿、猫、野猫、狼、狗、耗子、猎犬（狗）、海獭、仙鹤、孔雀、老鹏、鹰、老鸹、家雀儿、雁、小燕儿、鹦哥儿、夜猫子、野鸡、鸽子、鸭子、鹅、家鸭子、鸢鸟、凤凰、火鸡、小鸡子、公鸡＝雄鸡、母鸡（草鸡）＝雌鸡、喜鹊、杜鹃、云鹰、鸵鸟、黄莺、金鱼、鲸鱼、海鲨鱼、鲛鱼、撒蒙鱼、大头鱼、鲤鱼、鲫鱼、比目鱼、银鱼、鳝鱼、乌龟、甲鱼、章鱼、乌贼鱼、螃蟹、龙虾、虾米、蛤蛎、海蛤蛎、鲍鱼、海参、蚕、蝴蝶儿、蚂蚁、蜘蛛、火虫儿、长虫、苍蝇、蚊子、虱子、圪蚤、臭虫、蜗牛、蛤蟆、蛉螂、蚂蚱、蝈蝈儿、毛虫、蛆、蚰蜒、蜈蚣。

五 天文类名词

天、天上、电、虹、风、雪、霜、雨、雾、露水、雹子、雷、云彩、

---

① 踯躅：杜鹃花的别名，又名映山红。

大风、水楞（水柱儿）、虹、闪、霹雳、冻水（结水）、露水珠儿、冰柱儿、海潮、天气、闹天气、热天、日头（太阳）、月亮（太阴）、月芽儿（峨眉月）、月满、月圈、天亮、阴天、晴天、日蚀、月蚀、星星、扫帚星、扫帚星、顺风、顶风、旋风、南风、北风、蒙松雨、连阴雨、暴雨、火山、温泉、瀑布、地震、地动、波浪、旋涡、空气。

日头：表示太阳，我们通过CCL语料库搜索，发现"日头"最早出现唐朝。

（1）"暗去也没雨，明来也没云。日头赫赤赤，地上丝氲氲。"（唐·张鷟《朝野佥载》卷四）

（2）"歇处何妨更歇些，宿头未到日头斜。"（宋·杨万里《山村》诗之二）

在《汉语会话书》里，"日头"作为太阳也多次使用。

（3）太阳照的地方很暖和，太阳背的地方就很冷，白天暖和夜里冷清的是日头有没有的缘故。（《汉语指南》）

在汉语的发展历程中，"太阳"一词产生之初并不表示"日"义。在汉代，"太阳"表示"极盛的阳气"义，很少表"日"义；汉以后，"太阳"逐渐在口语中蓬勃发展，而"日"则牢牢占据着其书面语的表达；随着"太阳"表"日"义的影响范围不断扩大，唐时，"太阳"已经完全表"日"义；在现代汉语里，口语和书面语基本不使用"日头"了。[①]

太阴：本指极盛的阴气，与"太阳"相对，如"太阴、太阳、中和三气共为理，更相感动，人为枢机，故当深知之"（《太平经》卷十八），与"太阳"用法相同，"太阴"在东汉时也指"月亮"，但此用法极少，如"太阴之精，沙麓之灵，作合于汉，配元生成"（《汉书·

---

① 刘晓静：《东汉核心词研究》，博士学位论文，华中科技大学，2011年，第158页。

元后传》)。"太阴"表"月"的意义基本没有发展，除了一些古籍文献和诗歌有此用法外，现代汉语的口语和书面语基本不用。

六　地理类名词

世界、旱地、旱路、水路、铁路、道儿、大道、小道、岔道、绕道儿、洼道、街上、胡同、路上、十字路、丁字路、三岔路、十字街、大街、小巷、大胡同、小胡同、活胡同、死胡同、拐弯儿、嘎拉里、山、火山、矿窑（矿山）、山岭儿、山峰、山腰、山根儿底下、山坡儿、山涧儿、山坡子、山涧子、山窑子、煤窑、坟地、乡下、镇店、村庄、金矿、银矿、摆渡口、火车站、陡坡子、土坡儿、山底下、河叉子、河沿儿、土坡子、河、小河、海（海水）、海潮、潮、瀑布（瀑布水）、水、湖、泉水、水源、水坑子、大洋、海面上、海岛、沙滩、海边儿、海口、码头、桥、浮桥、木头桥、石头桥、铁锹、栈桥、泥、土、石头、砂子、明沟、暗沟、护城河、摆渡口、水田、庄稼地、池子。

七　时令、时间类名词

四季、春景天、夏景天、秋景天、冬景天、春分、夏至、秋分、冬至、礼拜、礼拜一、礼拜二、礼拜三、礼拜四、礼拜五、礼拜六、星期日、大前年、前年、去年（昨年）、今年、明年、后年、大后年、上月、本月、下月（来月）、前半月、后半月、大前儿个（大前天）、前儿个（前天）、昨儿个（昨天）、今儿个（今天）、明儿个（明天）、后儿个（后天）、大后儿个（大后天）、一点钟（一下儿钟）、一点半钟（一下儿半）、半天、上半天（前半天）、下半天（后半天）、天亮、白天、夜里、早上（早起）、上午、晌午、晚上、黄昏（黑下）、夜里、前半夜、后半夜、天天（见天）、白昼、整天家、整年家、整夜里、年底下、月底、新近、现在（脚下）、上回、这回、下回、当初、起初。

八　服饰类名词

服装类：褂子、外褂子（长褂子）、马褂、裤子、砍肩儿（背心）、汗褟儿（汗衫）、袜子、洋袜子、领子、领带、钮子、白衬衣、外套、手套、袖子、肚带（腰带）、腿币（带）子、手帕子（手巾）、帽子、草帽、衣服、单衣裳、夹衣裳、绵袄、洋衣服。

其他类：靴子、荷包、烟荷包、包袱、被窝、褥子、毡子、被单、枕头、帐子（蚊帐）、垫子、洋布、夏布、麻布、绸子、贡缎、绫子、绒子、绵花、线、丝线、手巾、撅布。

每个社会和时代都有相应的服装特点，衣着类的名词具有明显的社会性，标志着社会的发展水平。从《汉语会话书》中所搜集到的服饰类名词，我们可以看到当时的中国人服装种类主要有"褂""衫""袄"等；受到西方衣着的影响，还出现了"夹衣""洋衣服""洋袜子"等。随着社会的发展，"长袍""马褂"等服装在现代社会已经不穿了，取而代之的是现代汉语中的"衬衣""羽绒服""西装"等一些新词语。

九　商业、交通及通信类名词

商业机构：铺子、洋行、公司、工作坊、杂货铺（洋货铺）、药铺、书铺、绸缎铺、洋铁铺、当铺、酒铺、饭庄子（饭馆子）、茶馆儿、洋衣铺、靴子铺、木厂子、煤铺、磁器铺、水果铺。

有关商业的事物：生意、行市、市面、本钱、股份、利钱（利息）、赚头、运脚、现钱、财东、总行、分行、趸卖、零卖、销路、货物、土货、样本、银号、存款、汇银、股东、盈余、信票、印花纸、明信（信片）、挂号、寄物、邮政局、电报局、保险函件。

交通工具及通信：火轮船、火轮车、火车、客车、头等车、电车、电汽车、铁道马车、荡子车、公共汽车、东洋车、马车、推车（小车）、脚踏车、机脚车、自行车、牛车、厂车、信船、商船、拨船、夹板船、摆渡船、货车、飞行船、飞行机、夹板船、轿子、邮便、电话、公共电话、无线电话、天线、收音机、信筥子。

有关交通工具的事物： 月台、来回票、头等车、二等车、三等车、时刻单、篷、艚、放枪、马力、吃水、吨数、排水量、速力、海里、舱顶、船尾、船首、船帮儿、通风筒、汽关房、司令塔（房）、车围子、定南针、信号、水路、船上人、烟筒、兵船旗、灯台、通商码头、船坞、船厂。

从上面的语料我们可以看出，当时中国社会的经济开始呈现多元化，除了传统的铺子之外，还有厂、洋行和公司，可见当时的社会经济有了很大的转变，现代化的企业制度开始进入中国。从搜集到的语料可以看出，传统的"铺子"还是占有很大的比例。

从货币称谓可以看出封建社会和现代社会的金融组织并存，如"银号"是中国旧时经营货币兑换和存放款业务的一种信用机构，而"邮政局"就属于现代的邮递方式和金融机构。

从交通工具的名词可以看出，当时处于交通转换的时期，传统的"轿子""马车"和现代化的"客车""火车"并存，甚至还出现了"铁道马车"这类交通工具。民国初期，奉天城内还没有公共交通，普通百姓出门多半靠步行，官宦、商贾则乘马车、人力车代步。若出城远行，还要坐带篷的马车，有俄式铁皮雨棚四轮马车、日式东洋四轮马车、三轮脚踏车等，这些车辆载客仅限两到三人，而且价格昂贵，百姓们大多没有能力承受。随着城市规模的扩大，公共交通系统开始诞生，出现了相应的交通工具，并逐渐有所发展。奉天城内最早的、现代意义上的交通工具是铁道马车，铁道马车在当地运行了18年，如图2-1所示。

图 2-1　铁道马车

"东洋车"就是人力车,是清光绪年间从日本传来的,由于日本人最先使用而得名;"厂车"就是敞篷的车。随着交通的迅速发展,这些交通工具在生活中早已不存在了,所以这些词汇在汉语中也已经不再使用了。

十　军事类名词

武器装备:短枪、地雷、快炮、快枪、火药库、军械库、大炮、野炮、攻城炮、机关枪、单响枪、弹子儿、剑兵船、大铁甲船、巡洋舰、海防船、水雷驱逐舰、水雷艇、报知舰、水母船、练习兵船、舢板、运船、鱼雷、地雷、水雷、机关水雷、炮台、大炮、野炮、攻城炮、快枪、枪、连环枪、单响枪、剑、弹子儿、兵船、潜水艇、运送船。

编制兵种:陆军、海军、近卫兵、炮队兵、步队兵、马队兵、工程队、电信队、军业队、宪兵队、喇叭手、先锋、后队、救兵、现役兵、预备兵、后备兵、补充兵、志愿兵、看护兵、辎重队、探哨队、铁路队、军乐队、守备兵、喇叭手。

职司部门：机关长、舰长、兵丁、下士官、将校、师团、军团、旅团、大队、中队、小队、分队、官兵。

其他方面：敌兵、进兵、海战、军港、封口、舰队、开战旗、炮击、宣战书、战场、战胜国、战败国、红十字会、战地医院、炮台、军粮、担架、恶战、耐战、战斗力、防御工程、军港、战场、同盟、暾数、排水量、舱顶、司令房、机关房、通风筒、信号、兵船旗、开战旗、灯台、船坞、船厂。

从军事类名词可以看出，中国当时军力投资主要在海军方面，各种新型舰船和武器开始出现，新的船长称谓也开始出现，如"舰长"等。

从《汉语会话书》中搜集到军事类名词走过120个，我们可以看到，单音节词汇仅有1个，如"枪"；双音节词汇有53个，三音节词汇54个，四音节词汇10个，五音节词汇1个，见表2-2。

表2-2　　《汉语会话书》中各音节军事类名词数量与占比

音节数量	单音节	双音节	三音节	四音节	五音节
数量	1	53	54	10	1
占比(%)	0.84	44.5	45.3	8.7	0.84

日据时期属于近代和现代之间，我们把近代的军事词语与之对比，可以看到其中的差别，《练兵实纪》是明代军事著作，由戚继光在蓟镇练兵时撰写。根据李华（2016）的考察，《练兵实纪》里兵器词语共有117个，单音节词汇有14个，如"斧""叉""枪"等；双音节词汇有67个，如"钩枪""飞标""飞刀"等；三音节词汇有35个，如"牌木棍""鸭嘴棍""双头棍"；四音节词汇有7个，如"有刃大棒""毒虎大砲"等；五音节词汇有1个，如"子药什物车"，见表2-3。

表 2-3　　　　《练兵实纪》中各音节兵器词数量与占比

音节数量	单音节	双音节	三音节	四音节	五音节
数量	14	60	35	7	2
占比(%)	12	51.2	30	5.9	1.6

从明代到日据时期，我们可以看到军事词汇有以下变化。第一，单音节越来越少同；第二，三音节词开始冲击双音节的地位，四音节词汇开始变多；第三，五音节的词无太大变化。从表 2-2、表 2-3 我们也可看出，双音节和三音节依然是军事类词汇的构成主体。

军事词汇之所以有以上变化，与当时的社会变化发展分不开，从 1568 年《练兵实纪》的起笔时间到 1910 年（《汉语会话书》）正是中国发生巨大变革的历史阶段，中国经历了历史上从未有过的动荡和屈辱，频繁的民族战争、对外战争和被迫的对外开放，这些使汉语军事词汇在这一时期迅速发展起来，与此同时，落后的军事武器以及相对应的军事词汇也大量消亡，这说明当时落后的中国在努力探索救亡图存之道，积极研发和引进西方先进的军事技术和武器装备。

军事词汇是比较严谨的，这就要求它必须具有单义性，即每个军事词语在刚刚诞生之时的表意是唯一的、清晰准确的，从而减少语义的模糊性和对语境的依赖性，最大限度地降低歧义现象的发生。但造词语素是有限的，单音节词和双音节词已完全不能够表达不断增加的军事武器和军事概念，所以只有不断地突破音节的限制才能使创造出的军事词语既能满足表意的单一性和精准性的要求，又能提供足够的信息量和词汇量，这也是三音节词开始冲击双音节词地位的原因。

十一　地志类名词

在《汉语会话书》中，表地志类的名词，除了我们今天仍然使用的如朝鲜、中国、俄罗斯、中国江苏、中国上海、中国北京、中国沈阳等地名以外，还保存了中国一些省份的旧名称，以及一些特殊时期的地名。

大洋、东洋、西洋、泰西、满洲国、土国、意国、中华、奉天、新京、郑家屯、宁古塔、四平街、北平、西康、满洲、东三省、盛京、十八省、直隶。

东洋、西洋：近代出现的"东洋"可能源自日本，日本发明该词主要是用来翻译英文的"Orient"（意为东方），其意义与"西洋"相对，指包括东北亚、东南亚等在内的东方地区。在《汉语会话书》中，"东洋"仅指日本，字面意思是东面的海洋。如《"支那"语集成》中有一个句子就对"东洋"做了注释："都是东洋的油漆碎货。（东洋日本指称）"西洋泛指西方国家。

泰西：旧泛指西方国家。出自明末方以智《东西均·所以》："泰西之推有气映差，今夏则见河汉，冬则收，气浊之也。"

土国、意国：是土耳其和意大利的首字母加类名"国"形成的。

新京：新京特别市，即长春，伪满洲国的首都、特别市，伪满洲国的政治、经济、军事中心，是伪满洲国的中心地带。

西康：旧省名。在中国西南部。包括今四川省西部及西藏自治区东部地区。1914年设川边特别区，1928年改为西康省，先设西康建省委员会，1939年将原属四川省的雅安、西昌等县划入正式建制。省会雅安。1950年金沙江以西改设昌都地区。1955年西康省撤销，金沙江以东地区划归四川省。1956年昌都地区划归西藏。

盛京：清朝（后金）在1625—1644年的首都，1644—1912年的陪都，即今辽宁省沈阳市。

直隶：中国旧省名，特指今河北省。

十二　居住类名词

建筑、住宅名称：皇宫、禁地、衙门、宫殿、学堂、动物园、图书馆、植物园、佛庙、宝塔、牢狱、兵房、营房、庙、教场、房子、屋子。

内部设计：客厅、饭厅、卧房、厨房、门房、正房、厢房、账房、闺房、套间儿、大门、后门、澡堂、马棚、茅房、茅厕、顶棚、地板、窗户、隔扇、炕、游廊、接待室、楼、楼梯、书房。

外部设计：影壁、台阶儿、仓库、烟筒、门、门闩、窗户、院子、花园子、篱笆、井、晒台、戏台、柱子、橡木、进路、出路、烟囱。

从《汉语会话书》中所搜集到的建筑、住宅名称可以看出我们已经出现了现代教育、现代法律、现代医院和现代政治体制；从住房的词语来看，这是一个充满"京味"的住宅——四合院，所谓四合院，是指由东、西、南、北四面房子围合起来形成的内院式住宅，老北京人称它为四合房，四合院的精髓在于"合"①。

十三　政府机构类名词

国民政府机关：政府、主席、内阁、外务省、法政局、审判庭、钦差公馆、领事公馆、养育院、监狱署、巡警局、学堂、考试院、立法院、行政院、司法院、监察院、内政部、外交部、军政部、财政部、交通部、铁道部、工商部、农矿部、教育部、卫生部、参议府。

满洲国机关：立法院、国务院、法院、监察院、皇帝。

从《满洲语自通》的语料可以看出，当时中国拥有两个政府，一个是合法的国民政府机构，其设立的机构比较完善，各个系统都有相

---

① 王军云：《中国民居与民俗》，中国华侨出版社2007年版，第4—7页。

应的机构；而伪满洲政府所设立的机构仅有几个，而且还有皇帝一职，可以看出其特有的政治目的。

十四　娱乐类名词

音乐、风琴、洋琴、浮胡琴、胡琴、口风琴、曼陀林①、笛、喇叭、鼓、锣、电影戏、有声电影、话匣子、唱片、棒球、网球、足球、杓球、篮球、马拉松赛、赛跑、田径场、锦标、台杯赛、赛船、马戏、桶球儿、柯达、麻雀牌。

从上面我们可以看出，当时中国人的娱乐方式除了传统的笛、喇叭、鼓、锣之外，西方的娱乐方式也开始进入中国，比如，电影、唱片、棒球、马拉松赛等，"话匣子"指收音机，虽然也属于生活用品类，但在《汉语会话书》的系列教材里把它归入了娱乐类，因此我们也把它归入娱乐类名词里。

十五　食品类名词

我们从《满洲语自通》里搜集到的食品名词，可以看到当时中国人的饮食特别喜欢"红烧""炒"和"炸"的方式，饮食也有一些海鲜。

红烧海蓼、红烧五丝、红烧鸡丁、红烧香菇、红烧鱼片、红烧鲍鱼、烧样鱼、烧鱼块、烧虾仁、烧蜊黄、烧样鸡、炒蜈鱼、炒鱼片、炒三仙、炒虾仁、烧鸡、炒子鸡、川丸子、川三仙、三鲜汤、三鲜饺子、三仙面、抓炒鱼、炸丸子、炸力脊、炒粉条、炸溜丸、炸溜力脊、炸酱面、清汤海参、清汤千贝、首蓿干贝、溜鸡片、溜海参、溜虾仁、溜蟹黄、溜黄菜、首蓿蟹肉、八宝菜、口菜川鹅片、十锦丁、蜜饯莲

---

① 曼陀林：拨奏弦鸣乐器，音色明亮且纤细，它与琉特琴类似并与其有密切关系。

子、蜜饯白果、山查劳、香蕉劳、搭肉片、芙油鱼片、糖醋肉、葱烧海参、燕窝羹、鱼翅菜、饺子、鸡丝面、馄饨。

十六 疾病类名词

霍乱、痢疾、疝气、疙瘩、疤瘌、疫病、疥疮、疣赘、痦疮、痣、痘症、麻子、麻症、痰症、疟病、痨症、瘤症、癫疮、瘫疯、风湿、恶心、泻肚、冻疮、瞎子、青眼睛、聋子、哑巴、结巴、瘤子、缺唇儿、驼背（罗锅）、瘤（瘸）子、汗疹、汗斑、秃子、槽鼻子、褐鼻子、齁鼻子、残废、脓血。

十七 矿物类名词

五金、十足金、金刚石、珊瑚、琥珀、玛瑙、珍珠、宝玉、宝石、玻璃、金银、铜、铁、白铜、锡、金（银）、铅、水银、黑铅、钢铁、黄铜、紫铜、吸铁石、硫磺、水晶、大理石、云石、真珠。

十八 器物、用品类名词

家具类：家伙、桌子、椅子、凳子、脚搭子、席、地毯、帐子、帘子、洋炉子、烟筒、火盆（炉子）、火筷子、铲子、饭锅、簸箕、水缸、茶壶、铜吊子、酒瓶、吊桶、盘子、饭碗、海碗、七星罐儿、碟子、筷子、匙子、杓子、刀子、菜刀、橛子、小刀、磨刀石、脸盆、扫帚、剪子、揎布、撑子、刷子、拢子、镜子、锁、钥匙、牙签儿、刷牙子、匣子、尺头、秤子、斗、激筒、定南针、寒暑表、洋火（自来火）、电灯（电气灯）、洋灯、蜡灯、灯笼、灯火、蜡、电扇。

文具类：砚台、砚盒、墨、墨盒儿、砚水盒、纸、笔、钢笔、铅笔、笔、格儿纸、八行纸（信纸）、印色、圆书、洋墨水、墨水瓶、笔记簿、信封儿、糨子①、火漆、信票、印花纸、明信片、电报单、算盘、活动铅笔。

十九 方位名词

傍面、正面、右翼、左翼、前卫、东、西、南、北、左、右、东南、东北、西南、西北、前头、后头、上、中、下、傍边、这边儿、那边儿、嘎拉儿、正中间、正对面、斜对面、南边儿、北边儿、里头。

第二节 名词的句法功能分类

前一节，我们以意义为标准对名词进行了分类；这一节我们将从句法功能的角度对名词进行分类。

赵元任（1979）按照跟名词合用的定—量复合词的性质，把名词分为以下几种。个体名词，有特定的量词；物质名词，没有特定的量词，但能受定—量式复合词修饰；集体名词，不能用个体量词修饰，但能够用暂用量词或部分量词修饰；抽象名词，只能加某些群体量词如"种""类""派"或动量词"顿""番"等，或部分像"点儿""些"类的动词。②

朱德熙（1982）按照名词与量词的关系将名词分为五类：可数名词，有自己适用的个体量词；不可数名词，没有适用的个体量词，但有的可以使用表示度量衡单位的量词，有的可以使用由名词转来的量词，有的可以使用不定量词"点儿"和"些"等；集合名词，前面不能加个体量词，只能加表示群体的量词或不定量词；抽象名词，前面

---

① 糨子：糨是糡的异体字，糨子是用"面"等做成的可以粘贴东西的糊状物，用来粘贴书籍。

② 赵元任：《汉语口语语法》，商务印书馆1979年版，第234页。

只能加"种""类""点儿""些"或"次""回""遍""顿""趟"等动量词;专有名词,一般情况下不受数量词的修饰。①

朱氏的观点吸收了赵氏的观点,并且包括了一般不受数量词修饰的专有名词,朱氏的观点更加全面,更符合语言现象;我们将按照朱德熙对名词的分类标准,对《汉语会话书》中的名词从句法功能的角度进行分类。

一 可数名词

在《汉语会话书》中,可数名词与个体量词"个"的搭配最为频繁,主要体现在"个"选择名词上的宽泛性,总共有一百四十多个,我们搜集了部分与个体量词"个""位""条""只""匹""尾""根""支"相搭配的个体名词,见表2-4。

表2-4　　　　考古出土陶瓷仿铜句鑵一览表

量词	名词举例
个	巴掌、保山②、表、兵队、病人、财主、岔道儿、长随、呈子、大夫、大海、大碗、电报、东道、二等舱、法、法子、饭馆子、饭舘子、分行、哥哥、公司、狗、股份、寡妇、怪物、哈蜊、行星、河、鹤、横梯儿、猴儿、花子、话条子、黄鼠狼、夥计、鸡子、家常饭、肩膀儿、见识、姐妹、勌斗、苦力、老鸹、老虎、老人家、老鹳鹰、老者、礼拜、料理店、米粒儿、年、奴才、铺子、前锋校、钱、桥、清单、球儿、三等舱、山顶儿、牲口、叔叔、同伴儿、铜子儿、铜儿、铜钱儿、屋子、乡下佬儿、小俚、笑话、星期、学堂、巡捕房、衙门、洋行、影儿、鱼、元宝、贼、镇店、正直、指头、中碗、盅素儿、子儿、字、走兽
位	大人、贵昆仲、教习、客人、老人家、老者、令郎、朋友、圣人、同乡、外客、客、先生、兄弟、爷、张老爷
条	长街、道儿、狗、虹、胡同、裤子、路、绳子、山路、手套、线、鱼

---

① 朱德熙:《语法讲义》,商务印书馆1982年版,第41页。
② 保山:媒人的意思,《汉语会话书》解释为中媒。

续　表

量词	名词举例
只	眼、眼睛、狗、鸡、牛、狼、羊、老鹞鹰、手、鞋、箱子、烟
匹	马、驴
尾	牛、鱼
根	棍子、绳子、寒毛、鱼竿、铅笔、草、筹、汗毛
支	笔、柜子、笛、箫

还有一些其他可数名词都有与之搭配的个体量词，如轿子（顶）、墨（块）、床（张）、枪（杆）、弓（张）、桥（道）、庙（座）、井（眼）、蒜（头）、河（道）、纹（道）、饼（张）、称（块）、鹰（架）、钟（架）、席子（领）、炮（尊）、火车（挂）、膏药（贴）、丸药（粒）、药（剂）、瓦（片）、谎（句）等。

从上面的语料可以看到，很多可数名词都可以用"个"称量，如表、巴掌、财主、病人、寡妇等，通常只能与个体量词"个"配合；但"个"还能与其他非个体名词配合。如"见识"是抽象名词；"家常饭"是不可数名词；"走兽"是集合名词，现代汉语多用"群"与之配合。

个体量词只能和个体名词配合，如果后面是集体名词，则需要加修饰定语，对集体名词进行限制，从而表达个体。如"肉"是集体名词，不能说"一个肉"，但加上限定语后，就可以和个体量词"个"搭配使用。例句："给他们一个木樨肉、十锦豆腐。"

二　不可数名词

《汉语会话书》中的不可数名词有布、绸、库缎、纱、绒、粮食、高粱、白酒、大豆、小豆、黑豆、水、酒、炕、水、雲彩、学问、清酱、风丝儿等。

这些名词没有与之相匹配的个体量词，只能和表度量衡单位的量词、临时名量词和不定量词搭配使用，见表2-5。

表2-5 《汉语会话书》中的不可数名词

量 词		名 词
度量衡	疋	布、绸、库缎、纱、绒、
	石	粮食
	斗	高粱、白酒、大豆、小豆
	升	黑豆
临时由名词转来的量词		水（盅）、酒（盅）、炕（铺）、水（碗）、牙粉（包）
不定量词	点儿	云彩、清酱、毛病、风丝儿

三 集合名词

指成组或成群的事物，《汉语会话书》的集合名词举例如下。

人、手、草、丝、鞋、汗、兽、父母、树林、青草、大海、眼睛、靴子、榥子、衣裳、礼服、文书、柴火、珠子、院子、袜子、筷子等。

集合名词只能用集合量词去指称，如丝（团）、兽（群）、青草（片）、大海（片）、鞋（双）、榥子（双）。

由"词根+量词"构成的词（纸张、米粒）和"词根+词缀"构成的词（卖家、学者）皆是集合名词。

可数名词所代表的事物可以一个一个地数，也可以一组一组（一群一群）地数，这类名词可以用个体量词，也可以用集合量词，但意思不一样，如：一双筷子——一只筷子，前面的"筷子"包含两根，后面的筷子仅仅一根；集合名词前面不能用个体量词，只能用集合量词，如：一捆柴火、一片院子。

"大海"既可以受个体量词"个"修饰，又可用集合量词"片"修饰，这大概是因为两个"海"的含义不同，在北京，人们会用"海"命名湖泊、河流甚至水潭，如什刹海、后海和积水潭合称为"后三海"，所以可能用"个"去指称这样的"海"。北京作家林海音在《城南旧事》里就用"个"指称大海，如"外面的雨还是那么大，天像要塌下来，又像天上有一个大海的水都倒到地上来。"

四 抽象名词

《汉语会话书》中的抽象名词如下。

办法、才干、出息、道理、毒气、短处、分量、风、福、福气、福荫、感情、官人、光景、规矩、好处、好歹、晦气、火气、机会、价、价钱、交情、进益、精神、空气、力量、力气、利息、名声、命运、年纪、暖气、皮气、脾气、脾气、气、气力、气像、气色、气血、趣、热气、湿气、时气、暑气、俗说、体面、天聪、天气、文法、小意思、心、腥气、性情、学问、盈余、用法、语气、语言、运气、真心、志气、主意、滋味、罪等。

就理论上讲，名词所代表的事物，总有一定的空间性和一定的属性，而名词空间性的强弱最明显地表现在与量词结合的能力上，能同个体量词组合的，具有最强的空间性；不能同个体量词组合的，则具有较弱的空间性。[①] 抽象名词具有弱空间性，因此，抽象名词不能准确计量，只能模糊计量，反映在抽象名词与量词的选择关系上，就是抽

[①] 王珏：《现代汉语名词研究》，华东师范大学出版社2000年版，第140页。

象名词与一般的种类量词、不定量词和一些动量词搭配使用。

如果 N 为抽象名词,且 N 一般只受种类量词的修饰,那么 N 是抽象名词。如一般①心、一种办法、一种才干、一种福气。有些名词也能受种类量词的修饰,如一种人、一种纸、一种文书,这种名词不能归类为抽象名词,因为这种名词既能受种类量词的修饰,也能受其他量词的修饰,如一个人、一张纸、一份文书。因此一般只能受种类量词修饰的名词才可归类为抽象名词。

抽象名词还不能受"成形量词"的修饰,某个物体占有空间,就具有形状,我们能够描绘它的形状。物质名词空间性强,能够受成形量词的修饰,如一团丝、一片叶子、一块石头、一串珠子。而抽象名词空间性弱,一般不能受成形量词的修饰,但在《汉语会话书》中也有个别抽象名词和成形量词搭配的情况,如一片真心。

其实,上面的"片"早已不是成形量词的原型用法,而是引申用法,处于量词范畴化的最边缘,"片"本用于有一定面积、宽度、长度各占一定比例,高度基本为零的事物,"叶子""树林""大海"等才是量词"片"的中心成员。随着范畴的扩展,"片"对名词的选择由物质名词扩展到抽象名词,因此,"一片真心"中的"真心"是量词"片"范畴中最边缘、最不典型的成员,是"片"的非原型用法。因此我们判断抽象名词的另一个标准是,名词,但不能受成形量词原型用法的修饰。

在《汉语会话书》中,有一部分抽象名词可以作"有"的宾语,且前面还能受"很"的修饰,如很有学问、很有名声、很有趣儿、很有力气、很有交情、很有福、很有才干、很有天聪等,而具体名词则不行,如很有苹果、很有树林。因此一个名词能否受"很有"的修饰,

---

① 量词"般"就有种类的含义。

也作为我们判断是否为抽象名词的第三个标准。

五 专有名词

专有名词一般不能和数量词搭配使用,根据我们对《汉语会话书》中语料的整理,专有名词包含以下几类。

① 专有人名词,如小顺。

② 专有地名词,如盛京、奉天、新京。

③ 独一无二的事物名词,如太阳、太阴、皇上、贵庚、青春、白天、春天、秋天、夏天、冬天、肺、胃、肠、肝、脾嗓子、咽喉、令尊、令堂、世界、隔壁、腰身、双亲、东三省、三更、万宝全书。

④ 区别性名词:当局、正面、租界。

在《汉语会话书》中,也有专有名词受"个"修饰的案例,但此时的数量结构"一个"已经不起称量作用了,而是起举例说明的作用,如:"那儿有一个富兴,一个顺来,两个都是大店,一个在街南头儿,一个在街北头儿。"(《"支那"语集成》)

第三节 名词的造词法

《汉语会话书》中名词造词法主要有以下几类:词法学造词法造成的名词,句法学造词法造成的名词,修辞学造词法造成的名词,翻译造词法造成的名词。

一 词法学造词法造成的名词

(一)词缀+词根

《汉语会话书》中名词前缀主要分为两类:真前缀有阿、老、小$_1$,语体前缀有令、尊、贵、先、小$_2$、大、家、舍、贱。

阿：阿哥

老：①用于某些动物名词前，如老鸭、老鸹、老雕、老蚰蜒、老鹞鹰。②用于人的姓前，表示亲昵的称呼，如老杨。③用于某些称谓前，多为亲属称谓前，如老婆、老子、老哥哥、老爷。④用在表排行的数字前，如老三。"老婆"指媳妇，"老"并无年老之意；"老子"，是父亲的意思；"老哥哥"是哥哥的意思；老爷，泛指对人的尊称。

小$_1$：如：小春、小说儿、小巷。

令：敬辞，用于对方的亲属或有关系的人，如令堂、令郎、令爱、令姐。

尊：敬辞，称与对方有关的人或事物，《汉语会话书》中仅1例，如尊佛爷。

贵：敬辞，称与对方有关的事物，如贵处、贵姓、贵干①、贵昆仲、贵甲子、贵国、贵恙②、贵庚③。

先：对死去的人的尊称，如先父、先人。

小$_2$：①年长之人对年小之人的称呼，仅1例，如小顺。②谦称或卑称，如小妾、小子、小民、小厮、小人。③对女子的称呼，如小姐。

大：①指德高望重的人，如大人、大哥。②指学识渊博之人，如大律师。③对人尊称，如大丈夫、大小姐。④对对方事物的尊称，如大名。

《汉语会话书》中的"大哥"并非指排行第一的哥哥，而是对其他男子的尊称；《汉语会话书》中"大律师"仅出现一次，且是对"讼师"的解释；"丈夫"一词在古代汉语里本义指男子，如《战国

---

① 贵干：问对方要干什么。
② 贵恙：对对方病的敬称。
③ 贵庚：问对方的年龄。

策·赵策四》:"太后曰:'丈夫亦爱怜其少子乎?'对曰:'甚于妇人。'"现代汉语指妻子的配偶。

家:家兄、家父、家严、家母、家慈、家姐、家祖、家祖母、家伯、家叔。

舍:舍妹、舍弟。

贱:贱荆、贱姓、贱货、贱内。

(二)词根+词缀

《汉语会话书》中的名词后缀有边儿、个、家、们、面、生、头、子、儿。

边儿:方位词后缀,如海边儿、西边儿、左边儿、旁边儿、右边儿、耳边、东边儿、南边、北边、西边儿、水边儿、路边儿、前边儿、外边儿、傍边儿。

个:①加在"昨儿""明儿""今儿"等时间词后面,跟某日里的意思相近,如今儿个、昨儿个、前儿个、大前儿个、明儿个、后儿个、大后儿个。②量词"些"的后缀,如《汉语独学》:"我月月儿花的钱很多,没有一点儿的盈余,所以人家的些个账目还不能还。"

家:①表示身份、职业,如船家、卖家、大夫家、僧家、买卖家。②表示动物,如猴儿家。③对人的称谓,如自家、本家、东家、住家儿、主子家、谁家、老家儿、人家①。④用在时间词的后面,表示时间。如整天家、整年家。

们:①加在指人名词和人称代词后表示复数,如我们、你们、他们、俺们、男人们、朋友们。②用在表人的名词后,表示某类人,也表复数,如庄稼人们、巡捕们、百姓们、客人们、孩子们、小厮们、

---

① "人家"还可以用来指女性的婆家。如:"已经有了人家儿了没有?"(《中国语自通》)

光棍们。③作为构词语素，表示某类人，但不表复数，如娘儿们、爷们。

面：方位词后缀，如傍面、外面。

生：某些指人名词的后缀，如医生、学生、司机生。

头：①用于方位词后，表示方位，如外头、前头、后头、内头、里头；也有用普通名词后加"头"表示处所的用法，如码头、垄头。②表示事物，如日头、石头、木头、馒头、锁头、铺盖头、笼头。③用于动词后，表示事物，如当头、接头。④用于身体名词后，表示身体的一部分，如舌头、指头、拳头、骨头、喉头、鼻准头。⑤用于名词、动词、形容词后表抽象事理的名词或表价值，如尽头儿、扣头、赚头、对头儿；其他"头"作后缀表示抽象事理的名词，如笑头儿、兴头、气头、彩头、尺头。⑥后缀"头"还可用来指人，如老头儿、丫头、粉头儿。⑦用于时间名词后，表示时间，如一宿头。

子：①充当人称名词后缀，如男子、婶子、嫂子、主子、大姑子、大伯子、小叔子、老婆子、犬子、小姑子①、忘八崽子。②充当植物、食物名词后缀，如林子、竹子、梨子、橘子、豆子、麦子、土椿子、种子、茄子、蒿子、果子、稻子、水粳子、菓子、勤娘子、李子、黍子、橙子、栗子、榛子、饺子、柿子、蛋黄子、蛪子药、丸子、橄子、树林子、八仙人子。③充当身体部位类名词后缀，如脑子、脑门子、鼻子、身子、嗓子、胡子、脖子、冠子、胸脯子、奶子、肚子、嘴唇子、辫子、踝子骨、胡子、蹄子、牙床子、腮帮子、项子、嘴巴子、髈子、骸子、脸子、翅子、眼皮子、肘子、腰子。④充当器物、用具类名词后缀，如炉子、刀子、席子、扇子、帐子、帘子、链子、

---

① 由"小/大+称呼语+子"构成的词仍是亲属称谓语，只不过"辈分"比词根小一辈儿，如大伯子/小叔子/大姑子/小姑子分别是妇女称呼自己丈夫的哥哥/弟弟/姐姐/妹妹。这种属于"从儿称谓"，即说话人为了表示对对象的尊敬站在儿辈的立场称呼交际对象。

盘子、碟子、筷子、棍子、锤子、墩子、樨子、镯子、金子、櫂子、轿子、凳子、箱子、绳子、斧子、架子、哨子、铜子儿、匙子、银子、桌子、镰子、锄子、钜子、柜子、鞍子、杵子、钟子、锥子、椅子、环子、廉子、竿子、珠子、钉子、轮子、锅子、盒子、镘子、秤子、鞭子、筛子、钟子、勺子、酒盅子、牌子、大泡子、水缸子。⑤充当衣物类名词的后缀，如帽子、袖子、旗子、褂子、靴子、裤子、袜子、领子、帕子、纽子、皮子、绸子、绫子、毡子、褥子、绸子、缎子、料子、帐子。⑥充当动物类名词后缀，如狮子、骡子、耗子、鸽子、鸭子、小鸡子、虫子、蚊子、虱子、驮子、豹子、骡子、牛犊子、蠹子、夜猫子。⑦充当行政机构类名词后缀，如局子、村子。⑧充当纸质类名词后缀，如票子、稿底子、话条子、册子、单子、对子。⑨充当居住类名词后缀，如戏馆子、饭馆子、饭庄子、木厂子、屋子、花园子、房子、院子。⑩充当地理类名词后缀，如山涧子、山窑子、陡坡子、河叉子、土坡子、水坑子。⑪充当抽象事理类名词后缀，如法子、样子、胆子、心坎子、性子、口子、股子、俗套子、分子、缝子、场子、抽冷子。⑫N+V+子，如脚踏子、铜吊子、茶托子、车围子、耳挖子、酒鑽子。⑬动词后缀，使其名词化，如弹子儿、掸子、撑子、钳子、铲子、刨子、戳子、剪子、筛子、嚼子、刷子、杓子、呈子。如刷牙子。⑭形容词接后缀成名词国，如花子、哑子、聋子、瘸子、獃子、苗子、胖子、秃子、疯子、冷子、黑污子。⑮时间词后缀"子"，如甲子、日子。⑯其他词接"子"，如砂子、卵子、麻子、胰子、雹子、池子、瘤子、柱子、顶子、砂子、士道子。

儿：①充当称谓名词后缀，如婶儿、媳妇儿、爷儿、老家儿、家主儿、家生子儿、乡下佬儿、老头儿、堂官（馆）儿、小孩儿、男儿、妞儿、女孩儿。②充当反身代词后缀，如自个儿、各自各儿、各各儿。

③充当居住类名词后缀，如房儿。④充当器官类名词后缀，如翅儿、心儿。⑤充当器物类名词后缀，如棍儿。⑥充当植物类名词后缀，如花儿。⑦充当动物类名词后缀，如猴儿、鸟儿、雀儿、蝈蝈儿。⑧充当食物类名词后缀，如馅儿、饺儿。⑨充当时间类名词后缀，如季儿、今儿、明儿、时候儿、早晚儿、后儿、昨儿、前儿、大前儿、大后儿、伏天儿、大前儿、前儿个、昨儿个、今儿个、明儿个、后儿个、大前儿个、大后儿个、一下儿钟、一下儿半、一下儿半、后儿、早点儿、末末了儿。⑩充当动词后缀，转换为名词，如伴儿、坐儿、哐哐儿、取灯儿。

（三）语素+集合名词

《汉语会话书》中的集合名词有"桥""水""肉""灯""坊""队""砲""枪""团""兵""铺"等，可以组合成如下名词。

浮桥、栈桥、自来水、瀑布水、泉水、泥水、牛肉、羊肉、鸡肉、猪肉、蜡灯、洋灯、电气灯、磨坊、染坊、油坊、豆腐坊、联队、大队、中队、小队、分队、宪兵队、大砲、野砲、攻城砲、机关砲、快枪、连环枪、单响枪、师团、军团、旅团、步队兵、马队兵、近卫兵、看护兵、现役兵、预备兵、后备兵、补充兵、匠人、买卖人、主人、司机人、当铺、药铺等。

还有一些集合名词，如"匠""会"等，有一些词介于词和词缀之间，学术界称之为类词缀，如"喇叭手""舰长"中的"手""长"。吕叔湘指出，类词缀之所以加"类"，是因为它们的意义尚未彻底虚化，甚至还可以作词根。① 所以，类词缀的意义标准可以界定为词汇意义有所虚化而又未完全虚化。

---

① 吕叔湘：《汉语语法分析问题》，商务印书馆1979年版，第49页。

(四) 重叠式名词

在《汉语会话书》中，有语法手段形成的重叠词，分别是：年年、天天、月月、句句、人人。有 AA 式叠音词，分别是：星星、爷爷、奶奶、哥哥、妹妹、叔叔、姑姑。

(五) 转指式名词

所谓转指法名词，是指某类词无需经过任何语法形式的变化就可以转变为名词，二者之间没有任何语法标记形式，只有语义和语法功能上的区别。① 例如，"锁"可以充当动词，如锁门；也可充当名词，如一把锁。

《汉语会话书》中的转指式名词有以下几种。

① 动词或动词性结构指称施事。

动宾结构→名词：经纪、雇工、保人、上税、住家儿。

经纪，本指经营管理的行为，转指指经营管理的人，《汉语会话书》解释为"仲介人"；"雇工""保人""住家"等本指人的某一动作行为，在《汉语会话书》中已转指为这一动作行为的人；"上税"本指上缴税收的行为，转指行为的受事，如"哎呀，得多少上税呢?"（《满洲语自通》）

② 动词或动词性结构指称工具或动作的结果。

动宾结构→名词：枕头、吊桶、印色、封口、笼头、封套、出品、顺风、逆风、存款、拐弯儿。

上面的词本指某一动作，在《汉语会话书》中已转指指动作的结果或工具，如印色，本指印出颜色，转指指印色的工具，即印泥。笼头，本指笼头的动作，转指指限制笼头的工具。出品，本指出版作品，转指指出版的具体成果，如"是各学堂的出品，像片儿、乐器、

---

① 王珏：《现代汉语名词研究》，华东师范大学出版社 2001 年版，第 57 页。

文具和个样儿的玩意儿甚么的"。(《汉语独学》) 顺风、逆风，本指行走的方向顺应或违逆了风的方向，现转指指风的种类。存款，本指存钱这一行为，转指所存的钱，如"礼拜那一天是不付存款的"。(《汉语大成》) 拐弯儿，本指沿着曲线或改变方向走，转指指具体内容。

③ 动词指称动作的形式。

动词→名词：称、闪、买卖、练操。

称，转指称东西的工具。闪，转指闪的形式，在《汉语会话书》中有"打闪"（电）一词。买卖，本指买和卖的具体行为，已转指为任何交易。练操，本指练习和操练，在《汉语会话书》中转指练操的形式，如"今儿早起有练操，皇上到青山练场，亲阅军队哪！"(《汉语独学》)。

④ 在《汉语会话书》中，形容词所表示的性质范畴也可以有限制性地指称主体而向名词转化。

性质→该性质的人：糊涂。

例句："倒是你明白，我终究是个糊涂，心里空喜欢了一会子，却想不到这上头。"(《华语精选》)

在《汉语会话书》中除了这种无标记的名词化之外，还有一些有形式标记的名词化，形式标记主要有子、儿、者、的。

⑤ 构词平面包括戳子、剪子、伴儿、坐儿、学者。"戳""剪""坐"本指动作行为，加"子""儿"后转指指工具；"学""编辑"本指动作行为，加"儿""者"后可转指动作行为的施事。

⑥ 句法平面包括赴校者、相好者、逐鹿者、带道的、管车的、拉车的、赶车的、跟班的、跑堂儿的。"者""的"前面皆是动词，加了"者""的"转指为该动作行为的施事。

《汉语会话书》中有一些转指式名词需要形式标记，但在现代汉语普通话里这些词则不需要形式标记了，可直接转指名词，见表2-6。

表2-6 《汉语会话书》中需要标记的转指或名词

《汉语会话书》	普通话	《汉语会话书》	普通话
跟班儿/跟班的	跟班	刷牙子	牙刷
尖儿	尖	铜吊子	铜吊
茶托子	茶托	连襟儿	连襟
同伴儿	同伴	原告儿	原告
秤子	称	当局者	当局
司机人	司机	编辑者	编辑

二 句法学造词法造成的名词

（一）主谓式名词

春分、夏至、秋分、冬至、地动、地震、海啸、月亮。

（二）述宾式名词

生意、雇工、保人、枕头、吊桶、封套、笼头、将军、傍面、傍边、司令、官事、知县、领事、连襟、顶针、伏天。

（三）并列式名词

形容词+形容词：泰昌。

动词+动词：买卖、教习、合同、书办、书记、裁缝、铺盖。

名词+名词：亲戚、朋友、兄弟、弟兄、昆仲、衣裳、尺寸、草木、晌午、道路、光景、语言、父母、丈夫、妇女、酒菜、行市、价钱、燕雀、毫厘、滋味、白昼、阴凉、节季、节序、徒弟、人民、货物、师傅、包袱、时候、笤篙、图书、将校、兵丁、官兵、信号。

（四）偏正式名词

偏正式造词法在《汉语会话书》中占据的比例最大，经过我们的整理，从前一个语素所表示的语义关系来看，偏正式名词大体上可以分为以下几类。

原料：面包、瓷器、玉器、铁锹、木梳、麦酒、芥末、粳米、豌豆、芹菜、蒜菜、钢笔、铅笔、奶饼、汽水。

领属：火车头、枫叶、中国话、海潮、猪肉、眼力、山岭儿、山峰、山腰、山坡儿、山涧儿、店东、头泥、手背、桑条、房东、户主、鸡蛋、牛奶、蒜头、官名、夜景。

范围：上回、前回、别业、上半天、下半天、前半夜、后半夜。

工具：海水澡、灯笼。

颜色：红参、白给盐、黄昏、红酒、黄酒、黄油、白糖、红粱、黄豆、红豆、红萝葍、白菜、青椒、白盐、红酒、黄莺、青椒、白薯。

地区：山东丸。

方位：东城。

形状：波浪、直木、折纹、丝线、包米、酱油、酱菜、方糖、比目鱼。

动力：马车、风圈、火轮船、火轮车。

性质：宝号、开水、温泉、晴天、阴天、苦力、甘井、强盗、醎盐、玉米、菲菜、辣椒、公事、大洋、洪水、香油、咸菜、恶战、同盟、仙鹤、煖帽、热天、辣椒、高粱。

种类：学堂、公事、露水、平原、大洋、客店、乐器、大道、小道、岔道、洼道、小河、冻水、明沟、暗沟、大风、大洋、小米、马车、军队、厨房、民人、巡警、军旗。

方式：游历、激筒、火腿、挂面、担架、烧酒、冻水、火漆。

时间：晌饭、夜景、白天、春天、秋天、冬天、夏天、腊月、伏天、蚕豆、生日、冬帽、寒暑表、元宵饼。

才能：秀才。

状态：肥皂、闹天气。

原因：糯米、冻疮。

环境：旱路、旱地、水田、草地、沙漠、沙滩、水田。

来源：洋钱、洋银。

位置：京畿道城、京城、榆站寺、海岛、英文、喉咙病、村庄、槽牙、眉毛、门牙、海口、衙役、台布、背心、领带、手套、江米、菠菜、眼力、家具、地雷、舱顶、外国语。

功用：候车房、号炮、水桶、澡堂、道场、茔地、卖票处、摆渡口、护城河、奶娘、银行、银号、文具、火盆、饭锅、水缸、茶壶、脸盆、撖布、砚台、教兵、军港。

对象：瞰数、灯台、船坞、车站、官名、天气、车票、手巾、名片、客人所、客栈、客店、烟草屋、船厂、火车站、博览会。

程度：清早、青山、顶热、点心、清酱。

职业：屠户、讼师。

专名：屠苏酒、赛珍会、黄梅节。

目的：马褂。

（五）正偏式名词

名词＋形容词：郊外、云彩。

名词＋量词：纸张、皮张、人家、花朵、信件、人口、牲口、事件、米粒、文章、语句。

三 修辞学造词法造成的名词

（一）比喻式名词

比喻式名词是借喻体表示本体或用喻体替代本体。

比喻形状的名词，如口袋、瀑布、營盤。

口袋，由喻体＋本体构成，用"口"的形状比喻袋子；瀑布，由本体＋喻体构成，用"布"的形状比喻瀑布的形状；營盤，由本体＋喻体构成，用盘子比喻阵营的形状。

比喻性质的名词，如月牙儿、鸿鹄志、海碗、天聪、勤娘子、水仙、掃海法。

月牙儿，本体＋喻体，用刚"发芽"的性质比喻新月；鸿鹄志，喻体＋本体，用鸿鹄比喻志向远大；海碗，喻体＋本体，用海的广大比喻碗容量很大；天聪，本义指上天赋予人的听力，在《汉语会话书》中比喻天子听闻的美称；勤娘子，用勤劳的性质比喻牵牛花枝叶繁茂的特性；掃海法，比喻强大的力量、迅速的方法。

（二）借代式名词

借代造词法，是使原来的词产生一个新的义项。

薪水、马力、行李、早起、大夫、东西、礼拜、行市、灯火、夜猫子、佛手、百合、王八。

薪水，本指日常生活中的采薪汲水，根据其功能特征代指工作的报酬。早起，按字面意思是指很早起床，因为其时间特征，代指早晨，如《汉语指南》："太阳出来的时候叫早起，太阳落的时候叫晚上。"行李，即行理，"理"在上古可指廷吏，行理（李）即行走于道路上的官吏，"李"为"理"的同音通假字，后来借代为人出行所带的东西。夜猫子，指昼伏夜出的枭鸟，后来代指在夜间工作或活动的人。佛手，是一种水果，因其形状像佛的手指，故得名。百合，因其种头是由近百块鳞片抱合而成，故得名。

（三）语音式名词

猫、鸭、鹅、蝈蝈儿。

（四）翻译造词法造成的名词

翻译自英语： 珈琲（Coffee）。

汉字词： 放送人（방송인）使唤人（사환）。

第四节　与普通话名词的比较

日据时期韩国《汉语会话书》中的某些名词与普通话词义相同，但词形会有不同，有些词会有多种写法，但在现代汉语普通话里却只有一种写法；在《汉语会话书》中，很多名词会带词缀或类名，但在现代汉语普通话中却不会带；随着社会的发展，有些词消失了，有些词却换了一种说法。

一　词形的比较

（一）不同的写法

卓子—桌子、煖帽—暖帽、珈琲—咖啡、橫線—横线。

前面的写法是《汉语会话书》中的写法，后面是现代汉语普通话里的写法，前面的写法还是有理据的，"桌"和"卓"是同源字在我国古代家具中，因为椅子的出现，原先席地而坐用以凭依的几和案不方便使用，于是与椅子高度相配的高桌便应运而生。"卓"原是个借字，直到宋朝，"桌"尚未产生，所以用"卓"表"桌"。"卓"有高义，"桌"比"几"高，所谓"言卓然而高可倚也"，是说高桌与高椅相配，可互相倚靠。"暖帽"属于清代服饰，多为圆形，如图2-2所示，《清会典事例·礼部·冠服》中有记载。《汉语会话书》里把"暖"写成"煖"大概是抓住了"火"可以给人温暖这个特征，所以自创了一个词"煖帽"。"珈琲""咖啡"都是来源于"Cafe"音译词，普通话"咖啡"的偏旁为"口"更加符合词的语义规则。"線"和"綫"是异体字关系,两者无任何区分,他们的历史上通行的时间不一样,从字形上来说,两者都是形声字,只不过换了声旁而已,根据裘锡圭先生在《文字学概要》中的论述:先秦用"線",汉代至晋用"綫"以"線"为古文。晋至民国,用"線",以"綫"为古文,中华人民共和国建国至今,用"綫",以"線"为异体。① 汉字简化的时候,"綫"简化为规范字"线",而"線"则被废除,至到2013年发布的《能用规范汉字表》"線"(类推简化为"线")才被确立为合法地位。在现代汉语里,人们常写作"横线",不写作"横線"。

图 2-2 暖帽

(二) 不同的命名

匙子—勺子　　程子—日子　　晌饭—午饭　　哈息—哈欠

民人—人民　　顶风—逆风　　念书人—读书人　　信票—凭证

老公—太监　　傍面—旁边　　买卖家—商人　　娘儿们—妇女

---

① 裘锡圭:《文字学概要》,商务印书馆1988年版,第270—273页。

火筷子—火钳	蜡灯—蜡烛	自来火—火柴	马军—骑兵
勤娘子—牵牛花	尻—屁股	阳物—阴茎	雹子—冰雹
手丫巴儿—手缝	太阴—月亮	旱地—陆地	旱路—陆路
早起—早晨	邮便—邮政	信笛子—信箱	使唤人—佣人
放送人—播音员	式样—样式	黑污子—斑点	茶船儿—茶托
疙蚤—跳蚤	洋伞—雨伞	脚踏儿—脚蹬子	印色—印泥
麦酒—啤酒	嘎拉儿—角落	闪—闪电	军夫—军人
脚夫—搬运工	讹错—错误	天聪—天资	景致—景物

"—"字线前面是《汉语会话书》中的名词称呼，后面是现代汉语普通话里的称呼，前者绝大多数是近代汉语的遗留物，它们和现代汉语的称呼不同有以下几种原因。第一，认识事物的理据发生了改变，抓住了事物不同的特征，所以采用了同一事物不同的特征来命名；第二，从国外翻译了相同事物的音译词，取代了汉语词；第三，随着词义的扩大，在原语素上加其他语素进行区分，下面我们举例分析。

1. 根据不同理据命名

词是音义的结合，声音是词的外在表现形式，意义则是内在内容。随着社会的发展，当新的事物或现象出现的时候，人们就需要创造新词来进行表达，而新词的创造又是在已有的语言材料和构词法的基础上进行的，因此，新词的语音形式和意义内容的关系往往就不再是任意的，而是体现了一定的理据性，也就是给事物命名的理由和依据。命名的理据取决于客观事物本身的特征和人们的构词心理，客观事物的特征有许多，如形状、属性、用途等，下面举例进行说明。

火筷子/火钳：日据时期《汉语会话书》中的"火筷子"仅仅抓

住了该物的形状特征，像"筷子"一样；而普通话中的"火钳"则主要抓住了该物的功能，"钳"含义为夹东西的工具。

顶风/逆风：《汉语会话书》中的"顶风"主要是从人的角度出发而命名的，风和人正面相顶所以命名为"顶风"；而"逆风"主要从风的方向出发，没有顺着风吹的方向则为"逆风"。

自来火/煤气灯："自来火"是因为在19世纪末期，上海开始用煤气，煤气是安装于地下的，人们不知道煤气来源于哪里，所以大家一致称煤气灯为"自来火"；普通话"煤气灯"是侧重于燃料这一特征来命名的。

马军/骑兵："马军"抓住了军队的骑行工具"马"，而"骑兵"则抓住了方式"骑"。

使唤人/佣人：前者是基于一个社会地位而言的，是被支配、被使唤的地位；而后者"佣人"则是基于一个商品经济时代雇佣关系而命名的。

茶船儿/茶托："茶船儿"抓住了事物的形状特征，像船一样；"茶托"则抓住了事物的功用特征，主要是为托茶杯而用的。

虼蚤/跳蚤：前者主要根据语义造词，"虼""蚤"两字都是虫的意思，而"跳蚤"一词则主要根据虫子的行走方式来命名。

太阴/月亮：这两个词语在《汉语会话书》中都有，也同时存在于古代汉语里，"太阴"主要来源于中国的易经哲学，而"月"则是象形字，东汉许慎《说文解字》分析"月"的构造时说："月，阙也。"人们经过观察，发现月圆的时间少，"阙"（半月或残月）的时间多，于是就照半月的样子创造出一个象形字，现代汉语普通话只用词语"月亮"。

洋伞/雨伞："洋伞"的出发点是它的来源（西方），所以前面加以"洋"字，"雨伞"的出发点是其功用——遮雨。

脚夫/搬运工：脚夫的出发点是工人的身体部位——脚，而"搬运工"的出发点是工人的作用。

2. 外来词取代了汉语词

麦酒/啤酒：麦酒的出发点是其酒的原料——小麦，啤酒音译自英语词 beer。

3. 改变构词语素

这类有以下几种情况，有些改变语素顺序，如民人/人民、式样/样式、耳挖子/挖耳子；有些增加语素，如闪/闪电；有些改变其中一个语素，如手丫巴儿/手缝、傍面/旁边、旱地/陆地、旱路/陆路、生养/生育。

4. 减少词缀或类名的使用

在日据时期的《汉语会话书》里，词缀是非常丰富的，有些名词连带两个词缀；而在现代汉语普通话里，这些词要么减少一个词缀，要么不用词缀。举例如下，前者为《汉语会话书》中的语料，后者为普通话里的对应词汇。

弹子儿—子弹　饭馆子—饭馆　唇儿—唇　牙刷子—牙刷

煤斗子—煤斗　被单子—被单　铜吊子—铜吊　秤子—秤

监狱所—监狱　司机人—司机　嘴唇子—嘴唇　牙床子—牙床

牙床儿—牙床

5. 词语的消失

随着社会的发展，有些事物或物件不再出现，所对应的词汇在汉语中也就不再使用了。

激筒：古代的一个抽水工具，外形像水枪，如图 2-3 所示。随着科技的发展，这类工具早已不用了，取而代之的是现代化的"水泵"。

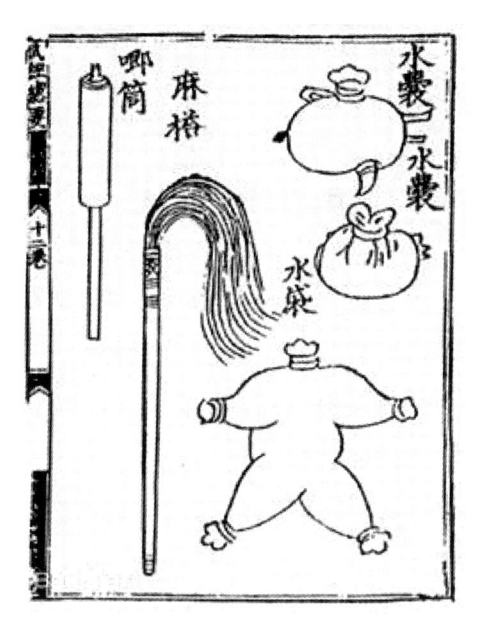

图 2-3 激筒

站夫：古代驿站的役夫，在现代社会，驿站早已消失，取而代之的是邮政。

火纸捻儿：是点火用的细长纸卷，也称火煤子。现代社会各种电子打火机早已取代此物。

教习：明代选进士入翰林院学习，称庶吉士，训课庶吉士者曰教习；清朝对庶常馆中由大臣充任"教习"者之俗称；今天"教习"一词由"教师"代替。

(二) 词义的比较

在我们所搜集到的语料中，发现《汉语会话书》中有一例词形和普通话一样，但词义完全不同的语料。

早起：在《汉语会话书》里，"早起"表示时间名词"早晨"，在普通话里表示"很早起床"。如："太阳出来的时候叫早起，太阳落的时候叫晚上。"(《汉语指南》)"不是早起，就是晚上。"(《华语

精选》)"今儿早起扎挣着起来做了几个话条子,上学堂里来了。"(《华语精选》)

第五节 小结

《汉语会话书》中名词带有明显的文化特征和时代特征,如父系亲属称谓比母系亲属称谓多,可反映出汉民族特别重视直系亲缘关系,"军事类"多音节词汇数量越来越多,反映了中国学习西方技术的现象,展现了我国救亡图存的愿望。

《汉语会话书》中有些词加形式标记才能转指名词,而这些词在现代汉语里可直接转指名词,如茶托、连襟、编辑等。

通过和现代汉语名词进行比较,有些名词随着社会的发展便消失了,有些在现代汉语里有其不同的称谓,这展现了不同时代的人们对事物认知的理据不同。如"自来火",因为煤气管道安装于地下,人们不知道煤气来源于哪里,所以称为"自来火";普通话"煤气灯"是侧重于燃料这一特征来命名的,这反映了人们对事物的认识更加接近科学,更能抓住事物的本质特征。现代汉语里名词词缀相对于《汉语会话书》中的词缀更少。

第三章 动词

第一节 动词的语义分类

日据时期韩国汉语教材汇编本《汉语会话书》里的动词根据语义可分为以下几种,动作动词、心理动词、战争动词、商业动词、政令动词、天文动词和其他日常生活动词,我们全面搜集并整理如下。

一 动作动词

口部动词:叫、说、吃、吃、喝、尝、嚼、喘、馋、喂、哄、吓、喷、问、念、劝、笑、骂、叨、喳、拌嘴、撒谎、抢白、欺侮、撒娇、编造、擤、打哈息、打喷嚏、打膈儿、吵闹、抱怨、喊叫、答应、借问、打尖。①

手部动词:抽、拿、抬、拔、拧、捻、揸、推、搁、抢、摆、铰、砍、切、割、折、撕、刨、找、撩、酾、挪、拔、舒腕、打、递、沏、添、点、用、找、撺、扭、拼、拉拽、拏着、捏做、分剖、劈开、挪开。

---

① 打尖:打发舌尖的简缩语,指京津一带行路途中吃便饭。

脚部动词：来、走、回、跑、踢、跺、去、到、逃、歇、逛、遛达。

眼部动词：看、瞧、皱眉。

耳部动词：听。

二 心理动词

猜、想、认得、懂、知道、瞒、躲、卖弄、委屈、担待、小看、多心、搅、护庇、护短、献勤、藐视、感激、惦记、赌气、淘气、折磨、调唆、体谅、扎挣、打量、吃醋、辜负、将就、通晓、着相、着恼、算计、起誓、嫉妒、寒心、欺哄、后悔、吃亏、盼望、害怕、冤枉、讨厌、费心、惊怔、搓磨、躲懒、撒赖。

三 战争动词

防守、攻、守、打胜、打败、得占/占领、拿住/生擒、猛攻/决战、突击、打沉、打仗、议和、争斗、得胜、停战、投降。

四 商业动词

折变、花、买、汇银/换钱、用钱/口文、支取、该班儿、出卖、减价、赚钱、赔钱、打价儿、该钱、放账。

五 政令动词

争斗、号令、犯罪、赦罪、宽免、告示、禁止、抽空儿、考察。

六 日常生活动词

教、学、还席、睡、坐、躺、站、起、爬、刮、熬、煮、烧、晒、得、有、成、当家、照顾、做、办、装、丢脸、生气、教导、张罗、标志、违拗、打架、预备、损害、撒溺、出恭、上岸、起货、打发、拜望、劳驾、游历、歇工、消遣、齐截、痊愈、出外、承问、托福、应承、反了、更改、定规、办事、干事、待人、凑到、受辱、讨嫌、费事、耽搁、帮助、奉求、帮助、除了、合笔、下剩、着急、打围、磕头、要穿、受使、借光、剩下、恐怕、冒雨、养活、强暴、省亲、遵办、劳驾、搭伴、用工、讨扰、吓、按来、受等、借光、摆渡、赌气、沽名、医治、稍、搭、安排、碍。

第二节　动词的构词研究

词是由语素构成的，根据语素的多少和语素之间组合关系的不同，词可以分为不同的类，由一个语素构成的词是单纯词，它的结构比较简单；由两个或两个以上的语素构成的词是合成词，其结构比较复杂。

一　单纯词

在《汉语会话书》中，单纯词比较简单，绝大多数是单音节，仅一个联绵词，没有重叠词，如叫、说、喫、吃、喝、尝、嚼、喘、磕、喂、哄、吓、喷、问、念、劝、笑、骂、叨、喳、等。

二　合成词

（一）状中偏正式

状中偏正式复合动词，一个语素表示全词的中心意义，表示动作行为或性质状态，位于词后；另一个则起修饰或限定作用，位于词前。《汉语会话书》中的状中偏正动词包括以下几种。

卖弄、号令、惦记、淘气、冤枉、搓磨、生擒、猛攻、决战、突击、折变、预备、拜望、游历、齐截、痊愈、担待、小看、多心、藐视、通晓、后悔、承问、奉求、强暴、受等。

这些动词,前面表示修饰,后面表词的中心,我们举例分析。

担待:"担"本义为用肩挑,后引申为抽象义"承当","待"表示"对待","担待"一词的含义就是"用包容、承担的方式去对待",如:"我素日担待你们,得了意一点儿也不怕,越发拿着我取笑儿了。"(《华语精选》)

承问:"承"的甲骨文( )像两手朝上捧着一个人。本义为奉,捧着,又为受,承受。由承受引申用作敬辞,表蒙受,如《尚书·周官》中有"六服群辟,罔不承德",后用着客套话①。"承问"表示"承蒙问候",如"贵恙好了没有?承问,好一点儿。"(《"支那"语大海》)

游历:通过旅游的方式去经历。

齐截:表示整齐地收拾,如"行李都齐截了没有?"(《汉语独学》)

受等:"受",相付也(《说文·受部》),本义为给予、授予,这个意思后来分化写作"授",又由接受引申出遭受义,又有忍受某种遭遇的意思。②"受等"整体的含义就是"忍受着等待",如"我来得晚了,叫你受等。"(《华语精选》)

(二) 词缀 + 词根

在《汉语会话书》中,由"词缀 + 词根"构成的词主要由"打 + 词根"构成,如:打发、打量、打谅、打扰、打闪、打算、打听、打围、打消、打价。

前缀"打"无词汇意义,其语法意义是强调所构成词的动态性,"打V"中的"打"能突出"V"的效果,强调"V"这个行为的发出

---

① 曹先擢:《汉字形义分析字典》,北京大学出版社 1999 年版,第 63 页。
② 曹先擢:《汉字形义分析字典》,北京大学出版社 1999 年版,第 487 页。

和进行。①

(1) 不知道是谁家的，长得标致，又打扮得好看……（《话语精选·第十三编》）

(2) 还有打帮走的一位朋友了。（《汉语指南·第五十九课》）

《汉语会话书》中还有一些"动词+儿"仍为动词的语言现象，如打膈儿、摸粉儿、步行儿、贪玩儿、抽空儿、玩儿、打鸣儿、服元儿、还元儿、会齐儿、发芽儿、当面儿、拐弯儿、取笑儿、献勤儿、打战儿、打盹儿、该班儿、冒嘴儿、拔儿、盼儿。

其他的如下。

(3) 听见那个挂钟当当的响儿。（《汉语独学》）

(4) 至于和朋友搭伴儿出去打茶围去。（《汉语指南》）

还有的用于固定动词短语之中，如：

(5) 喝得前仰儿后合的，站不住，叫人看着不斯文来。（《华语精选》）

(三) 述补式

《汉语会话书》中的述补式动词有"动词+结果"，如抓破、打胜、打败；有"动词+状态"，如抓破、打胜、打败、劈开、挪开、打沉、养活。

(四) 支配式

支配式合成词，前一个语素表支配，常位于词前；另一个表被支配的对象，常位于词后。举例如下。

拌嘴、撒谎、擤鼻子、打哈息、着相、着恼、着急、说竖说横、护短、献勤、赌气、淘气、知道、抱怨、吃醋、起誓、寒心、吃亏、讨厌、费心、进兵、退兵、打仗、议和、得胜、省亲、搭伴、用工、

---

① 祝建军：《"打V"之"打"的语法化探析》，《古汉语研究》2004年第3期。

讨扰。

其结构分别有"V + N""V + V"和"V + adj"的形式,举例见表3-1。

表3-1　　　　　　　　支配式合成词的结构

结构名称	结构组成	例　词
支配式	V + N	拌嘴、撒谎、抢白、撒娇、皱眉
	V + V	感激、讨厌、讨嫌、讨扰、吃亏
	V + adj	着急、献勤

抢白:指当面说责备、训斥、讽刺与挖苦的话。此词中的"抢"本字应为"戗",《玉篇·戈部》"戗,古创字";《集韵·阳韵》"戗,《说文》:'伤也'",指方向相反,抵触。作动词用,指从相对的方向顶住、支柱①;引申为言语冲突,如"说戗了";再引申为指责、训斥。

着相、着恼、着急:"着"的基本义表示附着,曹先擢(1999)认为"着"字语义演变过程为,附着—穿着—使附着在别的物体上—着落—用于动词后表结果—接触到—感受到。

着相:相是一个佛教术语,意思是执着于外相、虚相或个体意识而偏离了本质。"相"指某一事物在我们脑中形成的认识,或称概念。它可分为有形的(可见的)和无形的(也就是意识)。着恼和着急的"着"皆表示感受到的含义。

(五) 联合式

联合式动词是两个语素在语义上相同或相近,如"喊"和"叫"语义相近,"答"和"应"语义相同。

---

① 曹先擢:《汉字形义分析字典》,北京大学出版社1999年版,第428页。

喊叫、答应、捏做、分剖、委屈、护庇、惦记、折磨、调唆、扎挣、拉拽、辜负、算计、嫉妒、欺哄、盼望、害怕、冤枉、惊恠、搓磨、争斗、宽免、告示、禁止、考察、照顾、教导、违拗、损害、痊愈、更改、耽搁、帮助。

（六）连续式

连续式指两个动作一前一后连续发生，在时间上是线性的。

腌藏：腌渍储藏。如：都腌藏了，还怎么弄？（《华语精选》）

第三节 动词"有"的研究

"有"是《汉语会话书》中一个常用的词，它的用法比较特别，结构方式也多样化，本节着重阐述它所构成的各种句法结构。

一 "有"字结构的类别

（一）动宾结构

1. 名词充当"有"的宾语，这类结构名词的前面一般都有定语修饰，或者"有"的前面有副词修饰。

（6）听说温阳那儿有温泉。（《汉语独学》）

（7）你多咱有功夫儿。（《汉语独学》）

（8）请在这儿吃晌饭罢，有现成的饺子。（《汉语独学》）

（9）他跨在床上那边儿有傲慢的模样，实在是不恭敬得很。（《汉语指南》）

（10）他原来很有学问，也很聪明的，还是学了三年的工夫，也不能简简决决的说出来哪。（《汉语指南》）

例（6）、例（7）中的"温泉"和"功夫儿"单独作了"有"的宾语，例（8）、例（9）中的名词分别受"现成""傲慢"的修饰，例

(7)、例(10)中的"有"分别受副词"多咱""很"的修饰。

2. 动词或形容词充当"有"的宾语。

(11) 每年今儿早起有练操,皇上到青山练场。亲阅军队哪。(《汉语独学》)

(12) 他原来是有体面的人。(《汉语指南》)

(13) 那个老虎就耷了着尾巴低着头儿有惭愧的样子。(《汉语指南》)

(14) 他跨在床上那边儿有傲慢的模样,实在是不恭敬得很。(《汉语指南》)

(15) 菊花和芦花都开了,秋花虽然没有春花那么样的华丽,还是有清淡的雅趣,更有加倍的好看了。(《汉语指南》)

例(11)"练操"就是一个动词性短语;"有+形容词"不能作宾语,只能作定语修饰名词,然后再整体作句子的成分,如例(12)、例(13)、例(14)中的"有体面""有惭愧"和"有傲慢"分别修饰"人""样子"和"模样","有体面的人""有惭愧的样子"和"有傲慢的模样"整体作谓语。

3. "有点儿"整体作副词,修饰形容词或动词结构,表示程度不高,稍微(多用于不如意的事情)。如例(16)、例(17)、例(18)、例(20)中的"有点儿"都是修饰的形容词,例(19)"有点儿"修饰的是动词结构。

(16) 他的爵位原来是大有点儿傲慢。(《汉语指南》)

(17) 你要和我说话,得大声儿地说,我的耳朵有点儿背。(《华语精选》)

(18) 他上了年纪,倚老卖老,行事难免有点儿悖晦了。(《华语精选》)

(19) 大哥,你教导我的话真有点儿屈我的心。(《汉语指南》)

(20) 因为我母亲有点儿不舒服。(《华语精选》)

但有些"有点儿"属于动词和量词的组合，是"点儿+名词"先组合，"有"再和"点儿+名词"组合。

(21) 我有点儿事，再来请安。(《华语精选》)

(22) 我这个时辰表有点儿毛病，得找个表匠修理。(《汉语指南》)

4. 组成"的"字短语充当宾语。

(23) 心里还可以有乐的。(《汉语指南》)

(24) 我是年轻的，他是有年纪的。(《汉语指南》)

(25) 或有迎接的，或有送行的。(《汉语指南》)

5. 代词充当宾语。

(26) 乡下有好些个不便宜，我喜欢在京里住。(《汉语指南》)

(27) 哪里有这样太贵呢？(《华语精选》)

6. 数量短语充当宾语

(28) 还有一点钟。(《汉语指南》)

(29) 有三尺七寸。(《汉语指南》)

7. 小句充当宾语。

(30) 路上人山人海，谁有拼着我的肩膀去了，我扭着一回头看他了。(《华语精选》)

8. 省略宾语。

(31) 摆渡是有，那车马怎么样呢？(《"支那"语集成》)

(32) 各式各样的都有。(《汉语大成》)

(33) 我要买几本话条子，可不知道是天津有还是上海有。(《汉语大成》)

(二) 动补结构

"有"可以同后边的词语构成动补结构，有些带"得"字比较。

(34) 你有得出卖么？(《汉语独学》)

(35) 我因为忙着来该班儿，故此也没有得问一问。(《汉语独学》)

(三) 构成固定结构"有所"

(36) 将来还求阁下不遗在远,时惠箴言俾得<u>有所</u>遵循以广见闻才好。(《华语教范》)

(四) 作前缀,后接动词

(37) 阁下今日到此有何公事<u>有谕</u>。(《汉语独学》)

二 "有"的语义研究

在《汉语会话书》中,动词"有"主要有四种语义。第一,表领有,如:"您有几位兄弟"?第二,表存在,如:"听说温阳那儿有温泉。"第三,用在动词前,表客套,如:"不敢当,您请坐罢。有坐有坐。"第四,表程度深,如:"我和他父亲有交情,无论甚么事情,彼此都帮助。"

石毓智(2004)认为"有+名词"变成了形容词表性状,可以作谓语和定语。① 如例(31)—(42)"有"字后的词语皆是名词,例(41)"有+体面"为形容词,"有+体面+的"为名词词性,整体作宾语;其余各例皆作谓语。那么这些名词都有怎样的语义特征呢?根据石毓智(2004)的研究,这些名词所指的事物都得以社会平均值为计量起点的,如"交情""天聪""体面""学问"等都是高于相关社会平均值的,也就是说,这些名词的起点已经代表了一定的量,而不是从"0"算起,那些以"0"为计量起点的,则没有程度义,如"有毒""有消息"等则没有程度义。②

(38) 我和他父亲<u>有交情</u>,无论甚么事情,彼此都帮助。

---

① 石毓智:《论社会平均值对语法的影响——汉语"有"的程度表达式产生的原因》,《语言科学》2004年第11期。

② 石毓智:《论社会平均值对语法的影响——汉语"有"的程度表达式产生的原因》,《语言科学》2004年第11期。

(39) 不错,很有天聪,并且很知道下民的光景,左右的官都敬畏。

(40) 我是年轻的,他是有年纪的。

(41) 有体面的得穿外国衣裳。

(42) 他原来很有学问,也很聪明的,还是学了三年的工夫,也不能简简决决地说出来哪。

例(40)中的"年纪",按理说每个人都有年纪,小到几个月的婴儿,大到百岁老人,都有年纪,不存在高于相关社会平均值的情况,石毓智在论文中也没有解释此语料。我们用"语用频率效应"来解释该现象,关于语用频率效应,邹韶华(2007)解释,一个语言成分甲(如"水平")经常与另一个修饰性的语言成分乙(如"高")在相同的语境中(如"有高水平")连用,乙的性质就影响到甲,从而潜存于甲中,最后在和原来相同的语境中只出现甲而不出现乙时,甲就有可能体现乙的性质,我们把这种语言感觉叫作语境频率联想。① 我们调查了矛盾的《子夜》和老舍的《四世同堂》这两本书里年纪的运用情况,具体见表3-2。

表3-2　《子夜》与《四世同堂》中的语境频率联想

作品	例数	语境	例数	占比(%)
《子夜》	6	表年纪大	5	83.3
		中性	1	16.6
		表年纪小	0	0
《四世同堂》	48	表年纪大	40	83.3
		中性	3	6.2
		表年纪小	5	10.4

---

① 邹韶华:《语用频率效应研究》,商务印书馆2007年版,第39页。

如例（43）、例（44）、例（45）中的"年纪"都是用于年长和老的语境中；例（46）、例（47）是用于年轻和小的语境中；例（48）则是中性语境，看不出年纪的大小。

（43）两个都是四十开外的年纪了，但女的因为装饰入时……(子夜)

（44）你是有了一把年纪的。(子夜)

（45）冠先生已经五十多岁，和祁天佑的年纪仿上仿下……(《四世同堂》)

（46）年纪很小的，不大认识路的……(《四世同堂》)

（47）一位年纪最轻的教员，说出大家都要问而不好意思问的话来。(《四世同堂》)

（48）那么穿大褂的，不论年纪大小，总被他重视。(《四世同堂》)

从调查分析来看，"年纪"常用于高年龄段的语境，在《子夜》和《四世同堂》中皆占比 83.3%，正是这种高频率的结合，使"年纪"具有了"年龄大"的含义，也即高于相关社会平均值。

石毓智（2004）从社会认知角度解释了"有"字获得程度义的原因，他认为只有那些属性的程度高于社会平均值时，才会诱发交际动机，才会成为有标记信息，成为人们的交际内容。而那些为有关成员所共有的，则不会诱发交际动机，成为无标记的信息。①

我们认为，还有一种追求"真、善、美"的心理原因，对美好事物的向往和追求是人类的主导心理。当面对一个事物，不知道其高低的时候，人们宁肯用积极的方面去解释而不用消极的方面去解释。所以如果"有"加的名词具有评价义，人们更会从积极的意义去评价，从而"有+名词"就具有了程度义。

---

① 石毓智：《论社会平均值对语法的影响——汉语"有"的程度表达式产生的原因》，《语言科学》2004 年第 11 期。

第四节　动作动词语法功能概况

动作动词表动作行为，本节我们以最常用的"吃""拿""走""看""听"五个动词为例考察《汉语会话书》中动作动词的语法功能概况，而非动作动词一般是不具备这样的功能的。

一　与趋向词"来/去"构成不同的格式

（一）构成"来/去 V"式

（49）你请我<u>来吃</u>饭，怎么还磨蹭着不摆台，是干什么来着？（《华语精选》）

（50）你快快儿<u>去吃</u>饭就来罢。（《汉语指南》）

（51）你看去了没有？<u>去看</u>了，演得很好。（《"支那"语大海》）

（52）你<u>去拿</u>个洋灯来。（《满洲语自通》）

（二）构成"去 VV 去""去 VV""去 V 一 V""来 V 来了"

（53）你<u>去看看去</u>。（《华语教范》）

（54）来人，把这几位先生，领到五号屋子<u>去看看</u>。（《华语教范》）

（55）故此我若是隔久了，不<u>去看一看</u>，心里头只是不过意。（《"支那"语集成》）

（56）我<u>来拿来了</u>。（《华语教范》）

（三）构成"V 来"式，可以构成"把 O_V 来"的句式，如例（59）；还可构成"给 $O_1 O_2 V$ 来"的句式，如例（60）

（57）菜单子<u>拿来</u>，给我们看看。（《华语精选》）

（58）等水开了就<u>拿来</u>。（《华语教范》）

（59）把擦脸手巾<u>拿来</u>。（《汉语独学》）

(60) 给我菜单子拿来。(《汉语独学》)

（四）构成"V 去"式、"VV 去"式，以及"V 来 V 去"的格式

(61) 这个东西谁拿去了？(《汉语指南》)

(62) 这一条路一直的走去，就有十字路口。(《"支那"语大海》)

(63) 你看去了没有？去看了，演得很好。(《"支那"语大海》)

(64) 何妨上医院看看去呢？(《"支那"语大海》)

(65) 看来看去，真不知道是作什么用的。(《华语精选》)

二 作主语、宾语

5 个动作动词仅有"吃"可以作主语，还能充当心理动词（爱、想）的宾语。

(66) 吃有甚么尽头儿呢？(《"支那"语集成》)

(67) 穿呢，也不成样儿，吃呢，也不得味儿。(《"支那"语集成》)

(68) 我很爱吃栗子。(《汉语大成》)

(69) 看得很有趣儿，越看越爱，连饭也不想吃了。(《华语精选》)

三 作定语

只有"吃""走"两个动作动词可以作定语，作定语时须加"的"，"吃"修饰的中心语只有"东西"。

(70) 这个孩子很爱那个鸡，天天儿给他吃的东西。(《汉语指南》)

(71) 大米和白面都是我们最要紧吃的东西了。(《汉语指南》)

(72) 他走的时候留下话了。(《汉语指南》)

(73) 还有打帮走的一位朋友了。(《汉语指南》)

四　接补语

《汉语会话书》中的述补结构有三种类型，分别是结果补语、可能补语和状态补语。《汉语会话书》中的补语"de"有"得""的"两种写法。

（一）结果补语

由结果补语组成的述补结构绝大部分是黏合式，动词和补语之间无须加任何助词，但有一例中间加"de"，如例（75），这和现代汉语有所不同。结果补语可以是形容词，如饱；也可以是动词，如完、见、走。

（74）吃完了，都拿下去。(《汉语独学》)

（75）吃的饱了，再不能吃。(《汉语大成》)

（76）已经吃饱了，再不能喝了。(《华语精选》)

（77）前儿我在他们那儿过，看见家里的人们都穿着孝呢。(《汉语独学》)

（78）那儿能看完呢？总得去五六盝才能看完哪。(《汉语独学》)

（79）你不上税，不准拿走。(《满洲语自通》)

（二）可能补语

（80）你没有耳朵么？为什么听得不清楚呢？(《汉语指南》)

（81）各样儿的东西都看得清楚。(《汉语指南》)

（82）拿得去。(《满洲语自通》)

（83）今儿早起下雾很大，大山都看不见了。(《汉语指南》)

（84）这个菜您吃得来么？(《华语精选》)

（85）怎么吃不来呢？(《华语精选》)

（三）状态补语

（86）饮食虽不能照常，可吃的不少。(《华语教范》)

(87) 吃栗子，一拏刨去了那个细皮了，若不然吃得怪溢的。(《"支那"语集成》)

(88) 吃的那么饱么？(《汉语大成》)

(89) 那个文章很好，看得很有趣儿，越看越爱。(《华语精选》)

判断一个述补结构是可能补语还是状态补语，可用"你能 V 得 C 吗？"进行提问，如果能够用原句回答，那么所在句中的述补结构就是可能补语，如果不能就是状态补语。

可能补语：你能看得清楚吗？　　状态补语：你能吃得不少吗？
(81) 我看得清楚。(O)　　　　(86) 我吃得不少。(X)

《汉语会话书》中可能补语的否定式有两种形式，"V 得不 C"和"V 不 C"，如：听得不清楚、看不见；状态补语的否定形式只有"V 得不 C"一种。可见两种述补结构里的"得"性质不一样，可能补语里的"得"是一个独立的助词，它出现在述语和补语之间，既不属前，也不属后。表状态的述补结构里的"得"则是一个动词后缀。① 表状态述补结构应该是二分（看得/很有趣儿），表可能性的述补结构只能三分（拿/得/去、吃/得/来）。

第五节　动词重叠式研究

动词重叠有四种形式。第一种，多由单音节动词构成，AA 式，如瞧瞧、请请、说说；第二种，A一A 式，如吃一吃、谈一谈、说一说；第三种，ABAB 式，如打扰打扰、商量商量、领教领教、引见引见；第四种，AABB 式，如疴疴巴巴；第五种，修饰词＋单音节动词形式重叠，如多谢多谢、好说好说、别忙别忙。

---

① 朱德熙：《语法讲义》，商务印书馆 1982 年版，第 126 页。

一　动词重叠的表达功能

在《汉语会话书》中，动词重叠主要用于口语语境，表达"轻松、悠闲"，也用于表达"强化能动性"的语境。

（一）表示轻松、悠闲

王还（1963）认为，以"一次完整动作作为一个单位"的动词重叠式有轻松悠闲的意味。[①] 在我们所搜集的语料中，动词重叠主要运用于口语之中，表达一种轻松、悠闲的语义。

（90）请坐，喝茶吧。
　　　多谢多谢。(《汉语独学》)
（91）新禧新禧。
　　　同喜同喜。
　　　府上过年都好啊？
　　　托福都好，您府上也都好？
　　　托福托福。(《汉语独学》)

在《汉语会话书》中还有其他一些词语重叠表示轻松、悠闲的意味。

久仰久仰（《华语教范》）、多谢多谢（《汉语独学》）、好说好说（《汉语指南》）、没有没有（《华语教范》）、打扰打扰（《中国语自通》）、讨扰讨扰（《中国语自通》）、领教领教（《中国语自通》）、岂敢岂敢（《中国语自通》）、多礼多礼（《中国语自通》）、道谢道谢（《中国语自通》）、就是就是（《中国语自通》）、保养保养（《中国语自通》）、久违久违（《中国语自通》）、随便随便（《中国语自通》）、请坐请坐（《中国语自通》）。

---

① 王还：《动词重叠》，《中国语文》1963年第1期。

（二）表示祈使

在此类句型中，动词重叠式表示的动作、行为可以由听话人来施行，也可以由说话者来施行。

（92）嗳，别忙别忙，还有话说。(《汉语指南》)

（93）那么拉倒罢，就算算账。(《汉语指南》)

（94）托福托福，您这么早早儿地到舍下来，有何见教？请坐请坐。(《汉语指南》)

（95）天气太热呀。

是，真热。

您款款衣裳凉快凉快。(《华语教范》)

（96）从这儿到天津，车价是多儿钱？

您瞧瞧，这赁车表上都有。

借光借光。

好说。

你去买张车票。(《华语教范》)

（97）在这儿还得停三十分钟的车，您不下去洗洗脸么？(《华语教范》)

（98）来了您纳，请坐请坐。(《华语教范》)

（99）我再当面请请您纳，至期你务必早来，咱们聚会聚会。(《华语教范》)

（100）是了，我必早来替您张罗张罗。(《华语教范》)

施动者可以是第二人称，也可以是第一人称，当为前者时，祈使的语气直截了当，意味比较强烈；当为第一人称时，或多或少有"请求允许"的意思。从整体来看，重叠式所形成的祈使句，多数是表示说话者的建议或者请求，语气比较和缓，有一种轻松、悠闲的感觉；而表示强烈的命令句极少。

（三）叙述

在《汉语会话书》中，动词的重叠构成的叙述句不仅可以叙述经常性的安排，也可以叙述过去的作为、行动和打算。

（101） 没甚么事，大概<u>逛逛</u>去。(《汉语独学》)

（102） 前天请安来，您没在家。

可不是，<u>失迎失迎</u>。(《华语精选》)

（103） 您二位<u>见一见</u>，这位是范佑李先生。

啊，<u>久仰久仰</u>。

<u>彼此彼此</u>。

这是我的名片，请您惠存。(《华语教范》)

（104） 我想是这么样，和朋友们<u>商量商量</u>，若是有肯入股的，我至少也得随上几股罢。(《华语教范》)

（105） 跟我来<u>溜打溜打</u>。(《"支那"语集成》)

（四）评议

评议是依据行为规范、日常生活标准和人们日常对动作、行为表明的看法。

（106） 这个好像打雷似的，这不是车来的声音儿么？<u>造化了造化了</u>，跟飞似的，这么快呢！(《汉语指南》)

（107） 不论倒那儿两只眼睛<u>挤顾挤顾</u>的，任甚么儿看不见，混撞，嘴裹<u>疴疴巴巴</u>的，实在是沤人。(《"支那"语集成》)

（108） 这一向<u>少见少见</u>。(《华语精选》)

<u>少见少见</u>。

上面的几种功能并非绝对对立的，它们是互相包含、互相关联的，比如祈使句中动词重叠也具有让语句轻松、悠闲的意味，叙述句中部分重叠动词所在的句子也具有祈使的意味。

二 动词重叠的语用环境

(一) 见面寒暄时

(109) 今日我们两人是专诚来拜望阁下。
　　　劳二位的驾，请坐请坐。(《汉语独学》)

(110) 少见少见，好啊您呐。
　　　托福托福，您这么早早儿地到舍下来，有何见教？请坐请坐。(《汉语指南》)

(二) 分开道别时

(111) 我这就要起身了，可是因为行期很忙，不能到府上令兄辞行去了。求您回去替我说说罢。
您太周到了，这我回到家里应该是给您说的。
多谢多谢。
别送别送，请您一路平安。(《汉语指南》)

(三) 命令、请求或求助于他人时

(112) 借光借光，电报局在那儿啊？(《汉语指南》)

(113) 磕头磕头，我要抽烟。那儿有洋火么？
　　　嗳，别忙别忙，还有话说。(《汉语指南》)

(114) 你上病院去请大夫瞧瞧罢。
　　　请牙大夫瞧瞧。(《汉语独学》)

(四) 感谢他人时

(115) 可不是么？请你抽烟罢。我要买票去了。
　　　这是给您的票。
　　　费心费心。
　　　好说好说。(《汉语指南》)

（五）道贺双方对话时

（116）新禧新禧。

同喜同喜。

府上过年都好啊？

托福都好，您府上也都好？

托福托福。（《汉语独学》）

（117）那儿的话哪！今年您的中国话很有进益的了。

过奖过奖。（《汉语独学》）

（118）过谦过谦，过了几年才可以毕业呢？

原定的期限是三年。（《汉语独学》）

（六）发表感叹时

（119）这个好像打雷似的，这不是车来的声音儿么？造化了造化了，跟飞似的，这么快呢！（《"支那"语集成》）

在日据时期韩国汉语教材《汉语会话书》中，动词重叠主要运用于口语中，主要在以上六种场合作用。

三　动词重叠的语义条件

《汉语会话书》中，动词重叠有很多，但哪些能重叠，哪些不能重叠，这需要归纳和总结。我们从动词语义条件入手，以简驭繁，再在动词语义条件的基础上归纳动词重叠式的语法意义。

（一）条件一：动词的动作、行为可以延续

朱景松（1998）认为，自主动词重叠的必要条件是，该动词的动作和行为可以延续，动词表示的动作和行为必须表现为一个同质的过程。比如"建立外交关系"中的"建立"就是一个完结性行为，但是"建立友谊"中的"建立"就是一个同质的过程，是通过努力进行从而达成的。①

在《汉语会话书》中可以重叠的动词也具备这一语义条件,包括以下几种情况。

劳驾劳驾、过奖过奖、别忙别忙、遵办遵办、不送不送、引见引见。

(二)条件二:词义较轻,无庄重色彩。

在《汉语会话书》中,能重叠的动词基本都是口语词,词义较轻,包括以下几种情况。

多谢多谢、失迎失迎、再会再会、别送别送、逛逛、引见引见、久仰久仰、散步散步、借光借光、请坐请坐、劳驾劳驾、说说笑笑、说说、少见少见、别忙别忙、得罪得罪。

即使是比较庄重的词语,也是用于口语中表达一种幽默诙谐的语气。

(120) 您忙甚么了?天还早哪。

我改天再瞧您来。

恕罪恕罪,我不送您了。

改日见罢。(《华语教范》)

(三)条件三:动词表示的动作和行为具有情景特征

前面所说能重叠起来进入祈使句、叙述句的动词都有这个特征,它们都在一定的情景话语中产生。

如果某些动词所表示的动作在任何时候都是必要的,都是符合社会规范的,那么这类动词就不能重叠。在《汉语会话书》中,以下词语就不能重叠,比如尊重、遵循、疼爱、恭敬。

---

① 朱景松:《动词重叠式的语法意义》,《中国语文》1998年第5期。

四 动词重叠的语法意义

(一) 意义一：减弱动作、行为、变化的量

所谓动作的量不能简单地理解为时间的长短或者次数的多少，而应该是具体现象的高度抽象化，杨平（2003）概括为减小动量。[①] 此处的动量并非简单地指动作的轻重，也非简单地指次数的多少[②]，而是一个高度概括的意义范畴。它包括动作时间的长短、动作目的性的强弱、动作次数的多少、对动作结果期望值的高低、语气强烈与缓和。

此处的减小动量是一个模糊的概念，并非一个具体的数值，比如就名词而言，我们常常对小孩讲："快看那只狗狗。"我们不说："快看那只狗。""狗狗"和"狗"相比，其大小并未变化，只是心理上多了一层亲昵和小的意义。再比如《汉语言话书》中的"跟我来溜打溜打"，此处的"溜打溜打"和"溜打"在动作的量上是一样的，但使用重叠式主观上动量变小，从而有一种悠然、闲适的感觉。

(二) 意义二：强化动作主体的能动性

有些动词重叠，就加强了动作主体的能动性，有种强制性要求动作主体施予该动作的意义，多用于祈使句和命令句。

(121) 在这儿还得停三十分钟的车，您不下去<u>洗洗脸</u>么？（《华语教范》）

(122) 来了您纳，<u>请坐请坐</u>。《华语教范》

(123) 为甚么不闷呢？等我把这个活儿做完了，偺们<u>散步散步</u>去。

[①] 扬平：《动词重叠式的基本意义》，《语言教学与研究》2003 年第 5 期。
[②] 朱德熙在《语法讲义》第 66 页中认为：动词重叠表示动作的量，动作的量可以从动作延续的时间长短来看，也可从动作反复的次数来看，前者叫时量，后者叫动量。本书的"动量"不同于此。

(《华语教范》)

(124) 一路上请您保重罢。

请留步，别送别送。

不送不送。(《华语精选》)

例 (121) 的洗洗就比单用"洗"更加强烈；例 (122) 中的"请坐请坐"就比单用"请坐"语气更加强烈，强化了动作主体的能到作用。

第六节　与普通话动词的比较

一　词形的比较

有些词的语素完全不同，有些词的部分语素不同，有些语素顺序不同，有些简省语素。

语素完全不同：平西—日落、撒溺—小便、出恭—上厕所、用工—做事、着恼—发怒、说竖说横—东拉西扯。

部分语素不同：打哈息—打哈欠、溜打—遛达、搓磨—琢磨、该班儿—换班、打价儿—打折、该钱—欠钱、放账—放贷、违拗—违背、定规—约定、讨扰—叨扰、受等—久等、欺哄—欺骗、进益—进步。

语素顺序不同：出外—外出、受享—享受。

语素全同，嫉妒—嫉妒、惊怔—惊怪。

语素简省：出卖—卖。

二　词义的比较

《汉语会话书》中的部分动词和普通话在语义方面存在一些差异，见表3-3。

表 3-3 《汉语会话书》中的部分动词与普通话在语义方面的差异

例词	普通话的语义	《汉语会话书》中的语义及例句
撩	1. 掀起。2. 用手舀着洒水：先~水后扫地。	相当于"收"的意思，如："这把伞怎么撩不下。""不要硬撩了，看坏了。"（《华语教范》）
醮	现代汉语不用，主要运用于古汉语中。1.〈古〉古代结婚时用酒祭神的礼（冠礼和婚礼的一种斟酒仪式）。2. 再~：旧时称寡妇再嫁。3. 旧时祭祀、祈祷神灵的迷信活动：~诸神。〈引〉道士设坛祭祀（迷信）：打~。	相当于"蘸"的意思，如："醮上点儿水擦一擦。""擦玻璃醮不得水了。"（《华语教范》）
定规	1. 现成的或久已通行的规矩；成规。2.〈方〉肯定；一定。如：叫他不要去，他定规要去。	1. 规定，如："我昨天和他定规今儿见。"（《汉语指南》）2. 确定，如："偺们今儿商量半天才定规，以后永远不改了。"（《汉语指南》）
打围	多人合围打猎，如萧红《生死场》四："他们想到一百里路外去打围，弄得几张兽皮大家分用。"	泛指打猎，不表多人合作打猎。如："有一个打围的扛着枪上山去遇见三个猴儿。"（《汉语指南》）
抬	表两人或多人共同用手或肩膀搬东西。	相当于"搬"，或者用肩"扛"，一个人即可完成。如：①"那个东西很重，一个人抬不起来了，你来帮着我罢。"（《华语精选》）②有一个打围的扛着枪上山去遇见三个猴儿，一个是母猴儿领着俩小猴儿。打围的赶紧的放枪，那个母猴不顾自己性命，就要把那俩小猴儿逃躲了，到底自己叫他打死了。打围的抬着那个猴儿家去搁在院子里。（《汉语指南》）

续 表

例词	普通话的语义	《汉语会话书》中的语义及例句
强暴	指在对方不同意或没有理会对方是否同意的情况下（一般是利用暴力或武力手段强迫或威胁），与对方发生性交行为。与强奸为同义词。	相当于"暴动"，如："乡下的地方大为不静，每有强暴混乱，良民也活不了。"(《汉语指南》)
用工	泛指劳务用工，指招收工人或使用工人。	泛指做事，如：①"不分夜里白昼很爱用工。"(《汉语指南》)②"教堂是用工的地方。"(《汉语大成》)
碍	妨碍、阻碍。如：把地上的东西收拾一下，别碍脚。	表"与""有关系"义。如：①"碍你甚么相干？"(《"支那"语集成》)②"恐怕我们的马戴不惯，与老爷有碍，不如买匹外国马倒好。"(《"支那"语集成》)
拼	1. 合在一起；连合：～音、～版。把两块木板～起来。2. 不顾一切地干；豁出去：～命、跟敌人～到底。	表"碰"义，如："你若是拼在他的气头儿上，可就吃不了，兜着走了。"(《华语精选》)
感情	作名词，意义为：1. 对外界刺激的比较强烈的心理反应：动～、～流露。2. 对人或事物关切、喜爱的心情：联络～。他对农村产生了深厚的～。	作动词，表"感激"义，如："我实在不敢当，又不住的送东西，过于费心，我十分感情不尽，总还是亲戚们，关心想着我。"(《"支那"语集成》)

三　词的语法功能比较

词的语法功能指一个词在句子中作何成分，《汉语会话书》中有一些动词在普通话中只能作谓语，而在会话书中却能作主宾语成分或其他成分。下面我们举例说明。

消遣："消遣"在普通话里作动词，有两个语义，分别是①寻找感兴趣的事来打发空闲，消闲解闷，如："我今夜不睡，消遣这一夜。"（《警世通言》）②戏弄，捉弄，如："你还来消遣我！"（《封神演义》）在日据时期韩国汉语教材《汉语会话书》中，"消遣"却可以作名词，充当宾语。如："您年下做甚么消遣？"（《华语教范》）"今天是礼拜，做何消遣？"（《华语精选》）

拧结实："拧结实"属于动补结构短语，语义为"动词+结果补语"，在普通话中一般用于"把"字句中，如："把这绳子拧结实。"或者单独作谓语，受事放在前面作主语，如："这绳子拧结实了。"但在《汉语会话书》中，"拧结实"还可以带宾语，如："帮我拧结实这绳子。"（《"支那"语集成》）

当家：在普通话中，"当家"作动词，如："不当家不知柴米贵。"但在《汉语会话书》中，"当家"可以作名词，如："你是个当家，所以我来问你，你额外照顾我们，也是平常的事。"（《华语精选》）

打架：在普通话中，"打架"属于动宾结构，后面不能带趋向补语；但在《汉语会话书》中，"打架"可以带趋向补语，如："你们是怎么着，又这样弄性打架起来了？"（《华语教范》）

吃醋：在普通话中，吃醋作动词，不能受副词"很"的修饰；在《汉语会话书》中，动词"吃醋"是可以受副词"很"修饰的，如："那个人也算是标志人物，可是心里有点儿毛病，看别人的好处，他很吃醋，笑里藏刀，容不得下人的。"（《华语精选》）

编辑：在普通话中，编辑可自指动作行为，也可转指动作行为的施事；但在《汉语会话书》中只能指动作行为，只有加形式标记"者"才能转指动作行为的施事。

第七节 小结

《汉语会话书》中的动词按照语义可分为动作动词、心理动词、战争动词、商业动词、天文类动词、政令类动词和日常生活动词,现代汉语普通话和日据时期韩国汉语教材里的有些词虽同形,但不同义,词性也不同,如"定规"在《汉语会话书》里作动词,表"约定"的含义;而在现代汉语里,却作名词或副词,作名词时表"规定",作副词时表"一定"。有的词和现代汉语语素一样,但前后位置不一样,如出外—外出,扎挣—挣扎,受享—享受,等等。

《汉语会话书》里的动词也充满了方言特征,如出恭、抢白、平西、打哈息等属于北京方言,讨扰、溜打、打围等属于东北方言。从《汉语会话书》的语料可以看出,当时的人们在见面寒暄、离别和祈求他人办事时,其礼貌用语喜欢用重叠式,如请坐请坐、托福托福等;也喜欢用谦敬词,如在动词前用"敬""承"等词,如:"衙门里使唤的、承办伺候零碎的人总名叫衙役,皂隶。"(《汉语指南》)

《汉语会话书》里的动词也充满了口语色彩,如:得、溜达、怪、拉倒、瞧不起、饶、吹、估摸、吩咐、借光等。

第四章　形容词

第一节　形容词的分类研究

《马氏文通》是中国第一部系统研究汉语语法的著作，在书中，马建忠定义了"静字"的概念——凡实字以肖事物之形者，即能够把事物的性状描绘出来的实字就是静字。静字就相当于我们今天的形容词。

朱德熙（1956、1982）根据语言单位的外在形式把形容词分为"简单形式"和"复杂形式"两种，简单形式的形容词表性质，复杂形式的形容词表示状况或情态，这两种形容词即我们通常所说的性质形容词和状态形容词。[①] 朱德熙（1982）用形式上能否受"很"等程度副词修饰区分了性质形容词和状态形容词，性质形容词能受"很"等程度副词的修饰，状态形容词本身就包含量的意义，所以不能再用表示量的程度副词修饰。[②]

此分类将语法形式和语法意义相统一，基本符合汉语的语言事实，本书也采用此分类方法。

---

① 朱德熙：《现代汉语形容词研究》，《语言研究》1956 年第 1 期。
② 朱德熙：《语法讲义》，商务印书馆 1982 年版，第 73 页。

一 性质形容词

性质形容词按照音节可以分为单音节形容词和双音节形容词。

单音节形容词如下。

矮、白、薄、笨、扁、匾、长、潮、沉、冲、臭、粗、脆、大、歹、淡、短、多、恶、乏、方、肥、高、贵、好、黑、厚、滑、坏、荤、贱、紧、近、旧、渴、苦、宽、辣、老、冷、良、凉、亮、乱、忙、美、闷、妙、嫩、浓、暖、胖、浅、强、轻、热、散、骚、膻、少、深、沈、生、瘦、熟、松、素、酸、烫、甜、洼、歪、细、闲、醎、香、小、新、腥、严、酽、硬、圆、远、晕、脏、窄、长、整。

双音节形容词如下。

安静、安宁、昂贵、傲慢、便宜、惭愧、敞亮、厂亮、聪明、粗细、勤谨、对劲、敦厚、干净、公道、恭敬、光润、含糊、好、合式、糊涂、糊塗、急燥、嫉妒、奸诈、坚固、健壮、娇嫩、结实、紧急、可恶、可观、刻薄、宽绰、懒怠、老实、冷清、利害、凉快、伶俐、明白、耐烦、难受、年轻、暖和、偶然、漂亮、贫穷、奇恠、干净、轻巧、清雅、轻巧、亲热、热闹、容易、软弱、奢侈、生踈、时兴、实在、舒服、爽快、顺当、贪心、妥当、危险、新鲜、兴旺、虚弱、腌藏、腌臜、腌髒、腌臢、要紧、硬朗、着急。

二 状态形容词

背晦、臕壮、憨闷、不惯、不大、不显、长长的、臭臭的、蠢笨、粗重、大大的、淡淡的、歹、多多的、顶好、顶热、顶难、顶冷、烦闷、高高的、好好的、黑暗、厚厚的、挤顾挤顾、简简决决、咸咸的、结结实实、惊恓、康健、好好的、苦苦的、快快儿、口沉、口轻、拉丝、辣辣的、褴褛、劳苦、冷孤丁、冷冷清清、凉快凉快、伶便、灵动、忙忙叨叨、忙忙切切、冒失、明明白白、难免、浓糊、漆黑、齐截、干干的、软软的、啬刻、澁澁的、少少的、生冷、瘦瘦的、熟透、刷白、随手、疼爱、甛甛的、稀稀的、细细儿、香香的、详详细细、小小的、严严儿的、兴时、喧嚷、雪白、有德、又明又亮、远远的、杂乱无章、正好。

第二节 形容词的构词研究

一 并列结构

安静、安宁、昂贵、傲慢、便宜、惭愧、聪明、粗细、粗重、喧嚷。

《汉语会话书》中几乎所有的并列式结构都是由"形容词语素+形容词语素"构成的，词语"粗细"在现代汉语普通话里，应当归属于名词，但在《"支那"语集成》中却把它归入形容词词类中，也有"动词语素+动词语素"构成的形容词，如"喧嚷"。

二 状中结构

厂亮、娇嫩、紧急、刻薄、漆黑、生冷、不惯、不大、不显、不行、顶好、顶热、顶难、雪白。

三 动宾结构

动词性词素+名词性词素。
贪心、时兴、合式、合意。

四 重叠式

重叠式形容词分两类，一类是单音节形容词重叠，如大大的、淡淡的、鹹鹹的、好好的、苦苦的、快快儿；另一类是双音节形容词重叠，如挤顾挤顾、简简决决、冷冷清清、凉快凉快、忙忙叨叨、忙忙忉忉、明明白白。

五 "F+形容词+的"形式的合成词①

"F"代表"怪""很"等程度副词，如怪疼的、怪可怜儿的、怪涩的、怪疼的、怪难开口的、很薄的、很热的、很便宜的。

第三节 形容词的语法功能研究

一 性质形容词作定语

在《汉语会话书》中，有很多性质形容词充当定语的例子，在这些例句中又分为带"的"和不带"的"两种情况，如例（1）至例（8）的形容词修饰名词时就不带"的"。

（1）矮胖子（《汉语指南》）

（2）不敢当，我今日还约您赶明儿个下午六点钟敬治薄酒，给您接风，您千万别推辞。（《华语教范》）

（3）这是膻味儿罢。（《汉语指南》）

（4）店住下了，等到夜里，臭虫都出来了。（《"支那"语大海》）

（5）那儿的话呢？这带来的一点粗东西，路上当点心当罢。（《满洲语自通》）

（6）那就是马行无力，皆因瘦人不风法只为贫。（《汉语大成》）

（7）他原来是安静人，不爱热闹。（《汉语指南》）

---

① 该类形容词借鉴了朱德熙先生的分类，朱德熙先生在《语法讲义》中把这类合成词归于状态形容词。

（8）不过因为怕人家笑话假的罢咧，就是供甚么样儿的珍馐美味。(《"支那"语集成》)

（9）暖和的天气。(《速修汉语大成》)

（10）我当是白糖，舔了一舌头，原来是干净的白盐，闹得我嘴里很难受了。(《华语精选》)

（11）他跨在床上那边儿有傲慢的模样，实在是不恭敬得很。(《汉语指南》)

（12）学堂的人都说他很勤谨的学生了。(《汉语指南》)

（13）我有紧急的事情要借用，你肯不肯？(《汉语指南》)

（14）谁知道忽然来了一个顶利害的老鹞鹰，把那只鸡抓了去了。(《汉语指南》)

（15）把新鲜的鱼细细儿的切一切，好像银丝一样，和芥末一块儿吃，也算是顶好的酒菜了。(《华语精选》)

（16）自己不懂文字也不向别人打听么？这真是糊涂的人了。(《汉语指南》)

关于形容词修饰名词带不带"的"的问题，语法学界已经从多个角度进行了解释，沈家煊（1997）指出名词可分为类名和个体名。[①]

张敏（1998）从距离相似性的角度考察了定语和中心语的关系，他认为，分类属性和事物的概念距离比情状或一般属性更近，而显著的规约分类属性和事物的距离又近于一般的分类属性。即形容词与事物概念距离越近，越倾向于不加"的"直接作定语。[②]

张国宪（2006）进一步指出，表属性的词语都有做分类的可能性，性质形容词表示事物的属性，属性的语用功能主要是分类，而类属的

[①] 沈家煊：《形容词句法功能的标记模式》，《中国语文》1997年第4期。
[②] 张敏：《认知语言学与汉语名词短语》，中国社会科学出版社1998年版，第222—231页。

典型句法表现是由定语来实现的。①

例（1）至例（8）正好反映了形容词对名词起分类作用时，是可以不加"的"的，后面的中心名词皆是类名，而非个体名。如例（1）中的"胖子"是指一类人，而非某个人，是与"瘦子"区分开来的一个类。再如例（7）中的"安静"表示"人"在性格方面的质，并不表示"他"安静的程度究竟如何，说话者很清楚地把"他"与"喧闹人"区分开，"安静人"并不是指某一个人，而是泛指一类人。

沈家煊（1997）曾指出，我们常说"白纸"不说"白手"，那是因为通常按颜色分纸不按颜色分手。这表明，分类的依据是客观存在的，是人们长时间约定俗成的，而非主观任意的。

例（9）至例（16）中的形容词对后面的名词不起分类作用，而起描写的作用。根据我们的语感，部分形容词必须加"的"，如：暖和的天氣、干净的白盐、傲慢的模样、利害的老鸙鹰等就不能说成暖和天氣、干净白盐、傲慢模样、利害老鸙鹰，这是因为暖和、干净、傲慢、利害等形容词不仅表示事物的性状，而且还表示性状的具体程度，最明显的例证是这些形容词前多半只能加"很"或"最"修饰，这些形容词具有"描写"的语义特点，表示事物的具体形象特点，而且具有更强的主观性。再如例（12）、例（15）、例（16）的形容词前都加有程度副词"很""顶""真是"修饰，所以这些"程度副词＋形容词"就具有了"描写"的语义特征，不能用来对后面的名词进行分类，所以必须加"的"。

二　状态形容词作定语

状态形容词修饰名词时需要加"的"，因为状态形容词不适合用来

---

① 张国宪：《现代汉语形容词功能与认知研究》，商务印书馆2006年版，第4页。

分类，状态形容词本身的量域比较狭小，不像性质形容词那么宽泛，比如状态形容词多半只能受高程度副词"很""最"的修饰，它是一个相对离散的过程；而性质形容词则可以受多程度副词的修饰，它有一个连续的过程。举例见表4-1。

表4-1

程度副词	性质形容词（矮）	状态形容词（生冷）
有点儿	√	○
比较	√	○
很	√	√
最	√	√

这也就是状态形容词最主要的功能是"描写"的原因，因为在描写时，形容词和名词是一种临时性的搭配，它受观察者所处的时间、地点以及观察者心理状态的影响，以下是我们从《汉语会话书》中所搜集到的状态形容词作定语的例子，这些形容词都具有临时性。

（17）夏天的时候，最小心的是吃的东西，或是未熟的果子，或是喝了<u>生冷的水</u>是不好的了。（《汉语指南》）

（18）聪明是心里的灵动，是<u>蠢笨的对面儿</u>。（《汉语指南》）

（19）一两天就要动身，那么，这<u>粗重的家伙</u>也都带了去麼？（《华语精选》）

（20）我的街坊那相好的，因为孩子病，心里很<u>烦闷的样子</u>，请大夫去。（《汉语指南》）

例（17）至例（20）中"生冷""蠢笨""粗重""烦闷"都是典型的状态形容词，它们修饰名词时都要带"的"，其后的名词大都是个体名，并且它们所表示的性状也常是临时性的、特定的性状，如例（17）中的"生冷"是"水"极凉时的一种状态，并不是水的常态。

三 性质形容词作谓语

（一）程度性

我们从搜集自《汉语会话书》的例句来看，性质形容词作谓语具有以下特征。不能单独作谓语，有的受程度副词修饰，如例（21）至例（26）；有的带结果补语，如例（27）至例（29）；有的受介词结构修饰，如例（30）至例（31）；有的形容词加"的"整体作谓语，如例（32）至例（36）；有的受时间副词和否定副词的修饰，如例（38）、例（39）；有的虽可以单独作谓语，但需要在比较、对照和罗列的语境下才可使用，如例（40）至例（42），例（40）的"坚固"和"又长又大"罗列，例（41）是春季和冬季进行对照，例（42）是"我糊涂"和"你明白"进行对照。

（21）他的鼻子<u>很高</u>。（《速修汉语大成》）

（22）你要得价钱<u>太贵</u>。（《汉语独学》）

（23）不行，<u>太浓糊</u>了。（《华语教范》）

（24）<u>齁醎</u>了吃不得。（《华语教范》）

（25）铺盖也<u>很干净</u>。（《速修汉语大成》）

（26）我们说这个地方<u>很凉快</u>。（《"支那"语集成》）

（27）这几天<u>暖和得很</u>。（《华语教范》）

（28）实在是<u>漂亮的很</u>哪。（《华语教范》）

（29）你很懒怠，每天太阳晒到屁股蛋才起来了，真叫人<u>可气得很</u>。（《"支那"语集成》）

（30）跟纸似的这么<u>轻巧</u>。（《华语教范》）

（31）你说他像<u>软弱</u>似的。（《华语教范》）

（32）狐狸本来是<u>奸诈的</u>，为的是假那个老虎的威了。（《汉语指南》）

（33）一个巴掌不响，他是顶可恶的，你是太性急了。（《"支那"语集成》）

（34）大概说秋天的景致实在是冷清的呀。（《汉语指南》）

（35）这是时兴的。（《汉语独学》）

（36）你原来是伶俐的，我很疼爱的呀。（《汉语指南》）

（37）托福，家父、家母还健壮。（《汉语指南》）

（38）你盖的那个房子不像外国的样子，实在不合式。你可以照着洋房的式样另盖就得了。（《汉语指南》）

（39）没有恒产家事就不顺当。（《汉语指南》）

（40）我的身子又长又大，还是坚固，虽然刮大风也不怕他摇动。（《汉语指南》）

（41）春天是暖和，草木都发芽儿了，花开的笑啊似的，鸟叫的唱啊似的，一年里头算是顶喜欢的时候儿。

冬天是冷了，还是下雪，山林旷野一望都成了白颜色儿。（《汉语指南》）

（42）倒是你明白，我终究是个糊涂，心里空喜欢了一会子，却想不到这上头。（《华语精选》）

为什么这些性质形容词需要加其他的词才能整体作谓语呢？有些学者从形容词谓语和有界化的关系进行了论证，沈家煊（1995）认为，谓语结构的特点实际是人类认知中的"有界"和"无界"的对立在语法结构上的反映。性质形容词是无界的，不能单独作谓语，作谓语时要有比较对照，或者有程度词修饰，使无界变为有界。① 石毓智（2000）也认为，在现代汉语里，往往需要一个体标记，如数量词、时间词、介词短语、结果补语、程度词等，使谓语动词或形容词有界化，

---

① 沈家煊：《"有界"和"无界"》，《中国语文》1995年第5期。

否则就不是一个完整独立的句子。①

(二) 动态性

在《汉语会话书》中，一部分形容词作谓语时具有明显的动性，形式上表现为添加了助动词，如"了""着""起来"等。

1. "形容词+了"作谓语

(43) 行李都齐截了没有？（《汉语独学》）

(44) 并且现在去山上的枫叶都红了，非常的好看。（《汉语独学》）

(45) 天气冷了，得多烧炕。（《汉语指南》）

(46) 秋天是天气凉，庄稼都熟了，果木都结，果子熟透了，庄稼人很忙的时候儿。（《汉语指南》）

(47) 那个麦子快熟了，满野地都是黄金的颜色儿了。（《汉语指南》）

(48) 太阳落了天地都黑暗了，无论甚么都看不出来。（〈汉语指南〉）

例43—例48中，"齐截了""红了""冷了""熟透了""熟了""黑暗了"都表示"行李""枫叶""天气""果子""麦子""天地"的性状发生了变化，它们预设"行李""枫叶""天气""果子""麦子""天地"以前不是"齐截了""红了""冷了""熟透了""熟了""黑暗了"这种性状，而现在达到了这种性状。

有些"形容词+了"后面还带有数量成分。

(49) 你如今好了些儿么？（《"支那"语集成》）

(50) 好了一点儿。（《速修满洲语自通》）

(51) 他多大岁数儿？胡子都白了一半儿。（《汉语指南》）

---

① 石毓智：《语法的认知语义基础》，江西教育出版社2000年版，第36页。

例（49）、例（50）不是说性状"好"达到或实现了，而是说此性状的程度加深了，例（51）中的"一半儿"表示形容词所表示的性状实现以后所达到的数量。

2. "形容词+着"作谓语

(52) 左近地方都是<u>荒着</u>的。（《汉语独学》）

(53) 现在把差事搁下了，在家内<u>闲着</u>哪。（《汉语指南》）

(54) 别过奖咧，我有甚么奇处儿？比我好的<u>多着</u>的呢（《"支那"语集成》）

例（52）例（54）中的"荒""闲""多"表示"左近地方""我""其他人"的状态方面的质，这种质在一个相当大的量域上波动，但其程度都没有超过形容词的量域范围，所以它表示一种暂时状态，整体上表现出一种静态。

有些"形容词+着"后面还带有数量成分。

(55) 他在前头走，一点儿不忙，所以催他<u>快着</u>些儿。（《汉语指南》）

(56) 您既然不舒服，别在外头，进屋里去<u>暖着</u>点儿罢。（《汉语独学》）

例（55）（56）的"快着""暖着"表示"他的速度""他身体的温度"的状态的一个加快。

3. "形容词+过"

在《汉语会话书》中，"形容词+过"作谓语仅有一例，受否定副词"没有"的修饰，表示"脸儿"从来没有过这种状态。

(57) 我在那儿可以将就过日子，都是他敬我，我敬他，从来没有<u>红过</u>脸儿了。（《华语精选》）

4. "形容词+起来"

"起来"本是一个动作动词，经历了由空间运动转化为时间运动的发展过程,用于形容词后表示性状的词开始出现,"形容词+起来"预设在参照时间之前,事物并不具备此种性状,但目前发生了变化。

(57) 天气渐渐儿暖起来。(《汉语独学》)

(58) 现在早晚儿所凉起来了。(《汉语独学》)

(59) 若是一点儿小事,就这样乱腾起来,也不成道理啊。(《华语精选》)

例(57)至例(59)中的"暖""凉""乱腾"都表示在参照时间之前,"天气""气温""某人"不具备这样的性状,而"天气""气温""某人"在质上已经有了变化,出现了这种新的性状,例(58)中"凉起来"后的"了"强化了对变化表达。

四 状态形容词做谓语

(60) 他上了年纪,倚老卖老,行事难免有点儿背(悖)晦了。(《华语精选》)

(61) 那骡子十分臕壮。(《汉语指南》)

(62) 屋子太小,憋闷极了。(《华语教范》)

(63) 默子是外面不明白的样子,也可以说蠢笨。(《汉语指南》)

(64) 不该说的话说,不该做的事做了,就是冒失。(《汉语指南》)

(65) 他为人很啬刻,你不要和他来往。(《汉语指南》)

(66) 屋里很黑,所以安上门窗,为的是出入方便,还可以有太阳照着,又明又亮了。(《汉语指南》)

(67) 山林和旷野都是冷冷清清了。(《汉语指南》)

(68) 你这几天有病么?脸上怎么这么刷白。(《汉语指南》)

状态形容词既表质,也表量,有的词语里面就有表具体程度的语素,如"刷白""蠢笨""臕壮"等词的程度语素"刷""蠢""臕"

都在前面，这种高程度的量意味着它的量性在一定的范围内，这一点极大地有利于它发展谓语的作用，因为它有利于描写，而非分类，这符合谓语的描写功能。

五 性质形容词作状语

在《汉语会话书》中，性质形容词作状语有三种格式，第一种是"形容词+着+动词"的格式，第二种是带"地"的格式，第三种是不带地的格式。

（一）形容词+着+动词

费春元（1992）把"形容词+着+动词"归纳为状中结构。① "形容词+着"表示情状或描画情状，表现了一种运转状态，侧重于对情景的描绘与模拟，后面的动词不能是光杆动词，多是具体的行为动词。

（69）这两天连阴着下雨。（《汉语独学》）

（70）慢着点儿说，别说得这么快。（《华语精选》）

（71）他现在忙着写信哪，不能见您，请您改天再来罢。（汉语独学）

（二）形容词+（的）+动词

王俊毅（2006）认为，形容词对动作的表达有两种形式，即陈述性和描写性，形容词说明事物或动作的性质为陈述，说明动作的状态为描写。②

在《汉语会话书》中，作状语的"地"一律写成"的"，单音节性质形容词一般直接修饰动词充当限定性状语，表陈述；而不会加"的"作描写性状语。如例（72）至例（78）中"忙""闷""强"

---

① 费春元：《说"着"》，《语文研究》1992年第2期。
② 王俊毅：《陈述性和描写性——形容词状语的分类》，《世界汉语教学》2006年第4期。

"散""少""深""硬"都是对动词"行""坐""留""学""算""留""撩"的性质限定，相当于作定语时的归类。

（72）忙行无好步。(《汉语独学》)

（73）你勉强支持着出来，各处走走逛逛，比在屋里闷坐着，倒还好些儿。(《华语精选》)

（74）我不强留了。(《速修满洲语自通》)

（75）凑着零碎话散学的。(《华语教范》)

（76）少算一点儿罢。(《华语教范》)

（77）那么，我倒不敢深留了。(《华语精选》)

（78）不要硬撩了，看坏了。(《华语教范》)

《汉语会话书》中仅有一例双音节性质形容词修饰动词，表示对状态的描写，例（79）的形容词"着急"是一个程度很高的形容词，离散性很强，所以它需要加"的"对动词进行描写。

（79）所以我现在听见人说，你也要入这个道儿，不能不着急的劝你。(《汉语指南》)

六 状态形容词做状语

状态形容词主要用于对动作进行描写，所以它在修饰动词的时候经常会带"的"，从我们在《汉语会话书》中所搜集到的语料来看，其形容词的语义都是指向动词的。

（80）明明白白的说。(《"支那"语集成》)

（81）慌慌张张的跑了。(《"支那"语集成》)

（82）我盼望他快来，好好儿的办这件事情。(《汉语指南》)

（83）他原来很有学问，也很聪明的，还是学了三年的工夫，也不能简简决决的说出来哪。(《汉语指南》)

（84）托福托福，您这么早早儿的到舍下来。(《汉语指南》)

（85）慢慢儿的一天走个三十里呀！（《汉语指南》）

（86）他常常的在背地里骂我，都装听不见。（《华语精选》）

（87）一定是住那个热闹地方儿顽儿去咯，若不严严儿的管教，断断使不得。（《"支那"语集成》）

（88）人生百岁，不过一眨眼的光景，把银子钱，结结实实的收着作甚么？（《"支那"语集成》）

（89）那个驮子忽然重了真是个不能起来，受人家的格外鞭打，末末了儿辛辛苦苦的才回家去了。（《汉语指南》）

（90）那候车房里好些个等车的人忙忙叨叨的上车。（《汉语指南》）

（91）那两个孩子不知道他母亲这么样忧愁，竟是贪玩儿直到（了）黑下才忙忙切切的回来了。（《汉语指南》）

在《汉语会话书》中也有状态形容词作描写性状语不加"的"的例子，这些例子中的动词基本都是光杆动词，从语料来看多是四字格，前面三个音节为状态形容词，后面一个音节为动词，我们认为这也主要是韵律的和谐，如例（92）至例（95），这些状态形容词中的单音节形容词和动词之间的恒定度和固定化是很高的，如"好学""快走""慢想"，它们之间加上"的"才不正常呢！

（92）好好儿学。（《"支那"语集成》）

（93）快快儿走。（《"支那"语集成》）

（94）慢慢儿想。（《"支那"语集成》）

（95）你快快儿去吃饭就来罢。（《汉语指南》）

七 性质形容词作补语

（一）不带"得"

《汉语会话书》中由"动词+形容词"构成的动补结构非常少，主要表示动作行为的结果；如例（96）至例（98）中的"妥当""明白""坏"都是补充说明动词"整理""说""憋闷"的结果。

（96）早晚儿就要起身了，驮子行李都<u>整理妥当</u>了。(《"支那"语集成》)

（97）那却不行，若是简直告诉他不肯相帮，必得把所以然的话细<u>说明白</u>了，那更不必了。(《"支那"语集成》)

（98）您可把握给<u>憋闷坏</u>了，您怎么老不来了，算起来，也有一个月了。(《"支那"语集成》)

（二）带"得"

大多数双音节形容词作补语都需要带"得"，它们的语义指向非常的丰富。

1. 补语指向动词/形容词

这一类的补语语义是指向谓词的，如例（99）至例（102）中"厉害""多""脆""糊涂不明白"的语义就是指向动词"热""受累""说""告诉"的，其语法意义也比较丰富，如"利害""多"是表示程度的，"脆""糊涂不明白"是表示结果的。

（99）天气闷<u>热得利（厉）害</u>。(《汉语独学》)

（100）走海路比走旱路<u>受累得多</u>。(《汉语指南》)

（101）他是不但口音好，并且<u>说得很脆</u>。(《华语教范》)

（102）我们<u>告诉得糊涂不明白</u>。(《"支那"语集成》)

2. 补语指向主语

这一类形容词补语是指向主语的，如例（103）至例（105）中"合式""面善""瘦"的语义就是指向主语"东西、喀们、老家儿们"的。

（103）这个东西<u>做得很合式</u>。(《汉语指南》)

（104）咱们<u>看得好面善</u>，不知道在那儿会过。(《汉语指南》)

（105）阖家子乱乱烘烘的，没主意老家儿们<u>愁得都瘦了</u>。(《"支

那"语集成》）

3. 补语指向做主事的领属结构体的属事

这一类形容词补语指向主事的领属部分，如例（106）、例（107）中"奇怪、不错"就是指向属事"鼻子、眼睛"和"眉毛"的。

（106）那个人的鼻子、眼睛长得奇怪。(《汉语指南》)

（107）他的眉毛长得不错。(《汉语指南》)

4. 补语双重语义指向

这一类补语既指向主语，也指向动词，比如例（108）中的"杂乱无章"既指向主语"这一件事"，也指向谓语"办"；例（109）中的"公道"既指向主语"这"，又指向动词"算"。

（108）这一件事办得杂乱无章。(《汉语指南》)

（109）这算得很公道。(《速修满洲语自通》)

5. 补语语义指向客事

这一类形容词补语指向客事，如例（110）、例（111）中的"干净""结实"指向的是客事"地板"和"绳子"。

（110）拿墩布蘸上水拧干了，把地板都擦得很干净罢。(《汉语指南》)

（111）单皮儿的绳子怕勒折了，你帮我拧结实这绳子罢。(《华语精选》)

八　状态形容词作补语

在《汉语会话书》中，状态形容词做补语的很少，仅有 4 例，其语义指向各不同，例（112）中的"明明白白"指向受事客体"全世界"，例（113）中的"杂乱无章"指向主语"这一件事"，例（114）中的"论七八叫"指向动词"说"，例（115）中的补语标记写作"的"。

（112）太阳把光华给我们全世界照得明明白白。(《汉语指南》)

（113）这一件事办得杂乱无章。(《汉语指南》)

（114）他在众人里头说得论七八叫，胡吹混谤。(《汉语指南》)

（115）今儿我本就要打发人去，请您，您来的正好。(《华语教范》)

第四节　形容词重叠

一　形容词重叠的形式

我们搜集了《汉语会话书》中所有的形容词重叠用例，一共分为以下几类：一类是 AA 式，一类是 AABB 式，一类是 ABAB 式，一类是修饰词+形容词。

（一）AA 式

高高的、长长的、厚厚的、好好的、辣辣的、淡淡的、甜甜的、澁澁的、大大的、小小的、稀稀的、瘦瘦的、软软的、鹹鹹的、苦苦的、香香的、乾乾的、臭臭的、空空的、早早儿的。

（二）AABB 式

简简决决、模模糊糊、忙忙叨叨、忙忙忉忉、辛辛苦苦、红红绿绿的、明明白白、疴疴巴巴、慌慌张张。

（三）ABAB 式

凉快凉快。

（四）修饰词+形容词

（116）啊，很好很好。真叫人胸襟开豁、万虑皆空了。若不是您带我来么，差不多的叫我负此春光了。(《汉语指南》)

二 形容词重叠的语义条件

就单音节形容词重叠,即 AA 式而言,这些形容词在客观上有明显程度上的比较,有程度上的变化,它们的前面可以依次加"有点儿""很""非常"等修饰语;而"紫""枯""够"等形容词就不能,因为这些形容词表示绝对的量①。见表 4-1。

表 4-1

	高	长	紫	枯
有点儿	○	○	×	×
很	○	○	×	×
非常	○	○	×	×

注:○表示该搭配成立,×表达该搭配不成立。

量的变化也分为三类。第一类,有明显的物理的量的变化,比如长、短、厚等;第二类,没有量的变化,比如紫、枯等;第三类,部分形容词在人们的主观上有量的变化,比如苦、香、干等。第一类和第三类形容词可以重叠,第二类形容词不能重叠。

AB 类形容词都具有明显的可感知性,比如凉快、模糊、慌张等,这些都是人们明显能感觉出来的;如果可感知性差,那么就不能重叠。

形容词重叠的语用功能,有叙述功能,如例(117)、例(118);(119)也有祈使功能,如例(120)。

(117) 我模模糊糊记得他眼睛不大好,如今是好了么?《"支那"语集成》

(118) 那候车房里好些个等车的人忙忙叨叨的上车,赶那坐车的

---

① 朱德熙(1956)认为不能重叠的单音形容词,其中一类是"绝对的性质形容词,例如'错''假''横''竖'等";我们在本书继承了朱先生的这种提法。

客人都上去了。(《汉语指南》)

（119）搁坊的人听见了这喊叫的声儿都会齐了，<u>辛辛苦苦</u>的才灭了那个火了。(《汉语指南》)

（120）天气太热呀。

　　　　是，真热。

您款款衣裳<u>凉快凉快</u>。

三　形容词重叠的语法意义

（一）意义一：形成特定状态

上文我们分析过，形容词重叠的语义条件之一是形容词具有可感知性，形容词基式意义是重叠式意义的基础，从而基式的可感知性正是形容词重叠式状态意义的基础。

形容词重叠式的这一语法特征在语法功能方面有其独特的表现，我们根据对《汉语会话书》的语料统计，形容词重叠主要作状语和定语，没有作主语和宾语的，这说明形容词重叠式指称性很弱，描述性大大地增强。这说明形容词重叠式具有状态意义，尤其是具有动性状态意义。

（二）意义二：量的加重

前面我们阐述过，能重叠的形容词都具有量的可变性，我们的语料也证实了这一点，比如："明明白白的说"就比"明白的说"语义要重，"慌慌张张的跑了"就比"慌张的跑了"语义要重。

第五节　与普通话形容词的比较

一　异体字的关系

前面是《汉语会话书》中的写法，后面是普通话中的写法。

香甛—香甜、趍愿—趁愿、厂亮—敞亮、澁澁的—涩涩的、腌臢/腌髒/腌臟—肮脏、惊恠——惊怪、奇恠——奇怪、生踈——生疏

二 不同的语素

有些词的部分语素不同，有些语素顺序不同，有些不同的语素。

膔壮——健壮、口沉——口重、拉丝——拖拉、伶便——灵便

啬刻——吝啬、随手——顺手、康健——健康、懒怠——懒惰、

兴时——时髦、对劲——合适、忙忙切切——忙忙叨叨、

乱七八叫——乱七八糟、勤谨——勤劳、简简决决——简简单单、

疴疴巴巴——磕磕巴巴

三 形容词的消隐

《汉语会话书》中有的词语，在普通话里没有对应的词语，只有用短语或句子进行描写。

背晦：释义是脑筋糊涂，做事悖谬。如："他上了年纪，依（倚）老卖老，行事难免有点儿背晦了。"（《华语精选》）

憋闷：指心里烦闷。如："屋子太小，憋闷极了。"（《华语教范》）

挤顾挤顾：指说话眼睛一眨一眨的。如："不论倒那儿两只眼睛挤顾挤顾的，任甚么儿看不见，混撞，嘴里疴疴巴巴的，实在是沤人。"（《"支那"语集成》）

浓糊：指某种液体很浓，形状似糊状物。如："不行，太浓糊了"。（《华语教范》）

第六节 小结

《汉语会话书》里的形容词分为性质形容词和状态形容词，其构词

结构有并列式、状中式、动宾式、重叠式和"F+形容词+的"的形式，在语法功能上可以作定语、状语、谓语和补语，具有方言性，如：腌臢、腌髒、腌臟都属于东北方言，和现代汉语相比，很多形容词的部分语素被替换掉了，如口沉—口重、臚壮—健壮、拉丝—拖拉、伶便—灵便、崮刻—吝啬。

第五章 副词

第一节 副词的定义

自《马氏文通》以降,对副词的研究便是学界着力的领域。主要在四个方面,包括副词的定义、虚实的归属、与其他词类的区别、分类。

关于副词的定义,我们翻阅了三位前贤的定义(王力、吕叔湘、黄伯荣),他们都是从意义、功能和意义功能三方面来界定的。见表5-1。

表5-1　　　　　　　　　前人对副词的定义

作者	著作	定义
王力	《中国现代语法》	仅能表示程度、范围、时间、可能性、否定作用等。[1]
吕叔湘、朱德熙	《语法修辞讲话》	副词能限制或修饰动词、形容词,但不能限制或修饰名词。[2]
黄伯荣、廖序东	《现代汉语》	副词限制修饰动词、形容词,表示程度、范围、时间等意义。[3]

---

[1] 王力:《中国现代语法》,商务印书馆1985年版,第13页。
[2] 吕叔湘、朱德熙:《语法修辞讲话》,中国青年出版社1979年版,第10页。
[3] 黄伯荣、廖序东:《现代汉语·下册》,高等教育出版社1993年版,第18页。

这三个界定都大致概括了副词的意义和功能，但也有不足之处，比如副词还能修饰数量词、代词、名词等成分，如楼上就三人。因此，杨荣祥（2005）在前人的基础上，对副词作了以下定义：在句法结构中，一般只能充当谓词性结构中的修饰成分而从不充当被修饰成分的词叫副词（这里的"谓词性结构"指的是能充当谓语，但它在句中未必充当谓语，可以充当其他成分）。① 从不充当被修饰成分，就把副词与其他实词（如名词、动词）等区别开来；能充当谓词性中的结构成分，就把它与其他虚词（如连词、介词）等区别开来，因为这些虚词是不能充当结构成分的。

　　关于副词的归属，大致有三种意见。吕叔湘（1979）把副词归为虚词，从词的意义出发，认为副词、代词、连接词和语气词意义都比较空灵，从而应该归为虚词。朱德熙（1982）也把副词归为虚词一类，他从句法功能出发，认为副词不能像主语、谓语那样充当句子的基干成分，副词具有虚的特征，如粘着、定位、封闭，而实词的特征却是自由、不定位、开放。② 第二类是把副词归为实词，如马建忠（2001）就把副词（状字）归为实词③，胡裕树（2011）把副词归为实词，因为副词能单独充当句法成分④。第三类认为副词是介于实词和虚词之间的词，如王力（1985）认为，副词是介于虚实之间的一种词，它们不算纯虚，因为能表示程度、范围、时间等；然而它们也不算纯实，因为它们不能单独地表达一种实物、一种实情、一种实事。⑤

　　从上面各位先贤的结论来看，不同的标准衍生出不同的结论，我们应当客观地对待副词虚实的两面性，有些副词的意义比较实在，如

---

① 杨荣祥：《近代汉语副词研究》，商务印书馆2005年版，第11页。
② 朱德熙：《语法讲义》，商务印书馆1982年版，第192页。
③ 转自吕叔湘：《马氏文通·读本》，上海教育出版社1986年版，第376页。
④ 胡裕树：《现代汉语·重订本》，上海教育出版社2011年版，第284—289页。
⑤ 王力：《中国现代语法》，商务印书馆1985年版，第14页。

"大力、全力"，有些副词的意义比较虚，如：很、最。① 副词虽能单独充当句子的成分——附加成分状语，但它与名词、动词相比又比较虚，与连词、介词等虚词相比又比较实，所以我们应当客观真实地对待这一现象，即认可副词虚实的两面性。

关于副词与其他词类的区别，张谊生（2000）对此做了非常详尽的辨析，我们摘录于下。②

副词和形容词的区别见表 5-2。

表 5-2　　　　　　　　　副词和形容词的区别

副　词	形　容　词
只能充当状语和只能充当状语及补语，但不能充当基式谓语和一般性定语。如：曾经、万分。	既能充当状语，又能在意义不变化的情况下充当谓语和定语。如：突然、必然。
特殊情况下只能充当高层谓语或句首修饰语、后置状语，但一般情况下只能充当状语。如：也许、果然。	
只能充当补语，在改变语义的情况下充当主语、宾语和谓语、定语。如：透、慌。	
既可以充当状语，又能充当谓语和定语，但前者和后者的语义是不同的，这是两个同形同音词。如"快"，充当形容词时，表速度快，走路、做事等费的时间短，如快车、快步；充当副词时，表赶快，如快来帮忙/快送医院抢救。	

副词和区别词的区别，只能充当状语和定语，并且必须紧贴被修饰语的，是副词。如永久、大力。有些既能充当状语，又能充当定语的，二者语义不一样，是同形同音词。如"一定"，充当定语时，表"规定的""确定的"，如要"按一定的程序进行操作"；充当副词时，

---

① 词性都是来源于《现代汉语词典》第六版的词性标注。
② 张谊生：《现代汉语副词的性质、范围与分类》，《语言研究》2000 年第 2 期。

表示坚决或确定"必定",如"一定要努力工作。"

副词和时间名词的区别:既能充当状语和句首修饰语,又可充当定语或主语、宾语和介词宾语的是时间名词;不能充当主语和宾语,且不被其他词修饰的,是时间副词。

副词和助动词的区别:能充当基式谓语,且可受程度副词修饰,也能用 X 不 X 方式提问的是助动词,如"可以";反之就是副词,如"必须""别"。

关于副词的内部分类,我们参照了杨荣祥(2005)的分类标准,把《汉语会话书》中的副词分为十一个次类,包括总括副词、类同副词、限定副词、统计副词、程度副词、时间副词、频率副词、累加副词、情状方式副词、语气副词、否定副词。下面分类——描写其功能语义特点。

第二节 副词的分类研究

一 总括副词

在《汉语会话书》中,总括副词总共 8 个,分别是"都$_1$""多""但凡""皆""俱""全""无非""一概""总$_1$""通身",其中"都"的使用频率最高。

都$_1$

"都"在《汉语会话书》中总共出现 732 次,它的语义表示总括,本书从语用的情况出发考察"都"的语义是对什么成分进行总括的。

1. 语义指向主语。

先举出事物分列的数项,再用"都"进行总括。

(1) 刀子、匙子在那儿?<u>都</u>在水桶里了。(《汉语独学》)

（2）念书、写字都得专心，也不可太忙。（《汉语指南》）

（3）现金、现在、目下、脚下、马上，都是现实的话。（《汉语指南》）

上面的例句，主语都是分列项，后面用"都"概括，修饰动词谓语和介宾结构。

前面的主语受"不论""无论""虽然"等修饰，再用"都"进行概括。

（4）那天是不论买卖家和住家儿的都是很忙，夜里都不睡觉，到十二点钟有迎神辞岁的事情。（《汉语独学》）

（5）我和他很亲热，无论甚么事都和他商量。（《汉语指南》）

（6）信局子的脚力，虽然下的雪很大都不管，还是来来往往的送信。（《汉语指南》）

主语为代词"这""那""什么"。

（7）这都是照着日本火车说的。（《汉语指南》）

（8）那都是言无二价，不能打价儿的。（《汉语指南》）

（9）可以，甚么都随您的便。（《华语教范》）

主语为表周遍性的名词。

（10）个个儿都在家里。（《"支那"语集成》）

（11）善人、恶人处处都有。（《汉语指南》）

"个个儿""处处"都是表示周遍性的名词。

主语为集合名词，代替一类中的多项，后用"都"总括。

（12）今儿刮风，花都谢了。（《汉语独学》）

（13）行李都齐截了没有？（《汉语独学》）

主语为"的"字短语，转指某一类人或某一类事物。

（14）办了来的都是甚么货呀？（《汉语独学》）

（15）买东西的都是从前门儿进去，从后门儿出来。（《汉语指南》）

主语省略。

（16）托您的福都好了。(《汉语指南》)

（17）都从后门出入。(《华语教范》)

"都"的语义指向主语，多半都是名词作主语，即使有些省略的也是名词，如例（17）省略的主语是名词"人们"，但也有指向动词作主语的情况，如"他不分厚薄，待人都是刻薄"。这句话中"待人"是动词。

2. 语义指向受事宾语

（18）您回去都替我请问好。(《汉语独学》)

（19）民人甚么都丢了。(《汉语指南》)

（20）他这么哼阿哼的，我一句话都听不出来。(《汉语指南》)

指向的受事多是前置受事宾语，如例（19）中的"什么"和例（20）的"一句话"都属于前置受事宾语，例（18）省略了"问好"的宾语。

3. 语义指向话题

（21）那么，今年那个地方儿，我都去罢。(《汉语独学》)

（22）歇息必给您都提到，我就是不在这儿，阁下若是有事情，不拘甚么时候儿竟管示知。(《华语教范》)

以上三例"都"的语义全部指向话题，例（21）中的"都"指向话题"那个地方儿"，例（22）中的"都"指向话题"歇息"。

4. 指向"把""叫"字句的宾语

（23）把衣裳都湿了。(《汉语指南》)

（24）地方官都不管，不会定计策，把良民都反了。(《汉语指南》)

（25）有事情官人写着告示贴在墙上，叫民人都知道。(《汉语指南》)

（26）那马想着昨天的事情，假装躺在河里把稻草都湿了。(《汉语指南》)

5. 对一个范围进行总括

（27）府上都好啊？（《速修汉语大成》）

（28）到处都可以马车通行。（《汉语独学》）

（29）那个麦子快熟了，满野地都是黄金的颜色儿了。（《汉语指南》）

例（27）中的"府上"，例（28）中的"到处"，例（29）中的"满野地"，这些词都不是某一类物或人等具体对象，而是一个范围，然后用"都"进行概括。

"都"除了表示总括外，还表强调，可以强调已经出现的某一情况或强调现状的某一情况；或者做副词，修饰整个语句。

6. 强调已经出现的情况

（30）他的胡子都白了一半儿了。（《汉语指南》）

（31）天气很冷，河沟都冻了。（《华语精选》）

（32）现在是快到四点钟了，衙门的列位都散了。（《汉语指南》）

（33）你一去都没兴头了，好歹坐一坐罢，就算疼我了。（《华语精选》）

这些用"都"表强调的句子，有些是表总括和表强调合用，如例（31）的"都"既表强调，用"河沟都冻了"强调天气之冷，也可表总括，意为整个河沟都冻了。这些"都"都是强调谓语的，如例（30）强调的是形容词谓语"白"，例（31）强调的是动词谓语"冻住了"，例（32）强调的是动词谓语"散了"，例（33）强调的是否定结构动词谓语"没兴头了"。

7. 强调现状的某一情况

（34）你天天来不来都不要紧，随你的便就好了。（《汉语指南》）

（35）这个地方你要做甚么呢？那是不能预定了，回头看情形盖得茅房，盖得马棚都可以。（《汉语指南》）

"都"强调某一情况时,可用于"比"字句中或合用介词"连",或加强否定词"一点儿"。

(36) 人若不懂好歹,比牲口都不如。(《汉语指南》)

(37) 不但车钱,连馆子里的饭钱都没给了。(《汉语指南》)

(38) 是,我昨儿上花园子绕弯区了风儿刮到脸上,一点儿都不觉冷了。(《华语教范》)

例(36)用于"比"字句中,强调"人"不如牲口;例(37)用了介词"连"表强调;例(38)用于"一点儿都不"这样的加强否定句中表强调。

8. 作范围副词修饰整个语句

(39)(主)三鹰一口袋,二鹰一口袋罢。

(下人)三鹰是现在很贵,买不了。

(主)那是,都你随便罢。(《中国语自通》)

例(39)的"都"表概括,代指"要买的东西以及怎么买",在这里的"都"可以看作话题,可以切分成如下成分"都"你"随便罢","都"是话题,"你"是主语,"随便"是谓语。

多、但凡、皆、俱、全、无非、一概、总$_1$、通身

多:范围副词,常和"有"连用,表"大多是、大都是"的意义,在《汉语会话书》中仅2例。

(40) 那原不是多有果木园子的地方儿了么?(《汉语指南》)

(41) 三南地方儿多有竹子。(《速修汉语大成》)

但凡:表"凡是",又可修饰动词,如例(42),《汉语会话书》中仅5例。

(42) 但凡遇见个会说汉话的,你就赶着和他说话。(《"支那"语集成》)

皆:范围副词,意义表总括,语义指向主语,有些主语可省略,

可修饰名词，如例（43）、例（44）；可修饰形容词，如例（45）、例（46）；可修饰动词，如例（47）、例（48）；也可修饰介宾结构，如例（49）。在《汉语会话书》中仅18例。

（43）之乎者也等字<u>皆</u>文语上用字也。(《"支那"语集成》)

（44）广东、福建<u>皆</u>省名也。(《"支那"语集成》)

（45）真叫人胸襟开豁，万虑<u>皆</u>空了。(《速修满洲语自通》)

（46）世事<u>皆</u>先定，浮生空自忙。(《汉语独学》)

（47）一叶既动，百枝<u>皆</u>摇。(《汉语独学》)

（48）人<u>皆</u>可以独习而能就。(《速修汉语大成》)

（49）他那么行止全是无钱的缘故，那就是马行无力，<u>皆</u>因瘦人不风法只为贫。(《速修汉语大成》)

俱：范围副词，表"全""都"，《汉语会话书》中仅1例。

（50）杨广父子<u>俱</u>爱吃阿片烟。(《"支那"语集成》)

全：范围副词，表"完全""都"的意思，在《汉语会话书》中共16例，语义指向主语，功能修饰句子谓语。

（51）<u>全</u>照着他的话办么。(《华语教范》)

（52）他那么行止<u>全</u>是无钱的缘故，那就是马行无力，皆因瘦人不风法只为贫。(《速修汉语大成》)

无非：表"只、不外乎"的含义，多指把事情往小里或轻里说。在《汉语会话书》中仅1例。

（53）那儿有不听的理呢，他们<u>无非</u>为几个钱儿。(《华语精选》)

一概：表示适用于全体，没有例外。在《汉语会话书》中仅2例。

（54）我是<u>一概</u>不知道。(《速修满洲语自通》)

总$_1$：表示"都"，语义指向与动词相关的陈述对象。

（55）这几天我<u>总</u>没能出门。(《汉语大成》)

（56）您纳来了，我<u>总</u>没听见说。(《汉语大成》)

通身：表示全部，常和总括副词"都"连用，语义指向主语。

（57）甚么得罪呢，他那些个话通身都是假的。(《"支那"语集成》)

二 类同副词

也

关于副词"也"的用法，史锡尧（1988）认为"也"表示同一和强调两种用法①。吕叔湘（1999）在《现代汉语八百词》中将其归纳为如下四类。第一，表两事相同，用于后一小句或前后两小句都用；第二，无论其假设是否成立，结果都一样；第三，前面有"连"字或没有，表达加强语气，一般后接否定词；第四，用于委婉语气中。②《现代汉语词典》（2012）提出了"也"表六种义项，分别是表同样、表让步、表并列、表强调、表转折、表委婉六种语气。③

随着语料的丰富发展，学者们对"也"进入到更深层次的研究，如邵敬敏（2008）研究了句式"连……也……"④；李会荣（2012）研究了句式"再A也B"⑤；王圣博（2008）研究了句式"V也VP"⑥。

上述研究在一定程度上拓展了"也"的语义范围，但过于笼统，对于固定结构也只是侧重于整体意义，比如"虽然……也……"表转折，"即使……也……"表让步。我们知道有些句子即使没有转折连词"虽然"，但依托于语境，我们依然可以判定其为"转折"关系，如：

---

① 史锡尧：《论副词"也"的基本语义》，《世界汉语教学》1988年第4期。
② 吕叔湘：《现代汉语八百词（增订本）》，商务印书馆1999年版，第255页。
③ 中国社会科学院语言研究所词典编辑室：《现代汉语词典》（第6版），商务印书馆2012年版。
④ 邵敬敏：《"连A也/都B"框式结构及其框式化特点》，《语言科学》2008年第4期。
⑤ 李会荣：《再A也B构式的类型分析——兼谈构式的基本类型》，《语文研究》2012年第4期。
⑥ 王圣博：《试论"V也/都VP"的构造特征及其"也""都"的表达功用》，《汉语学习》2008年第5期。

"今天下雨,我也要去。"所以上述研究并未对"也"本身所扮演的语义和句法角色做出清晰的解释。

何伟(2016)在以上研究的基础上,基于系统功能语言学语义和句法理论对"也"进行了系统考察,从语义层面"也"表逻辑意义和人际意义,从句法层面"也"对应于逻辑意义属于连接词或黏合词成分,对应于人际意义属于推断状语或推断语成分。① 结果见表5-3。

表5-3

语义类别						
逻辑意义					人际意义	
追加	条件	让步	转折	假设/因果	委婉	强调
连接词(&)	黏合词(B)				状语推断词	推断词
句法类别						

本小节基于何伟的研究成果,并从句法的角度再细分各类,整体以语义、句法、语用三个维度分析《汉语会话书》中"也"的用法。

(一)"也"表逻辑意义

1. 语义分析

A. 表达"追加"关系

何伟(2016)把并列和递进关系都归纳为追加关系,认为二者都属于类同的追加关系,因为在系统功能语言学里,信息的先后顺序决定了其地位的不同,信息的流动就像波浪一样,所以并列和递进关系都宜归为追加关系②。鉴于此,在本文我们把表"并列和递进"的关

---

① 何伟:《现代汉语副词"也"的功能视角研究》,《汉语学习》2006年第6期。
② 何伟:《现代汉语副词"也"的功能视角研究》,《汉语学习》2016年第12期。

系都并为追加关系一类里。

① 追加范围。

(58) 他和我不和，和别人也不对。(《汉语指南》)

例(58)中的"也"表达了递进意义，在意义上体现了新信息"他和别人不对"对旧信息"他和我不和"起类同追加作用。副词"也"所体现的这种信息追加可以用在句子的任何一个成分上，可以追加施事，也可以追加说明对象，还可以追加新信息，甚至还可以超越小句层面，追加语篇之外的信息。

② 追加施事。

(59) 您上金刚山去过么？

是，去过几荡。您也打算到金刚山去一荡么？(《汉语独学》)

③ 追加说明对象。

(60) 菜有老的，有嫩的，肉也有老嫩之说。(《汉语指南》)

(61) 公事原是官事，大众的事也谓之官事。(《汉语指南》)

④ 追加新信息。

(62) 官民就是官长、下民，小民也叫百姓。(《汉语指南》)

(63) 今年冬天也不大冷，也不大潮。(《汉语指南》)

上面的追加并不是对某一句法成分的追加，而是在同一语境下情形的类同，如例(63)小民和下民是一个意思，例(63)后者对前者的意义的追加为"同一种气象变化"。

⑤ 追加谓语动词。

(64) 东西很多，而且摆的也很好看。(《汉语独学》)

⑥ 追加原因。

(65) 我这两天浑身发热，只要歪着，也因为时气不好，怕病，所以在外头逛逛就好了。(《华语精选》)

追加关系也不仅仅限于句法层面和新信息，还可以体现在语篇和语篇之间。

（66）实在是的，一煨儿就是一年。

年年儿甚么事也没做就过去了，很可惜。(《汉语独学》)

例（66）所表达的追加关系体现在"今年"与"往年"一样，什么事都没有做，可是上下文并未交代在过去的年份里作者什么事也没有做的信息，所以，这里的"也"体现了追加的意义。这种追加使读者得到的更多是语篇之外的信息，即把话语与语篇联系起来了，它超越了小句层面，外指语篇意义。

B. 表达"条件"关系

前面分句为条件，后面的分句为这个条件下所产生的结果，前后分句有条件与结果的关系。

（67）正到上也上不去，下也下不来的时候儿，他就把那两只鞋拔下来就跑了。(《汉语指南》)

（68）他们也是学会得罢咧，并不是生出来就知道的。(《汉语指南》)

（69）不用管人家的事，好也罢，歹也罢，与我无干。(《汉语指南》)

例（69）的"也"所在分句属于"无条件式"，可以用关联词"无论……还是……"构句，即"无论好，还是歹，都与我无关"。

C. 表达"承接"关系

分句和分句之间在意思上是承接的，表示动作或事情的连续，分句之间不能改变顺序。

（70）把新鲜的鱼细细儿的切一切，好像银丝一样，和芥末一块儿吃，也算是顶好的酒菜了。(《华语精选》)

（71）老兄到底有什么病根儿，也该趁早认真医治，小小的年纪倒作下个病根也不是玩的。(《华语精选》)

D. 表"转折"关系

有的常和"虽然"等关联词连用表转折，有的依靠语境表达转折关系。

（72）虽然下狠大的雨，他也上衙门去。（《汉语指南》）

（73）我把兰亭笔帖写了好几年，也不过是这样，实在是不容易学的。（《华语精选》）

E. 表"因果"关系

"也"表达因果关系，常和"因为""若是""既然""所以"等关联词连用。它既可放在表结果的分句，如例（74）；也可放在表原因的分句，如例（76）。

（74）我因为忙着来该班儿，故此也没有得问一问。（《汉语独学》）

（75）若是三天打鱼两天晒网的，就念到多少年也没用处。（《汉语指南》）

（76）您实在多礼了，那天我到府上天也就晚了，所以我赶紧的就回来了。（《华语教范》）

F. 表"假设"关系

前面分句假设一种情况，后面分句说出假设的情况实现后产生的结果。"也"表假设关系，常和"若""就是""竟管"等词连用，分别表达句意的承接和转折。

① 承接式。

前面分句提出假设，后面分句说明假设情况下的某种结果。

（77）你这一去了，若果然不再来，倒也省了口舌是非，大家倒还干净了。（《华语精选》）

（78）大哥为我操心，我今天粉身碎骨，感激不尽。您要多心，我倒也对不起了。（《华语精选》）

② 转折式。

前面分句提出假设，后面分句不是承接下来说，而是说出与假设情况实现后所产生的相反的情况，假设与结果不一致，前后分句有转折的意味。

（79）我为这件事日夜悬心，竟管搓手跺脚的挨过日子，<u>也</u>不敢告诉别人听，唯有灯知道我的心罢了。(《华语精选》)

（80）就是黑了，<u>也</u>不要紧，打着灯笼去了。(《华语精选》)

G. 表"解说"关系

一般由两个及以上的分句组成，其中一个分句说明一种情况，其他分句对此加以解释或说明。

（81）门傍边儿的木头是竖的，门上下的木头是横的，说话是竟爱东拉西扯的，<u>也</u>叫说横说竖的。(《汉语指南》)

（82）这是麦酒么？可不是么，<u>也</u>叫皮酒。(《汉语指南》)

（83）孔子之教后世谓之儒教，<u>也</u>谓之圣道。(《汉语指南》)

H. 表"选择"关系

"也"用于选择复句中，常用于否定分句中，选择了后面分句所表达的行为。

（84）也不要坐车，<u>也</u>不要坐船，竟要步行儿走了。(《汉语指南》)

2. 句法分析

根据何伟、苏淼（2013）对于汉语单复句判断提出的标准和三种检测方法[①]，表类同追加时两小句组合为一个复句，此时"也"作为小句的界限标志，说明连接词成分。如单独出现，则用"&（Linker）"表示；如果成对出现，则用"$\&_1$……$\&_2$……"表示。如果处于其他逻

[①] 何伟、苏淼：《从加的夫语法看汉语单复句划分标准》，《北京科技大学学报》（社会科学版）2013 年第 1 期。

辑语义关系中，那么两个小句便组成嵌入式单句，前面分句便充当状语成分。此时，"也"单独出现，则用"B（Binder）"表示；成对出现的话，则用"B_1……B_2……"表示。

我们用两句分别用图5-1和图5-2展示一下表"追加"和"条件"关系的句法分析。

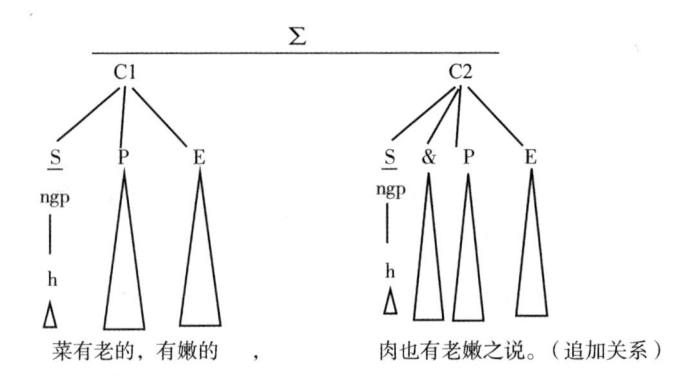

菜有老的，有嫩的，　　　肉也有老嫩之说。（追加关系）

图5-1　表"追加"关系的句法分析

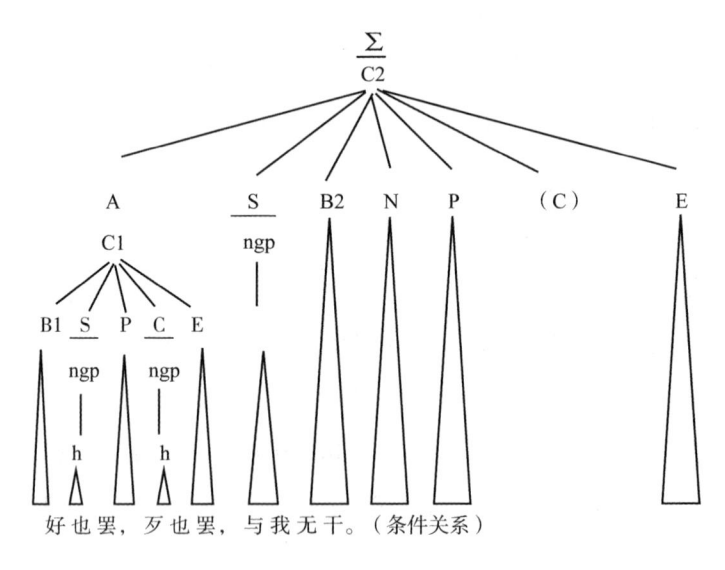

好也罢，歹也罢，与我无干。（条件关系）

图5-2　表"条件"关系的句法分析

3. 语用分析

从上文语料我们可以看到,"也"所在的句子要么有先行句,要么依赖于语境,比如例(84)所依赖的语境是"有车和船可坐"。那么"也"的语用作用,实际上就是在先行句和语境的基础上,增加本句中异项所负载的语义内容,"也"字表明了本句何为异项。如例(81)中"说横说竖"是异项,同先行句中的"东拉西扯"做对比,"说横说竖"就是异项了。再比如"我把兰亭笔帖写了好几年,也不过是这样,实在是不容易学的。(《华语精选》)"中"不过是这样"是异项,此句依赖于语境,潜在对比项是"学了几年应该非常不错了"。

如果"也"所在的句子有多项成分,"也"的语义范围可以从本句句首延伸到句末,语义中心就与此相联系。我们用一个自造例句阐述。

(85)我们也去食堂吃面。

根据"也"的语义范围,"我们""食堂""吃面"都在"也"的语义范围之内,均可称为该句的信息中心,如下。

(85a)<u>我们</u>也去食堂吃面。

(85b)我们也去<u>食堂</u>吃面。

(85c)我们也去食堂<u>吃面</u>。

这些句子对应于不同的先行句,它是一种特殊的歧义现象,如果没有先行句,我们只能根据语境去判断哪一项为中心。如下。

(85a`)他们去食堂吃面,<u>我们</u>也去食堂吃面。

(85b`)我们去面馆吃面,我们也去<u>食堂</u>吃面。

(85c`)我们去食堂吃牛肉,我们也去食堂<u>吃面</u>。

可以看出,"也"所具有的提示中心的作用同语用预设有密切的关系,语用预设是"对话者和语境的预设",即说话者认为自己和对方所共同接受的那部分信息。所以,"也"触发不同的语用预设,其提示的

"信息中心"也就随之发生变化。

综上,"也"具有触发语用预设,从而提示中心,展示异项的作用。

(二)"也"表人际意义

在《汉语会话书》中,副词"也"不仅可以表达逻辑意义,还可以表达人际意义,主要表达强调意义。有如下格式。

1. 语义分析

A. 重复使用,强调两事并列或对待。

(86)这么着也不好,那么着也不好,到底你要怎么样儿的?(《华语精选》)

B. 和"连"合用表强调。

(87)我怎么糊涂,连个好歹也不知道,还算是人么?(《华语精选》)

(88)连自己也想不起来,怨不得你生气了。(《华语精选》)

C. 用句式"V/adj+也+(v/adj)……"的格式,多用于否定句。

(89)这还不一定,少也不下俩多月的光景罢。(《汉语指南》)

(90)好半天追赶也追赶不上他。(《汉语指南》)

D. 跟不定数量词"一点儿""一会儿"合用,常用于否定句。

(91)我素日担待你们,得了意一点儿也不怕,越发拿着我取笑儿了。(《华语精选》)

例(87)重复使用"也"表示强调,例(88)中格式"连……也……"一直是学术界研究的重点,最开始的意见是"连"表强调,"也"表并列类同义(刘丹青、徐烈炯,1998)①。但我们认为,此格

---

① 刘丹青、徐烈炯:《焦点与背景、话题及汉语"连"字句》,《中国语文》1998年第4期。

式的强调义并非由"连"字独立承担,因为去掉"连",句子是不能成立的。如连个好歹不知道,还算是人么?而去掉"连"字后,"好歹也不知道,还算是人么?"仍然能表达人际意义。所以,"连……也……"表强调义应该是二者共同作用的结果。上文我们提到过,"也"表提示中心的作用,那么我们也可以认为"连"字同样表提示中心的作用。在"连好歹也不知道"这句话中,"好歹"在"连……也……"的结构下已经表达为"算作人最基本的底线就是懂得好歹"。如例(89)、例(90)是用"极限词加否定词"的方法达到强调的目的;例(90)"追赶"是我们常人"走路"方式中的极限,否定了"追赶",从而强调了"他走路之快,追赶不上他"的语义;例(91)用"一点儿"等极限词实现强调效果。

2. 句法分析

何伟(2016)认为,从功能角度看,语气是通过小句语法结构的变化来表达语言功能的语法系统,情态主要表达说话者对命题真实性所作的判断、个人的意愿等主观看法。所以,他把"也"归纳为情态副词,情态副词"也"在句中直接说明一定的句法成分。[①] "也"表强调主要是通过提示中心语来实现的,它如同英语中的"Even、Just"等词的功能,它在词组层面发挥作用,可以看作名词词组中的"推断词"。根据上面的语料,强调不仅发生在名词词组内,如例(87)、例(88),还可以发生在数量词词组内,如例(89),还可以发生在动词词组内,如例(90)。"也"表强调的句法功能分析,如图5-3所示。

---

① 何伟:《现代汉语副词"也"的功能视角研究》,《汉语学习》2016年第12期。

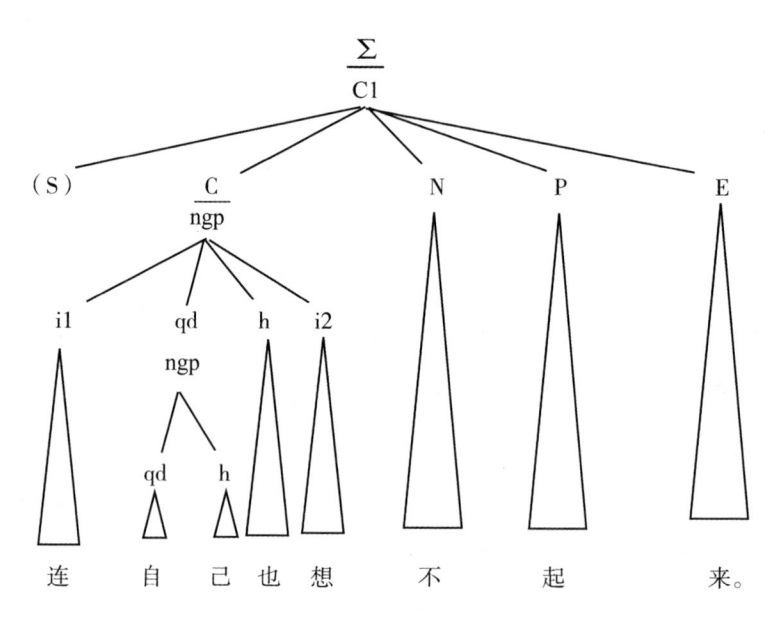

```
              Σ
              |
              C1
    ┌────┬────┼────┬────┐
   (S)   C    N    P    E
         |
         ngp
    ┌────┼────┬────┐
   i1   qd   h   i2
        |
        ngp
        ┌─┴─┐
        qd  h
```

连　自　己　也　想　　不　　起　　来。

图 5-3　"也"表强调的句法功能分析

根据我们对《汉语会话书》中"也"的语料的总结，发现"也"既表逻辑关系，也表人际关系，表逻辑关系非常丰富，表人际关系只表强调，整理见表 5-4。

表 5-4　　　　　　　　"也"的语义类别

逻辑意义							人际意义
追加	条件	承接	转折	因果	假设	解说	选择	强调
连接词(&)	黏合词(B)						推断词
句法类别							

亦

表示"同样"，在《汉语会话书》中仅出现 5 例，可以修饰名词，如例（92），也可以修饰动词，如例（93）、例（94）。

(92) 亦一块五分钱。(《速修汉语大成》)

(93) 地球亦是一个行星了。(《速修汉语大成》)

(94) 孩儿式金银铃铛、寿星老项圈等类，或金，或银，或包金，都是随意，再搭上针线盒弥敬，或带铃、银钱，若干亦无不可。(《华语教范》)

三 限定副词

不过、才（纔）、但、独、仅、特、唯、只、不止、专（专）

不过：限定范围的副词，含有往小里或轻里说的意味。可直接限定名词，如例（95）；可直接限定动词，如例（96）；可以和范围副词"才"连用限定名词，如例（97）；可以修饰判断动词"是"，如例（98）。

(95) 勒索了不过三百两银子，也不算很多。(《"支那"语集成》)

(96) 有甚么好呢？将就着居住而已罢。(《华语教范》)

(97) 他来了不过才半年。(《汉语独学》)

(98) 现在他家里不过是旧日的空架子了。(《"支那"语集成》)

才（纔）：在《汉语会话书》中"才"有两种写法，"才"作限定副词，限定事物的数量范围，它可以直接修饰动词，限定动词的"时间范围"，如例（99）"一好儿"是动词"好"的时间范围；"才"还可以直接修饰数量词，其语义后指，限制量小，但它可以和"了"连用，表示"已经"的意思，如例（101），现代汉语普通话没有这种用法。

(99) 自从有病，那个大夫没治过，甚么样儿的好药没吃过，"纔好了一好儿，又重落了，这是我命该如此。(《中国语自通》)

(100) 才开了不大的工夫儿。(《汉语指南》)

(101) 那孩子名儿叫开明，年纪才十一岁了。(《汉语指南》)

(102) 古时候，有一个人年纪才十四岁了。(《汉语指南》)

但：表限定，限定的对象可以是动作的宾语，相当于"仅"，如例（103）、例（104）；也可以和"不"连用，构成否定限定，相当于"不仅"，如例（105）、例（106）；"但"也可以直接限定名词的数量，如例（107）；也可和其他词构成限定副词，如"但凡"，见例（51）。

(103) 可是我但要素的。(《华语教范》)

(104) 家人以外没有甚么别的，但有一只牛、两条狗了。(《汉语指南》)

(105) 不但三四年，有十多年的光景没见他了。(《汉语指南》)

(106) 客人坐的车就叫客车，客车不但有一个，有好些个呢。(《汉语指南》)

(107) 教师就但您一位么？(《华语教范》)

(108) 但凡遇见个会说汉话的，你就赶着和他说话。(《"支那"语集成》)

独：表"唯独""仅仅"的意思，在《汉语会话书》中可以修饰动词，如例（109）；也可以直接修饰名词，如例（110），此处的"不独"相当于"唯独"的含义。

(109) 这是那儿的话呢，像你这样儿的人八旗都许考，独不准你考的理有么？(《"支那"语集成》)

(110) 不独你是那样儿，我的身子也不爽快，懒怠动。(《"支那"语集成》)

仅：限定动作或状态本身，表示只做了某事，在《汉语会话书》中仅1例。

(111) 有一天忽然间掉在山涧里了，就是叭着沿边儿仅露着脑袋正叫喊的时候儿。(《汉语指南》)

特：限定动作的范围，表示"专门""特地"义。

（112）人生在世，头一件要紧是学、念书呢，<u>特</u>为的是明白道理。（《"支那"语集成》）

（113）这就是俗语儿说的，"人心隔肚皮，知人知面不知心"的话儿，是<u>特</u>为这种人们说的咯。（《"支那"语集成》）

唯：在《汉语会话书》中仅3例，限定动词的范围，常和"有"搭配。

（114）您办的那件公事，<u>唯</u>有一点儿讨厌，心里还可以有乐的。（《汉语指南》）

（115）我为这件事日夜悬心，竟管搓手跺脚的挨过日子，也不敢告诉别人听，<u>唯</u>有灯知道我的心罢了。（《华语精选》）

只：在《汉语会话书》中一共80例，修饰动词的范围和状态。

（116）天下无难事，<u>只</u>怕不用心。（《汉语独学》）

（117）两耳不听窗外事，一心<u>只</u>读案前书。（《汉语独学》）

不止：在《汉语会话书》里仅1例，限定数量，用于否定句，相当于"仅"。

（118）<u>不止</u>四五年，有九年十年的光景没见了。（《"支那"语集成》）

专（專）：在《汉语会话书》中仅1例，表示范围，相当于"全""都"。

（119）令尊留下的家产<u>專</u>归你一个人儿了，还是分给一家子？（《"支那"语集成》）

四 统计副词

统计副词只能修饰动词和数量名词，修饰动词时，该动词必须带上一个数量名词做宾语。在语义上，统计副词表示对动作行为的次数或事物数量的统计，表示全部加在一起。①

总括副词和统计副词的区别，总括副词是对范围的总括，可以修饰动词谓语，也可以修饰形容词谓语，还可以修饰名词谓语；而统计副词则是对数量的统计，统计副词不能修饰名词或形容词谓语，它只能修饰动词谓语和数量名词。总括副词的语义指向可以处于总括对象的前面，也可以处于后面；而统计副词则只能指向后面。

通共、共总、总$_2$

通共：共计、一共，在《汉语会话书》中共20例，可以直接修饰名词，也可以修饰带数量名词宾语的动词。

(120) 上海去的<u>通共</u>九个字，算得是三角钱。(《汉语指南》)

(121) 这有八大碗和酒价钱，算起来<u>通共</u>十六块七角了。(《汉语指南》)

(122) 通共算起来有五百多里的光景罢。(《汉语指南》)

共总：一共、总共，在《汉语会话书》中共4例。

(123) <u>共总</u>一千八百五十多吨。(《华语教范》)

(124) 有三只皮箱，一只木箱，还有铺盖，还有零碎包儿一件，<u>共总</u>六样儿。(《中国语自通》)

总$_2$：一共、总共。

(125) 今天<u>总</u>得十七两银子。打算是怎么个汇法呢？(《华语教范》)

五 程度副词

程度副词的语义特征就是表示性质状态的程度或某些动作行为的程度，程度副词最明显的特点是大都可以比较自由地修饰形容词，有

---

① 杨荣祥：《近代汉语副词研究》，商务印书馆2007年版，第53页。

的可以修饰动词，还有的可以修饰充当谓语的名词。

《汉语会话书》中的"程度副词"包括以下几种。

不大、大、大为、大略、略、顶、更、怪、过、好、好生、很、夠、甚、十分、太、最至、偏、稍、稍微、些微。

不大

表程度不深，在《汉语会话书》中，后面可以修饰形容词，如例（126）的"冷""潮"均为形容词，可以修饰动词，如例（127）、例（128）的"晓得""见效"均为动词，还可以修饰状中结构，如例（129）的"很好"就是状中结构。《汉语会话书》中"不大+X"在句中主要作谓语。

（126）今年冬天也<u>不大</u>冷，也<u>不大</u>潮。(《汉语指南》)

（127）还都<u>不大</u>晓得，我要领教您纳。(《华语教范》)

（128）还<u>不大</u>见效么？(《"支那"语大海》)

（129）今儿天气<u>不大</u>很好。(《中国语自通》)

"不大"在书中还可修饰其他形容词，包括以下几种。

碍事、对、干净、好、好看、健壮、结实、快、利害、利索、俐儸、亮、明白、顺、相宜、详细、新鲜、兴时。

大、大为

"大、大为"表程度深，"大"可修饰动词"有"，整体作谓语、带宾语如例（130）至例（132）；还可直接修饰形容词，仅1例，如例（133）中的"黑暗"。"大有"在句中主要作状语，"大+形容词"作谓语。"大为"仅1例，修饰状中结构，"大为+X"作谓语。

（130）原来这开矿的事情是<u>大有</u>裕利的事情，要紧得。(《华语教范》)

（131）以好的为法，以不好的为戒，于身心<u>大有</u>益处啊。(《"支那"语集成》)

(132) 你学得<u>大</u>有长进了，句句儿顺当字字儿清楚。(《"支那"语集成》)

(133) 没甚么<u>大</u>黑暗了。(满洲语自通)

(134) 乡下的地方<u>大</u>为不静，每有强暴混乱，良民也活不了。(《汉语指南》)

大略、略

"大略""略"均表程度浅。"大略"表大约的意思，可以修饰整个句子，如例（135）；还可修饰动词，如例（136）。"略"表"稍微"的意思，可修饰动词，后接宾语"一点儿"表程度轻，如例（137）；或后接动词重叠式"V—V"，如例（138）、例（139），整体表轻微、稍微的语气。"略+X"在句中作谓语。

(135) <u>大略</u>每一个人要三百块上下罢。(《"支那"语大海》)

(136) 以上은"支那"语文法을<u>大略</u>陈述。(《"支那"语集成》前置介词解释语)

(137) 那儿说的好呢，不过<u>略</u>会一点儿就是了。(《华语教范》)

(138) 好热茶啊，<u>略</u>凉一凉儿罢。(《汉语大成》)

(139) 哥哥，瞧瞧我的翻绎，求你纳<u>略</u>改一改。(《"支那"语集成》)

顶

表程度高，可以修饰心里动词"喜欢""爱"，如例（140）、例（141）；也可修饰形容词，如例（142）；还可修饰形容词词组，如例（143）。"'顶+X'+的"结构可以表自指作定语，如例（140）修饰名词"时候"，还可以表转指作主宾语，如例（142）、例（143）；"顶+X"可以作状语，如例（141）修饰动词"吃"。

(140) 春天是暖和……一年里头算是<u>顶</u>喜欢的时候儿。(《汉语指南》)

(141) 我顶爱吃的是点心。(满洲语自通)

(142) 中国话里头四声是顶难的。(《汉语指南》)

(143) 这就是顶高上上的。(《满洲语自通》)

"顶"在《汉语会话书》中还可修饰其他形容词,包括以下几种。

出名、大、肥、干净、好、合式、尖、结实、可恶、冷、利害、难、热、深、危险、小、新鲜、要紧。

更

表意为"更加",后可接动词或动词结构,如例(144)、例(145);还可接形容词,如例(146);"'更+X'+的"结构作主语,如例(144);可作状语,如例(145);"更+X"还可以作谓语,如例(146)。

(144) 一定是楷书好,那行书就是草率,更使不得的是那草字。(《汉语独学》)

(145) 菊花和芦花都开了,秋花虽然没有春花那么样的华丽,还是有清淡的雅趣,更有加倍的好看了。(《汉语指南》)

(146) 那也是更容易了。请老爷哄那个老虎往外出去罢。(汉语指南)

"更"在书中还可接其他形容词,包括以下几种。

不堪、好、好看、糊涂、轻、容易、有趣。

怪

表"很""非常"的意思,后接形容词,如"可怜""疼"等"怪+X"可作谓语,如例(147);可作状语修饰谓语动词,如例(149)。由"怪+X"构成的谓语句,后面常接"的"字结尾,表示肯定的语气。

(147) 你们两个素日怪可怜儿的。(《华语精选》)

(148) 是,胸前觉着怪疼的。(《华语教范》)

（149）一则来瞧瞧哥哥，二则我还有奉求的事情呢，只是怪难开口的。(《"支那"语集成》)

过、过于

两词表程度或数量过分，表义为"太"。"过"后接心理动词，如：爱、费心；也接形容词，如"远"。"过+X"可作谓语，如例（150），也可作定语，如例（151）。"过于"后可接动词，如：费钱，也可接形容词，如：冒失、多。

（150）您过爱了，不要客气，俏们多谈谈罢。(《华语教范》)

（151）海角、天涯是说彼此相离的、过远的话头儿。(《汉语指南》)

（152）爱花钱，好花钱都说过得是过于费钱。(《"支那"语集成》)

（153）你干甚么事，太过于冒失，总得要小心点儿。(《汉语大成》)

好

"好"表程度深，且表感叹语气；可以后接形容词，如"远""热""大""容易""香甜""面善"；也可后接动宾结构，整体作谓语，如例（157），"好容易"表示很不容易的意思；"好+X"可作定语，作定语时可加"的"，也可不加"的"，如例（155）、例（156）；还可后接动词，整体作谓语，如例（158）。

（154）这么好远的道路。

（155）好热茶啊，略凉一凉儿罢。(《汉语大成》)

（156）你看，真是好大月亮哪。(《满洲语自通》)

（157）你们这些人好没规矩，这是什么地方，你们在这里混闹，快离了我这里呢。(《华语精选》)

（158）还可以，这溜鱼片真是好吃了。(《"支那"语大海》)

（159）好容易我今儿才租妥了一所儿房子。(《华语精选》)

很

在《汉语会话书》中，"很"主要修饰形容词，"很 + $X_形$"可作状语，如例（160）；可作谓语，如例（161）；也可作定语，如例（162）。"很"可修饰心理动词，如例（163）、例（164）；可修饰动词"有"字句，表程度深，如例（165）；"很 + $X_动$"可作状语，如例（163）；可作谓语，如例（164）。"很"还可修饰名词，作谓语，如例（166）。

（160）那条山路<u>很难</u>走么？（《汉语独学》）

（161）甲：你念过的书千万不可忘了。

乙：不错，你说得<u>很是</u>。（《中国语自通》）

（162）虽是<u>很小</u>事，也得办的要小心，粒火能烧万重山。（《汉语大成》）

（163）不分夜里，白昼<u>很爱</u>用工。

（164）这套<u>很费</u>手，一个星期还可以做得上，三四天怕做不上罢。（《"支那"语大海》）

（165）山上的树木山石的样子<u>很有</u>趣儿。（《汉语独学》）

（166）昨天我看见令爱，现在<u>很出息</u>了。（《满洲语自通》）

"很"在《汉语会话书》中还可修饰如下心理动词。

害怕、怜恤、盼望、讨扰。

还可修饰如下形容词。

白、薄、抱歉、笨、便宜、诧异、沉、趁愿、吃醋、吃亏、吃怕、聪明、粗、脆、大、得意、丢脸、动谨、短、对劲儿、多、饿、发达、乏、烦闷、方便、富足、干净、高、公道、怪、贵、好、好吃、好看、合式、黑、机密、坚固、简明、咸、贱、讲究、紧、近、旧、康健、可观、可气、可惜、可笑、渴、快、褴褛、懒息、懒惰、老实、冷、冷淡、利害、凉快、伶俐、灵、慢、忙、闷、面善、明白、难、难受、泥泞、暖和、平安、奇恠、干凈、浅、俏皮、亲热、勤俭、清雅、穷、热闹、容易、酋刻、少、深秘、时兴、熟、熟悉、爽快、疼、疼、甛、为难、喜欢、细、闲在、香、详细、享福、萧索、辛苦、新鲜、悬心、腌臢、延缠、严、酽苦、要紧、硬、硬朗、用心、远、窄、着急、中意、重、周到、壮健、准、自然、足壮。

齁

"齁"属于北京方言程度副词，表"很""非常"的意思，修饰形容词，在《汉语会话书》中仅2例，全部修饰与味觉有关的形容词。

（167）<u>齁</u>醎了吃不得。（《华语教范》）

（168）这个鱼没烧透、里头还有血津儿，味道也是<u>齁</u>腥的。（《华语精选》）

极

表"最""很""非常"的意思，后接形容词，如"精""多""容易""好"；"极+X"在句中作谓语，如例（169）；还可以作定语，如例（170）。

（169）他们本国里近来铁轨造的是<u>极精</u>，那墊木的材料又<u>极多</u>。（《汉语指南》.)

（170）一共五个人，都是<u>极好</u>的朋友。（《满洲语自通》）

尽、甚

尽：含义为"最"，主要用在方位词的后面，如尽裹头、尽外头。

甚：含义为"很""非常"，修饰心理动词和形容词，如"懂""远""多"；作谓语。

十分

后接形容词和动补结构，主要作谓语。

（171）百米的价儿<u>十分</u>便宜。（《中国语自通》）

(172) 那骡子十分膘壮。(《汉语指南》)

(173) 眼睛却十分受不得了。(《"支那"语集成》)

太

主要接形容词,还可接动词"没有"。"太+X"主要作谓语。

(174) 这褂子太短了。(《汉语独学》)

(175) 你太没有规矩了。(《"支那"语大海》)

受"太"修饰的形容词还有以下几种。

薄、笨、长、迟、冲、臭、蠢笨、大、淡、短、多、乏、肥、费事、贵、急、急燥、娇嫩、可恶、刻薄、口沉、苦、宽、劳乏、老、累赘、忙、谬、难、浓糊、皮脸、疲、谦、勤、轻、热、奢侈、盛设、势力、松、松、外道、晚、小、性急、酽苦、远、早、窄、周到。

忒、至

忒:可修饰形容词,还可修饰"把"字句。

(176) 你太把我看得忒小器,又没人心了。(《华语精选》)

(177) 你也忒把人看得小器了,我又不是两三岁的小孩子,我有我的缘故,你那里知道呢?(《华语精选》)

至:表"极""最"的含义,主要修饰形容词,如"好""不济""快""多""小""少""少""近"。"至+X"可以作定语,如例(53);还可作状语,如例(179)。

(178) 至好的朋友的老翁下葬,我得帮他去。(《汉语指南》)

(179) 这件至不济也值三百两银子。(《汉语大成》)

最

"最"可以修饰心理动词,如例(180)、例(181);还可修饰动宾结构,如例(182);还可修饰兼语结构,如例(183)的"讨人嫌";可接形容词以及形容词的否定结构,"最+X"可作谓语,也可作定语,如例(184)和(185);还可接方位词"下头",如例(187)。

（180）我是最赞成山东馆子的。(《"支那"语大海》)

（181）如今是春天了，一年里头最喜欢的时候儿。(《汉语指南》)

（182）该教道的地方儿教道，最仁爱，又最护众。(《"支那"语集成》)

（183）他是最讨人嫌，所以人都远着他。(《华语教范》)

（184）听说是天聪最高。(《汉语指南》)

（185）过了二十年的光景，有一天最冷的时候（《汉语指南》)

（186）好些个学生们凑在一块儿用工么，于身体最不相宜。(《汉语指南》)

（187）最下头的骨头是下巴颏儿。(《"支那"语集成》)

"最"修饰的心理动词还有以下几种。

怕、爱、小心。

修饰的形容词还有以下几种。

大、贵重、和睦、近、难、仁爱、要紧。

偏

"偏"可接形容词，也可接动词及动词否定式，还可接助动词"叫""要""会"。

（188）偏巧，都卖完了。(《"支那"语大海》)

（189）不要你偏说短处，他的好处不可以说么？(《"支那"语集成》)

（190）惑是有点儿喝儿的地方儿，倒偏疼他些儿。(《"支那"语集成》)

（191）您太势力，若富贵的你偏叫他发财，那贫穷的你偏不管。(《华语精选》)

（192）办不动的事情，他偏要办。(《华语精选》)

稍、稍微、些微

三词皆表程度不深,作状语时可加或不加"的",主要修饰动词和形容词。

(193) 稍等一等。王先生吃甚么饭?(《"支那"语大海》)

(194) 就是价码儿比别的屋里稍微的大点儿。(《满洲语自通》)

(195) 就是些微的着点儿凉,也就无妨了。(《"支那"语集成》)

(196) 还有些微便宜点儿的没有?(《华语教范》)

(197) 些微有点儿事奉求。(《汉语大成》)

越、越发

词义"愈、更加",可以修饰形容词,也可修饰动词,主要作谓语。

(198) 依我想这个东西越多越好。(《汉语指南》)

(199) 那个大风就生气越刮越大。(《汉语指南》)

(200) 你在我的跟前越发逞脸了,索性望我动手动脚了,你打谅我是那么好性儿,你错了主意了。(《华语精选》)

《汉语会话书》中的程度副词极其丰富,主要修饰形容词和心理动词,每个副词所修饰的词各有侧重,我们已详列于文中;且每个"程度副词+X"组成的状中结构在句中所作的成分各不一样,在行文中已具体分析过,见表5–5。

表5–5　　　　"程度副词+X"句法分析

程度副词+X	句法成分
不大+X	谓语
大+X	谓语
顶+X	定语、状语
更+X	加"的"作主语、谓语

续　表

程度副词 + X	句法成分
怪 + X	谓语
过 + X	谓语
好 + X	定语
很 + X$_形$	状语、定语
很 + X$_动$	状语、谓语
极 + X	谓语、定语
十分 + X	谓语
太 + X	谓语
至 + X	定语、谓语
最 + X	谓语、定语

六　时间副词

王力（1943）认为，时间副词的语义特征是表示"时间观念"[①]。时间副词都能修饰动词，也能修饰形容词结构，但被修饰的形容词语义特征有所变化，即这些形容词不再表示性质状态，而是表示变化或过程。如："早已熟的黄稻子和没热的青稻子和路边儿上长的草木茂盛。"（《汉语指南》），这句话中的"熟"是形容词，可被时间副词"早已"修饰后再也不表性质了，而是表"长成熟"这个动态过程了。

（一）表最终

语义上表示某种动作行为最终发生或某种结果最终出现。

[①] 王力：《中国现代语法》，商务印书馆 1985 年版，第 143 页。

竟、终、终究、体已

（201）有志者事竟成。(《"支那"语集成》)

（202）夏天的时候儿，他还可以扎挣着走来着，近来这些日子添了病，竟躺下了。(《"支那"语集成》)

（203）我终究是个糊涂，心里空喜欢了一会子，却想不到这上头。(《华语精选》)

（204）你现在这样高兴，好容易说得包办酒席，赶到了找出你的体已霉烂的银子来，你还后悔也不及呢。(《华语精选》)

(二) 表过去、已然

表示某动作行为或情况在说话之前或某一特定时间之前已经发生、存在或完成。

曾、曾经、既、刚才、新近、早已、已、已经

（205）不曾吃。(《汉语独学》)

（206）为从前曾经读过英文有五年了。(《汉语独学》)

（207）一叶既动，百枝皆摇。(《汉语独学》)

（208）正想着的时候，好像佛爷降在身上一个样，刚才想着的那个歹心都忘在九霄云外。(《汉语指南》)

（209）是新近印出来的。(《华语教范》)

（210）衣裳是早已抽打了，靴子也刷了。(《速修汉语大成》)

（211）他连今年会试，算是已过三科了。(《"支那"语大海》)

（212）那位大人已经举荐你，你怎么不从命呢？(《速修汉语大成》)

(三) 表突发、短时

这一类时间副词主要修饰动词结构，少数还能修饰句子，语义上表示动作行为或情况在很短的时间内发生或出现。

便、登时、忽然（忽然间）、立刻、随、一

（213）那个时候<u>便</u>可当面商议。(《华语精选》)

（214）<u>登时</u>绝命。(《汉语指南》)

（215）<u>忽然</u>有人拿着一杆枪来了。(《汉语指南》)

（216）<u>忽然间</u>毛都着了火了，觉得烫的了不得。(《汉语指南》)

（217）小的的哥哥得<u>立刻</u>就来。(《"支那"语集成》)

（218）您可以<u>随</u>说<u>随</u>写么？(《华语教范》)

（219）每逢<u>一</u>到冬天就犯。(《华语精选》)

（220）<u>一</u>沾麝香味儿就歇了。(《华语精选》)

"一"表示"一旦""一经"等义。

（四）表不定时

语义上表示时间的不确定。

多咱、偶然、随时、早晚

多咱：含义相当于"什么时候"。

（221）你<u>多咱</u>有功夫儿。(《汉语独学》)

（222）他是特意儿来的么？不是，<u>偶然</u>来的了。(《汉语指南》)

（223）民人犯了大罪，皇上<u>随时</u>酌情宽免了，那是恩典。(《汉语指南》)

早晚：含义相当于"或早或晚"。

（224）<u>早晚</u>儿就要起身了，驮子行李都整理妥当了，只是盘缠银子还短点见。(《"支那"语集成》)

（五）表初始

表示动作行为或事物的发展变化刚开始。

才、方

（225）凡事总得有定向<u>才</u>可以成了。(《汉语指南》)

（226）我想您有事才想起我来，没有事就把我忘了。(《"支那"语大海》)

（227）自己赔了钱，才知这个苦，齿疼，方知齿疼人了。(《速修汉语大成》)

（六）表暂且

语义上表示动作行为或状况在一个短时间内进行或存在着。

暂且

（228）你在这儿暂且避雨罢。(《华语精选》)

（七）表持续、时长

表"持续""时长"的时间副词在语义上表示动作行为持续或长时间内经常进行，某种情况持续存在，或事物持续、长时间内经常保持某种性质状态，它们不能修饰瞬间动词。在《汉语会话书》中表"持续""时长"的时间副词有如下。

长、常（常常）、从来、向来、老、老是、仍旧、永（永远）、素来、自来、儘自

（228）你打算是长住啊？(《"支那"语集成》)

（229）我常爱晕船，所以要坐火车去。(《汉语指南》)

（230）他虽然有个错处，我常常儿护庇着他，不要漏出他的不好风声来了。(《"支那"语集成》)

（231）我们向来没塞过，那能知道他好不好？(《汉语指南》)

（232）老不成材料儿了。(《"支那"语集成》)

（233）他办事老是办到半截儿。(《华语精选》)

（234）甲：他的病怎么样？乙：仍旧不好了。(《速修满洲语自通》)

（235）永见不着太阳。(《华语精选》)

（236）这么着，这时一必是你素来认得的。(《"支那"语集成》)

(237) 卖油的娘子水梳头，自来家里有的给人多少，这会子轮到自己用，反倒各处找去。(《华语精选》)

(238) 就快说，别尽自①耽误工夫儿。(《"支那"语集成》)

(八) 表将来、未然

表示即将达到某个数量或即将到某时，某动作行为或情况即将出现。

快、快要、要

(239) 火快灭了。(《汉语独学》)

(240) 他快要来。(《汉语独学》)

(241) 他明天要走。(《汉语独学》)

(九) 表逐渐

语义上表示动作行为或状况缓慢而又不间断地进行或出现。

渐渐儿

(242) 春天的时候草木渐渐儿生长，是因为太阳的暖气渐渐儿高；秋天的时候草木都黄落，是因为太阳的热气渐渐儿落的缘故了。(《汉语指南》)

(十) 表进行

表某个动作行为或情况正在进行着。

正、正在

(243) 这巧极了，我也正往那儿去呢。(《汉语指南》)

(244) 这时候，老虎也是正在很饿。(《汉语指南》)

七 频率副词

频率副词的表示某一动作行为或情况不止进行一次，而是多次；

---

① 尽自：总是，一个劲儿。

它在任何条件下都不能修饰形容词短语。频率副词可分为两小类，表惯常和表反复。

（一）表惯常

常、常常、每

（245）他比我力量大，我有事情<u>常</u>请他商量。（《汉语指南》）

（246）他自己不体面，<u>常常</u>讨人嫌，受了人家的羞辱。（《汉语指南》）

（247）<u>每</u>到了秋天心里爽快，我就想旅行去。（《汉语独学》）

表频率的副词和表持续义的时间副词的区别如下。从语义上讲，前者表示动作行为重复的次数多，后者表示动作行为在时间上的一贯性；从语法功能上讲，前者只能修饰动词谓语，而后者既能修饰动词谓语，又能修饰形容词谓语。

（二）表反复

语义上表示动作行为反复多次进行。

重、屡次、再三

（248）那大人考察小官儿办的事，若是办得不好，那小官儿难免<u>重</u>办。（《汉语指南》）

（249）<u>屡次</u>的讨扰，我实在不好意思。（《华语精选》）

（250）我<u>再三</u>告诉他了。（《满洲语自通》）

八　累加副词

累加副词语义表示动作行为、性质状态或事物数量的累加。它和频率副词的区别如下。前者表示动作行为的累加，可以是同一动作行为的累加，也可以是不同动作行为的累加；后者表示某行为动作或某状态不止进行一次。

更、还、仍旧、又、再

仍旧：指照旧不变，在《汉语会话书》中既可以放在谓词前面，还可以放在谓词后面，修饰整个谓语。

(251) 甲：他的病怎么样？乙：仍旧不好了。(《速修满洲语自通》)

(252) 改呢更好，若是不改仍旧，还是这么往醉裏喝，那时候兄台重重儿的责罚他容易。(《"支那"语集成》)

(253) 菊花和芦花都开了，秋花虽然没有春花那么样的华丽，还是有清淡的雅趣，更有加倍的好看了。(《汉语指南》)

(254) 这个太老，带上看着更糊涂。(《华语教范》)

(255) 风景实在是好，山上的树木山石的样子很有趣儿，还可以看万瀑洞里瀑布，并且现在去山上的枫叶都红了，非常的好看。(《汉语独学》)

(256) 我若是气上来，把那个杂种的场子拧断了解恨，过了气儿又一想，可怎么样呢？(《"支那"语集成》)

(257) 老爷听这话就呵护他罢了，再问一问：我前几年到外国去的时候，过了一个大海。(《汉语指南》)

九　情状副词

对于情状副词，语法学界早有讨论，多侧重于其语法属性和词类归属两方面。吕叔湘(1984)认为，此类词经常修饰动词，很难修饰名词，并提出是否该归入副词的问题？[①] 陈一(1989)把这类专职于动词前的词称为状态词，使它和属性词（专职于名词前）置于一个层面。[②] 本文根据语法功能，这类词只能从修饰谓语动词的角度出发，把

---

① 吕叔湘：《汉语语法分析问题》，商务印书馆1984年版。
② 陈一：《试论专职的动词前加词》，《中国语文》1989年第1期。

它们归为副词，称为情状副词。

我们在《汉语会话书》中所搜集到的情状副词如下。

白、疙疙巴巴、公然、故意、好、好好儿、好生、胡、混、互、互相、尽心竭力、空自、苦、耐、一连、连忙、忙、辛辛苦苦、抽冷子、猛、猛然、齐、悄不声儿、悄悄、暂且、亲自、亲、一同、一例、一面儿、一齐、一直、硬、索性、简直、直、只得、好生、只顾、只管、痛痛快快、痛、徒、相、互相、无缘无故、信口、少、当面儿、挨次、直接。

这些情状副词根据语义大概可以分为如下几类，表情景状态，如"好生""尽心竭力""忙忙叨叨""明明白白"等；或者表示某种动作的效果，如"白""徒"等；或表示动作行为进行的"方式""形式""手段"等，如"悄不声儿""、信口""胡""混""挨次"等；这类副词的语义较实，它们一般都修饰谓语动词。我们对上面的情状副词各举一例，具体如下。

（258）白活了一辈子。(《速修满洲语自通》)

（259）卖的还是公然卖么？(《"支那"语集成》)

（260）他不是不会做，他故意儿的做得这么样了。(《华语精选》)

（261）先生，请留步罢。好说，我也告暇。(《"支那"语大海》)

（262）以后你得好好儿留神啊。(《"支那"语大海》)

（263）好兄弟，你起来好生睡觉罢，只顾你一个人舒服，我们就苦的了不得。(《华语精选》)

（264）他在众人里头说得论七八叫，胡吹混谤。(《华语精选》)

（265）自古敝邦之于朝鲜，壤地接近，交际殷繁，不得不广其语学，而两邦互禁民越境。(《速修汉语大成》)

（266）你们二位互相保结。(《华语精选》)

（267）世上无难事，只怕人心自不坚，你若尽心竭力的用功，怎

么不能成呢。(《速修汉语大成》)

(268) 世事皆先定，浮生空自忙。(《汉语独学》)

(269) 搁坊的人听见了这喊叫的声儿都会齐了，辛辛苦苦的才灭了那个火了。(《汉语指南》)

(270) 我一听见这个信儿，就连忙带了小厮们在各处找一找，连一个影儿没有。(《华语精选》)

(271) 我这几天有事，一连熬了两夜浑身很乏，没有劲儿。(《"支那"语集成》)

(272) 今儿降在这儿了，忙斟了一锺酒。(《"支那"语集成》)

(273) 我那朋友就猛然起来，拏了把腰刀把他斫了一下儿，那个东西哎呀了一声，倒在地下了。(《"支那"语集成》)

(274) 他要吃他那个鞋，就心生一计，在后头悄不声儿跟着他。(《汉语指南》)

(275) 现在他的东西是瞒上不瞒下，悄悄的送还他去。(《华语精选》)

(276) 他叫我们把画儿送到府上就是了，过两天他亲自还来呢。(《"支那"语集成》)

(277) 这是我亲见的事情，你们说怪不怪？(《"支那"语集成》)

(278) 我和你一同去罢。(《速修满洲语自通》)

(279) 若是违拗我半点儿，管不得谁是有脸的，谁是没脸的，一例清白处治了。(《华语精选》)

(280) 那个话全是汉字编成的，所以你可以一面儿学话，一面儿学汉文，这就是一举两得的了。(《汉语指南》)

(281) 所以那个鸡见了这个孩子，一齐都来咕咕的叫，喜欢的了不得。(《汉语指南》)

(282) 他一直的说："那也是更容易了。请老爷哄那个老虎往外出

去罢。"(《汉语指南》)

(283) 不要**硬**撩了，看坏了。(《华语教范》)

(284) 与其这么遮掩，**索性**简直地说罢。(《华语教范》)

(285) 我晕的利害哪，三四天没能吃东西，**简直**的呕吐的了不得，自从下了船这两天才觉着好点儿。(《华语教范》)

(286) 由那儿向南大马路**直**走，等走到有一座高楼房，那是京城日报社。(《华语教范》)

(287) 老弟，您既是这么胜情，我**只**得全领了，谢谢。(《"支那"语大海》)

(288) 俗们得**痛痛快快**地喝一回了。(《"支那"语大海》)

(289) 古人也说过，少年不努力，老大**徒**伤悲。(《速修汉语大成》)

(290) 我和他起初**相**好，近来绝了交了。(《汉语指南》)

(291) 这**一向**少见，府上都好呀？(《华语精选》)

(292) 你把先生写了墨板上的话**挨次**念一句，细细儿的讲给我听。(《"支那"语集成》)

(293) 他**抽冷子**把我往后一推，几乎没栽了一个觔斗了。(《华语精选》)

(294) 他**无缘无故**的恨得牙痒痒儿的，要折磨了我，我实在有冤无处诉了。(《"支那"语集成》)

(295) 他不知天高地厚，**信口胡**说了，所以我看不过，就抢白了他几句话了。(《华语精选》)

从我们所搜集到的语料来看，大部分情状副词都是单用的，但也有连续运用的例子，如例（267）、例（284）。有的是加合关系，即两个情状副词先组合，再修饰谓语动词；有的是递加关系，即后者先修饰谓语动词，然后再受前情状副词的修饰。如图5-4所示。

（267）盡心　竭力　的用功　　（284）索性　简直　的说罢

图 5-4　情状副词连续用的例子

从上面的例句，我们可以看到情状副词连用的顺序如下。

A. 从心理到身体，如例（267）。

B. 从意志到方式，如例（284）。

C. 从方式到效果，如例（295）。

这三种顺序都遵循了一条普遍原则——相邻原则（The Proximity Principle），也可称为"相似性"，Givon（1990）定义此原则为，在功能上、概念上或认知上更接近的实体在语码的层面也放得更近。① 从认知上来看，人们做事先用"心"再用身体去"行动"，所以表"心理"的词更靠近动作发出者，表"身体"行为的词更靠近中心语动词；表"意志"的词是描摹动作发出者的，表"方式"的词是描摹动作本身的，所以前者更靠近动作发出者，后者更靠近谓语动词；表"方式"的词是描摹动作发出者的，表"效果"的词是描摹中心语动词的，所以表"方式"的词更靠近动作发出者，表"效果"的词更靠近谓语动词。

从上面可以看出有些情状副词作状语时可以加"de（的）"，吕叔湘、饶长溶指出，"非谓形容词修饰动词（或形容词），以不带'de'为常。带'de'的形式似乎在发展，好些早先不带'de'的，现在有些也带'de'了。不过还是有一些必不带或者差不多不带'de'的……与此相反，也有少数是差不多必带'de'的。"② 朱德熙把这种"的₁"

---

① 张敏：《认知语言学与汉语名词短语》，中国社会科学出版社 1998 年版。
② 吕叔湘、饶长溶：《试论非谓形容词》，《中国语文》1981 年第 2 期。

看成副词性词尾，认为："双音节副词是否带'de'说不出条件来，是自由的。"① 他在《语法讲义》中又指出："双音节副词并非全部可以带"de"，仅有一部分可以带副词后缀'的'，不过功能上并没有显著的区别。"②

陆丙甫认为"的"在现代汉语中是个"描写性"的标记，而非定语标记③。据此，我们也认为情状副词后的"的"也是如此，其功能也是突出描写作用的。

十　语气副词

在语义上，语气副词主要是表示某种语气，可以分为如下几个小类。

（一）表确认、强调语气。

必、务必、必须、不必、想必、必要、必然、必得、必定、
量必、必是、索性

"必"类的语气副词，都能修饰动词和形容词谓语，有些语气副词还可作定语，修饰名词，如例（302）；有的还能修饰充当谓语的名词，如例（305）；有些语气副词还能位于句首修饰整个句子，如例（298）。这类语气词都表肯定确认的语气。我们各举例如下。

（296）二更多天，刘大人和底下人<u>必</u>都睡了罢。(《"支那"语集成》)

（297）你到了那儿<u>务必</u>上给我一封信罢。(《"支那"语集成》)

（298）这件事情要坏的，<u>必须</u>用心的办就好了。(《汉语指南》)

（299）<u>不必</u>竟说那么好话，就赶紧的想法子就救我罢。(《汉语指南》)

---

① 吕叔湘：《现代汉语八百词》，商务印书馆1980年版，第132页。
② 朱德熙：《语法讲义》，商务印书馆1982年版，第218—219页。
③ 陆丙甫：《从语义、语用看语法形式的实质》，《中国语文》1998年第5期。

（300）就饿啊，<u>想必</u>是粧假罢。（《速修汉语大成》）

（301）我改天<u>必要</u>到贵寓望看您去。（《华语教范》）

（302）灭失火<u>必要</u>的机器。（《速修汉语大成》）

（303）您这么样罢，不论甚么时候儿，有您的回电来，<u>必然</u>赶紧给您送去就是了。（《华语教范》）

（304）哎，你太奢侈了，各样儿的东西上<u>必得</u>爱惜俭省，才是过日子的道理呀。（《"支那"语集成》）

（305）这荡是<u>必定</u>你该去的，若是你不去，谁敢去呢？（《速修汉语大成》）

（306）这实在可怜，还有你们弟兄们，<u>量必</u>可以帮着过日子。（《"支那"语集成》）

（307）他这几天常在好地方儿，喝酒乱事，<u>必是</u>近来交了他们几个不好的朋友的缘故。（《速修汉语大成》）

（308）你在我的跟前越发逞脸了，<u>索性</u>望我动手动脚了，你打谅我是那么好性儿，你错了主意了。（《华语精选》）

断、断断、断乎

表肯定语气，相当于"绝对""一定"，在《汉语会话书》中，多用于否定句。

（309）他<u>断</u>不肯。（《"支那"语集成》）

（310）<u>断断</u>没有的话。（《华语教范》）

（311）他有了不是，就打他骂他，叫他改过就是了，撺了出去<u>断乎</u>使不得。（《华语精选》）

本来、直、真、真是、敢自、自然、决、决计、宁、宁可、千万、万、一定、横竖

这一类语气副词表示主观态度坚决，即说话人认为某种情况或某种判断是不容怀疑、不可动摇的。

（312）那长虫<u>本来</u>不是个好东西了。(《汉语指南》)

（313）<u>直</u>等到晚上下得还不住呢,末末了儿就冒雨回去了。(《汉语指南》)

（314）嗳哟,这死的<u>真</u>可惨哪!(《"支那"语集成》)

（315）很好,现今外国的机器<u>真</u>是巧妙的很。(《汉语指南》)

（316）但愿老天爷一连给几个好年成才好?那敢<u>自</u>好极了。(《华语教范》)

（317）（主）今年那儿的庄稼如何?（客）很好,丰盛大收了。（主）不先说潦了么?（客）那都是谣言,信不得。（主）<u>自然</u>是真。(《中国语自通》)

（318）是,我给您快作,决<u>悮</u>不了您的事。(《华语精选》)

（319）如若是他,随你用甚么话推辞,我是<u>决计</u>不见他了。(《"支那"语集成》)

（320）<u>宁</u>作太平犬,莫作逆乱人。(《汉语独学》)

（321）我虽冲撞了他的脸上,<u>宁可</u>我不要这个东西了。(《华语精选》)

（322）你若是出去做官,不论什么事,办得要公平才好,<u>千万</u>别受贿赂。(《华语精选》)

（323）竟闲着<u>万</u>不行。(《华语教范》)

（324）<u>一定</u>是有个霹雷的地方。(《华语教范》)

（325）刚才我说的话,你<u>横竖</u>心里明白,我得了空儿,再来细细儿地告诉你说罢。(《华语精选》)

到底、好歹、实在、准、固然、正、正好

这类副词都表"强调""确认"的语气。如"到底"表"毕竟";"果然"表确认,表事情的结果与所料、所说相符;"固然"表示承认某个事实,引起下文转折。这些语气副词多修饰谓语动词。

(326) 阿，别的先无论，底下人出门到底应当告假。（《"支那"语集成》）

(327) 你一去都没兴头了，好歹坐一坐罢，就算疼我了。（《华语精选》）

(328) 俗话儿说的，孝心所至，虽虎不怕的话头儿，实在是不错的呀。（《汉语指南》）

(329) 若是赶不上船，致多十二三天准可以到。（《华语精选》）

(330) 他本事固然是有，无奈他人品太轻了。（《华语教范》）

(331) 三更灯火五更鸡正是男儿立志时。（《汉语独学》）

(332) 正好，还赶上了。（《华语教范》）

是、并、还、可、也、非

上述几个单音节语气副词皆可表"强调""确认"等含义。"并"主要用于否定词前加强否定语气；"还"用于反问句中，加强反问语气；"可"表强调；"非"多和否定词"不"连用表强调。

(333) 夏景天是热呀。（《速修汉语大成》）

(334) 他们也是学会得罢咧，并不是生出来就知道的。（《汉语指南》）

(335) 他走了么？还没走哪。（《华语教范》）

(336) 我可不能念。（《华语教范》）

(337) 白的也不要紧哪。（《华语教范》）

(338) 单衣裳非洗穿不了。（《华语教范》）

究竟、到底

强调结论或原因，例（339）强调结论，例（340）强调原因，也用于疑问句中。

(339) 就是老实就和我对劲儿，究竟比步行儿强啊。（《"支那"语集成》）

（340）我已经催了两三次了，<u>究竟</u>甚么时候儿做得了呢？（《"支那"语大海》）

（341）这么着也不好，那么着也不好，<u>到底</u>你要怎么样儿的？（《华语精选》）

（二）表委婉语气

语义上表示对某种事件或情况的肯定、否定、强调或决断变得委婉。

不妨、不免、何敢、算是、未免、未必、左不过、总得

"不妨""不免"表示一种可能性的判断，表示一种委婉的建议或结论；"何妨"表示说话人委婉地建议做某事，是一种委婉的建议；"何敢"是说话者本人的一种谦虚之词；"未免""未必"表示一种评价或可能性的判断，语气较为委婉；"幸得""幸而""幸亏"表"庆幸"，从主观上来说也是说话人的一种委婉语气；"左不过"表示反正，比肯定的语气要弱一些。

（342）那倒难说，老爷还说我们的话可以先望他商量，看他要的价儿，若很多<u>不妨</u>驳他，再还他价儿。（《"支那"语集成》）

（343）家里人口多，没有力量养活，那<u>不免</u>着急。（《汉语指南》）

（344）您实在多礼了，这么点儿东西，您还提在话下，<u>何敢</u>当谢字呢？（《华语教范》）

（345）无论是谁立定了志气肯用功之后，才<u>算是</u>到了好处儿。（《汉语指南》）

（346）这个样子<u>未免</u>老一点儿。请您把现在时兴的样子，再找一本来，我看看。（《华语教范》）

（347）没良心的忘八崽子都是一条簾儿，<u>左不过</u>是你干的，打量我不知道么？（《华语精选》）

（348）您<u>总得</u>再来一盪。（《华语教范》）

（三）表疑问、反诘语气

不定、何必、何妨、难道、岂

语义上表示疑问或反诘语气，由这类副词构成的句子多是疑问句或反问句。

（349）一来不定有房子。(《华语精选》)

（350）在生不把父母敬，死后何必哭灵魂。(《汉语独学》)

（351）是老觉着精神不好。何妨上医院看看去呢？(《"支那"语大海》)

（352）难道还怕我不谢你么？(《华语精选》)

（353）做官的不要暴虐，为民者岂能报冤呢？(《汉语指南》)

（四）表示推测类语气副词

莫不成、莫不是

这两个语气副词表揣度和反问，但以揣度为主。

（354）或者是掉在沟里头，或者是跟孩子们打了架挨了打，莫不成饿的了不得在道儿上哭么？(《汉语指南》)

（355）莫不是他们和那个贼通了么？(《汉语指南》)

盖、大略、大约、大概、几乎

这类语气副词表示对情况的推测，倾向于有很大的可能性。

（356）盖全国内解语学者无几矣。(《汉语大成》)

（357）大略每一个人要三百块上下罢。(《"支那"语大海》)

（358）我揣摩着是姓张的大约是他。(《汉语指南》)

（359）那个钱大概不很多罢。(《汉语指南》)

（360）他抽冷子把我往后一推，几乎没栽了一个觔斗了。(《华语精选》)

或、倘或、或是

这类语气副词表示对情况不很肯定的揣测。

(361) 我们也到龙山<u>或</u>有迎接的罢。(《中国语自通》)

(362) <u>倘或</u>我赶不回来，你们就先走罢。(《华语教范》)

(363) <u>或是</u>轮子那儿有点儿毛病，拾掇拾掇就好了。(《华语教范》)

怕、怕是、怕不是、恐怕、只怕

这类语气副词表推测、估计，"怕"还保留着虚化前的动词词性，表"担心、担忧"之意，常用于陈述句中。

(364) 外头刮风了。我想<u>怕</u>下雨。(《汉语独学》)

(365) 我<u>怕是</u>不合您的口味儿罢。(《华语精选》)

(366) 画儿，<u>怕不是</u>送这儿来的罢。(《"支那"语集成》)

(367) 老爷想两天进京，<u>恐怕</u>不能都带罢，不但用好些个大车费钱，还不能很快。(《"支那"语集成》)

(368) 阿哥，你这话<u>只怕</u>有点儿说错了罢。(《"支那"语集成》)

几乎、似、似乎、仿佛、若要、若是、好像

这类语气副词表示对某种判断或推测不十分肯定。

(369) 那俩老者也笑而不言，<u>似</u>知道的样子。(《汉语指南》)

(370) 那位老人素有心爱的个金刚石戒指儿要给他们，他一想着要夹开么，用不着，要但给一个人<u>似乎</u>偏向了。(《汉语指南》)

(371) 偺们俩虽然没会过，我瞧着很面善，<u>仿佛</u>在那儿见似的。(《华语教范》)

(372) 那个屋子<u>若要</u>是四面儿都是墙么？(《汉语指南》)

(373) 像私货叫关上搜出来，不过加几倍罚银；<u>若是</u>搜出犯禁的货来，那可了不得了。(《华语教范》)

(374) 这个<u>好像</u>打雷似的，这不是车来的声音儿么？(《"支那"语集成》)

想、想是、想必

这类语气副词表示偏于肯定的推测。蒋冀骋、吴福祥（1997）认为，表语气副词的"想"是由"猜测"义动词虚化而来，"想"在唐代便开始用作语气副词，在宋代广泛使用。①

(375) 我想怕下雨。(《速修汉语大成》)

(376) 想是地方洼罢。(《华语教范》)

(377) 我看大家都笑，我想必话是说错了。(《华语教范》)

许、也许、还许

这类语气副词表推测、估计或不能肯定的语气。

(378) 这么学就许学得成。(《华语教范》)

(379) 你别怪他，也许他没工夫。(满洲语自通)

(380) 您瞧今儿还许要下雪哪。(《华语教范》)

大约、约摸

这类语气副词表示对情况、时间、数量等的估计。

(381) 大约没什么更改了。(《汉语指南》)

(382) 您就别坐车了，步行儿往西走，约摸着有里数地。(《华语教范》)

怪不得、原、原来

这类语气副词表示说话人突然对某情况有所醒悟，或了解到真实情况。

(383) 怪不得这么热呢。(《华语教范》)

(384) 原不是什么好东西，不过是远路带来的土物儿，大家看着新鲜些儿就是了。(《华语精选》)

(385) 我当是白糖，舔了一舌头，原来是干净的白盐，闹得我嘴

---

① 蒋冀骋、吴福祥：《近代汉语纲要》，湖南教育出版社1997年版，第438页。

里很难受了。(《华语精选》)

(五) 意料类语气副词

意料类语气副词分为三类，表契合类语气副词、与意料相符的语气词、与意料不相符的语气词。

1. 表契合类语气副词

契合类语气副词具有如下语义特征，主观性、+巧合性、+预期性。由这些语气副词组成的语言单位具有如下语义结构模式。①

① 客观存在某事件甲或某现象。

② 说话者根据事件甲或某现象对事态发展进行预期。

③ 出现了与事件甲在时间、空间、数量等方面具有某巧合性的事件乙。

④ 事件乙和说话人的主观预期相悖或相符。

好在、恰巧、可巧、偏巧、幸得、幸而、幸亏

(386) 有时候儿起早，有时候儿坐轮船，好在现时轮船铁路都很方便。(《华语教范》)

(387) 恰巧有一个人来，帮我办好了。(《汉语指南》)

(388) 可巧鲸鱼、鳄鱼没在这儿了，若是他们了，你们一定是活不了。(《汉语指南》)

(389) 偏巧今儿后半天我有个约会儿，总得出去一趟。(满洲语自通)

(390) 今儿幸得相会有缘哪。(《中国语自通》)

(391) 幸而昨儿把所吃所喝的全吐了，不然今儿也就扎挣不住了。(《"支那"语集成》)

(392) 幸亏你来得早，若署迟些儿就赶不上了。(《"支那"语集成》)

---

① 李梦芳：《"X好"契合类语气副词研究》，硕士学位论文，吉林大学，2018年。

2. 与意料相符的语气词

这类语气副词和契合类语气副词不同之处在于只有单一的事件，即没有出现事件乙。

本、本来、果然、自然

（393）中国话本难懂，各处有各处的乡谈，就是官话通行了。(《华语精选》)

（394）那件事本来我一点错儿也没有的。那儿知道他不分青红皂白，就派了我一顿不是了。(《华语精选》)

（395）果然那个老虎把他的父亲刚吃了，卧在树林子底下了。(《汉语指南》)

（396）那好极了，您总得多吃饭，安心静养，自然就好了。(《华语教范》)

3. 与意料不相符的语气词

倒、反、反倒、偏、竟、就、却

（397）虽然倒愿意帮助他，他怎么能信服那个人呢？(《汉语指南》)

（398）你反拿我取笑儿，很趣愿呢。(《华语精选》)

（399）到如今我就是说破了嘴，他也不肯听，反倒无精打采的撅着嘴，撇着脸子。(《"支那"语集成》)

（400）您太势力，若富贵的你偏叫他发财，那贫穷的你偏不管。(《汉语指南》)

（401）那一天有宾客来要见他，他却不见了。(《汉语指南》)

十一　否定副词

（一）表单纯否定

别、不、不必、不曾、非、莫、没、没有、未、休

（402）嗳，别忙别忙，还有话说。(《汉语指南》)

（403）道儿上实在不好走了。(《华语精选》)

（404）不敢当，不必劳兄台的架了。(《华语精选》)

（405）你不知道衣莫如新，人莫如故的话了么？(《速修汉语大成》)

（406）不曾吃。(《汉语独学》)

（407）天下之事非教无成。(《汉语独学》)

（408）他的病好了没有？还没好。(《汉语独学》)

（409）这都是总得定做的，没有卖现成的。(《华语精选》)

（410）未算买，先算卖。(《汉语独学》)

（411）各扫自己门前雪，休管他人瓦上霜。(《华语精选》)

这些否定副词，有的仅表示单纯的否定，如"别""不""莫"；"不必"是一种强调性的否定；"不曾""未"表示对过去、已然事件的否定；"非"表示对判断的否定；"莫""休"表示禁止，表示一种否定的祈使、请求。这些否定副词一般只能修饰动词谓语；有的能修饰形容词谓语，此时的形容词谓语语义上表示动态变化；有的还能修饰名词谓语，表判断否定的"非"，如"做什么非他不行"。

第三节　副词的结构形式

本小节考察日据时代韩国汉语会话教材副词的结构形式。

由一个语素构成的词叫单纯词，由两个语素并按照一定的规则构成的词叫合成词。

一　单纯副词

《汉语会话书》中的单纯副词，举例如下。

多、凡、皆、俱、全、总₁、也、不、过、但、独、仅、特、唯、只、止、专（專）、都、共₂、总₂、大、顶、更、怪、略、偏、颇、稍、深、甚。

它们有以下特点。

第一，由于是"会话"教材，所以多是口语中的基本词汇；如"颇""忒""岂""还""准""断"。

第二，很多单纯副词都有两个或多个副词项；比如"还"既属于累加副词，又属于时间副词。

第三，使用频率高，我们可以对一些意义相近的单纯词与合成词的使用频率进行比较在《汉语会话书》中做的一个抽样调查就能说明这一点，具体结果见表5-6。

表5-6　　　　意义相近的单纯词与合成词使用频率比较

稍	5	方	203	宁	7
稍微	4	方才	2	宁可	1
些微	4	刚才	12	已	53
老	165	常	80	早已	13
老是	7	常常	9	已经	17

从上面这些数据看来，单纯词的使用频率要比合成词的使用频率高。

二 合成副词

《汉语会话书》中的合成副词绝大多数都是双音节的，只有极少数是两个音节以上的。如果两个或两个以上的语素都是词根语素，我们称为复合式合成词；如果一个语素为词根语素，另外一个是附加成分，无意义，我们称为派生式合成词；如果两个语素都是相同的词根语素，则为重叠词。

（一）复合式合成词

① 联合式。

第一，词中的词根意义相同或相近，并且可以互为说明。

新近、暂且、刚才、方才、必定、无非。

第二，词中的词根意义相反或相对，构成一个新的词义。

横竖、早晚、好歹。

② 偏正式，前一个词根修饰、限制后一个词根。

一概、通共、通身、大略、稍微、十分、些微、老是、仍旧、屡次、恰巧、可巧、偏巧、登时。

③ 述宾式/介宾式。

到底。

（二）派生式合成词

断乎、似乎、忽然、偶然、固然、果然、自然、索性、过于。

（三）重叠词

常常、渐渐儿。

第四节　与普通话副词的比较

一　副词的消隐

我们界定一个副词是否在现代汉语普通话中消隐，主要是依据《现代汉语词典》（第6版）是否收录，如果现代汉语词典标注"旧时"等词汇，我们均认为该副词已经消隐。

现代汉语的副词数量远远超过日据时代韩国汉语教材里的副词，

在《汉语会话书》里有些副词在现代汉语普通话里已经不再使用，我们逐一介绍。

抽冷子：时间副词，含义为"突然"，《现代汉语词典》标注为方言词汇。在现代汉语普通话里基本不用。

（412）他抽冷子把我往后一推，几乎没栽了一个觔斗了。（《华语精选》）

多咱：疑问副词，意义为"什么时候"，《现代汉语词典》标注为方言词汇。在现代汉语普通话里不使用，在会话书里充当疑问副词。

（413）这个房子多咱租的？（《汉语独学》）

登时：形容事物的发展迅速，如"马上""当时""立刻""顿时""立即"。在现代汉语里已经不再使用，在《汉语会话书》中也仅有一例。

（414）登时绝命。（《汉语指南》）

盖：表推测，意义为"大概"。

（415）盖全国内解语学者无几矣。（《汉语大成》）

敢自：语气副词，含义为"自然""当然"。现代汉语不使用该词。

（416）但愿老天爷一连给几个好年成才好？那敢自好极了。（《华语教范》）

空自："徒然""白白地"。现代汉语已经不再使用该词了，在《汉语会话书》里仅存1例，且这1例还是俗语。

（417）世事皆先定，浮生空自忙。（《汉语独学》）

俱：表"全""都"的含义，作状语修饰动词。在现代汉语普通话里，只存在于成语或俗语之中，如"面面俱到"；但在会话书中可单独作状语修饰动词。

（418）杨广父子俱爱吃阿片烟也（《"支那"语集成》）

决计：语气副词，表肯定义。

(419) 如若是他，随你用甚么话推辞，我是<u>决计</u>不见他了。（《"支那"语集成》）

亦：表"同样""也是"的含义。在现代汉语普通话里，只能修饰特定的动词，如"人云亦云"；或者在俗语、成语里修饰名词，如"亦步亦趋"。在会话书里，可以直接单独修饰名词。

(420) <u>亦</u>一块五分钱。（《速修汉语大成》）

齁：表"非常""很"的意思，《现代汉语词典》标注为方言词汇，在现代汉语里不存在，在于《汉语会话书》中充当程度副词。

(421) <u>齁</u>醎了吃不得。（《华语教范》）

体已：时间副词，表"已经""完成"义，在现代汉语普通话里不常用。

(422) 你现在这样高兴，好容易说得包办酒席，赶到了找出你的<u>体已</u>霉烂的银子来，你还后悔也不及呢。（《华语精选》）

还许：也许，还可能的意思，修饰动词作谓语，现代汉语没有此用法。

(423) 您瞧今儿<u>还许</u>要下雪哪。（《华语教范》）

二 副词意义的不同

简直：在普通话里，"简直"作副词，主要表语气，表"完全如此"的含义，如（424）；并且作状语时，不能带"de"，但在《汉语会话书》中，表"全部"义，如（425）；表"干脆"义，并且作状语时，还可以带"de"，如（426）。

(424) 屋子里热得<u>简直</u>待不住。（《现代汉语词典》）

(425) 与其这么遮掩，索性<u>简直</u>的说罢。（《华语教范》）

(426) 我晕的利害哪，三四天没能吃东西，<u>简直</u>的呕吐的了不得，

自从下了船这两天才觉着好点儿。（《华语教范》）

到底：在《汉语会话书》里表确认语气，含义为"应当"，如（427）。在现代汉语里，"到底"作副词时有三种用法。一是表示经过种种变化或曲折最后出现某种结果；二是用在问句里，表示深究；三是毕竟（多用于强调原因）。

（427）阿，别的先无论，底下人出门到底应当告假。（《"支那"语集成》）

（428）新方法到底试验成功了。（《现代汉语词典》）

（429）火星上到底有没有生命？。（《现代汉语词典》）

（430）到底还是年轻人干劲大。（《现代汉语词典》）

三　副词语法功能的不同

在《汉语会话书》中，有些副词的语法功能和现代汉语的语法功能有不同之处，有的用法在现代汉语普通话里已经不复存在了。

必得：在现代汉语普通话里，"必得"作副词时，主要用于修饰动词，不能直接修饰名词。但在《汉语会话书》中，"必得"可修饰小句，如（433）；还可以修饰名词，如（432）。

（431）捎信儿不行，必得您亲自跑一趟。（《现代汉语词典》）

（432）老爷要快必得二套的，现在的雨水大，道儿不好走，三套的也可以。（《"支那"语集成》）

才：在《汉语会话书》中作时间限定副词时，其意义后指，限制量小，可以和"了"连用。而在现代汉语普通话里"才"是无法和时间体词"了"连用的。

（433）那孩子名儿叫开明，年纪才十一岁了。（《汉语指南》）

独：在现代汉语普通话里，"独"作限定副词，常用于动词前，如"独揽专权"，不能用于名词前。但在《汉语会话书》中却有这种用法，如例（434）"独"就用于人称代词前。

（434）不<u>独</u>你是那样儿，我的身子也不爽快，懒怠动。（《"支那"语集成》）

但："但"用作限定副词，其语义相当于"只""仅仅"。现代汉语普通话也有这种用法，"但"只存在于俚语、俗语或文艺作品中，如"但愿如此""辽阔的原野上，但见麦浪随风起伏"。此种语义也不能用于否定句中。在《汉语会话书》中，"但"是可以任意用于口语动词之中，且能受否定副词"不"的修饰。

（435）可是我<u>但</u>要素的。（《华语教范》）

（436）不<u>但</u>三四年，有十多年的光景没见他了。（《汉语指南》）

既：在现代汉语里，"既"修饰动词，不能单独作状语修饰整个句子，修饰句子多用"既然"代替；在会话书里，"既"可单独修饰整个句子。

（437）大家不过聚在一处、谈一谈就是了，<u>既</u>蒙兄抬爱，我就遵命了。（《"支那"语大海》）

尽：在现代汉语普通话里，"尽"作总括副词，可以修饰动词，如"<u>尽</u>是些杂事"，但不能直接修饰名词。在《汉语会话书》中，既能修饰动词，如例（438）；也能单独修饰名词，如例（439）。

（438）就快说，别<u>尽</u>自耽误工夫儿。（《"支那"语集成》）

（439）褂子是<u>尽外头</u>穿的衣裳，短的叫马褂儿。（《"支那"语集成》）

都：现代汉语普通话里的"都"用于"把"和"叫"字句时，后面的动词必须是双音节词或者是动词的复杂结构。在《汉语会话书》中却可以只带单音节的光杆动词。举例如下。

（440）想不到二喜竟有这么大的声音，像是把胸膛<u>都</u>喊破了。（余华《活着》）

(441) 姐姐的表现叫一家人都不喜欢。(阿来《尘埃落定》)

(442) 把衣裳都湿了。(《汉语指南》)

(443) 地方官都不管,不会定计策,把良民都反了。(《汉语指南》)

在现代汉语普通话里,"都"与"连"合用于否定句时,行为动词后面不能带完成体"了",但在会话书里,是可以带"了"的,举例如下。

(√) 不料,半个月过去了,春生连面都没照。(孙力《都市风流》)

(○) 不料,半个月过去了,春生连面都没照了。(孙力《都市风流》)

(444) 不但车钱,连馆子里的饭钱都没给了。(《汉语指南》)

在现代汉语普通话里,"都"不能单独用于主语前充当话题,如会话书中的下例在现代汉语里就不能那样使用。

(445) 那是,都你随便罢。(《中国语自通》)

永:在现代汉语普通话里,"永"作副词,一般充当构词词素。如"永久""永世""永恒";或者修饰否定动词结构,如"永不忘记"。不能单独作状语修饰动词。在《汉语会话书》中,"永"却能单独充当状语修饰动词。

(446) 永见不着太阳。(《华语精选》)

一例:在现代汉语普通话里,"一例"只能是数量词,不能作副词。在《汉语会话书》里,一例作副词。

(447) 若是违拗我半点儿,管不得谁是有脸的,谁是没脸的,一例清白处治了。(《华语精选》)

正在:时间副词,现代汉语普通话里"正在"只能修饰动词,不能修饰形容词。但《汉语会话书》里的"正在"却可以修饰形容词。

(448) 这时候,老虎也是正在很饿。(《汉语指南》)

第五节　小结

《汉语会话书》中的副词非常丰富，共270个，类别也特别多，分为总括副词、类同副词、限定副词、统计副词、程度副词、时间副词、频率副词、累加副词、情状副词、语气副词。口语色彩和方言特征比较明显，如"横竖"属于口语副词，"好生""抽冷子""躺"等属于方言副词。

第六章　量词

我们在本节中将参照朱德熙（1979）在《语法讲义》中的分类标准，他把量词分为七类，个体量词、集合量词、度量词、不定量词、临时量词、准量词、动量词。在《汉语会话书中》，量词总共 70 个，详细讨论如下。

第一节　量词的分类研究

一　个体量词

个

量词"个"在《汉语会话书》中共出现了 628 次，是使用范围最广、频次最高的量词，称量对象具体如下。

（一）称量对象为人。

（1）这<u>个</u>人是谁？（《汉语指南》）

（2）我自己不能去雇一<u>个</u>苦力送信去。（《汉语指南》）

（二）称量对象为动物，这些对象在现代汉语里都有特定的量词指称。

（3）这个孩子很爱那<u>个</u>鸡。（《汉语指南》）

(4) 那个牛马的貌样各各不同。(《汉语独学》)

其他的动物如狐狸、蛤蛎、鱼、狗、老虎、蚊子、蚤子、老鸹、鹤等在《汉语会话书》中都用"个"称量。

(三) 称量对象为布匹、服饰等。

(5) 这个衣裳不合式。(《汉语独学》)

(6) 我要买一个皮包和一把汗伞。(《华语精选》)

(四) 称量对象为植物等。

(7) 穿过那个树林子去罢。(《汉语独学》)

(8) 那个枝儿上头结了花骨朵儿,那个花骨朵儿开了就成了又香又好看的花了。(《汉语指南》)

(9) 有一天松树看不起那个竹子。(《汉语指南》)

(五) 称量对象为书籍类等名词。

(10) 你念那个书？(《汉语独学》)

(11) 登在那个报上了？(《华语精选》)

(12) 那个文章很好,看得很有趣儿。(《华语精选》)

(六) 称量对象为食物。

(13) 你看他真是个滚刀肉,有人骂他也不知羞,有人打他也不知疼。(《华语精选》)

(14) 那个葱二百钱一斤不是贵么？(《汉语指南》)

(七) 称量对象为抽象的名词。

(15) 一个巴掌拍不响。(《华语精选》)

(16) 凑钱做一个东道,请他来还席。(《华语教范》)

其他抽象名词,如大概、股份、罪等。

(八) 称量对象为时间词"月"。

(17) 我到此地不过是一个月。(《汉语独学》)

(九) 称量对象为地点名词。

(18) 我到了一个镇店上住下了。(《汉语指南》)

(19) 过了一个大海。(《汉语指南》)

(20) 我出去走路的时候过了一个河。(《汉语指南》)

有些"个"所称量的名词短语，可以省略掉数词和名词，只剩下形容词，构成"个+形容词"的格式。

(21) 您瞧，这么个山清水秀。(《汉语指南》)

从语序上看，"数词+个"可以放在名词前面作定语修饰，也可以放在名词后面修饰，构成"名词+数词+个"的倒置形式。

(22) 万两黄金容易得，知心一个也难求。(《华语精选》)

有时数词也可以省略，构成"动词+个"的形式，以动词"是"和"有"居多。

(23) 一定是有个霹雷的地方。(《华语教范》)

(24) 不是，是暗壳儿的，是个把儿上絃。(《华语教范》)

只、头、座

量词"只"在《汉语会话书》中共出现了79次，称量对象也比较丰富，分别为器物类、动物类、身体类、鞋、烟等名词。如一只箱子、一只船、一只鸡儿、一只手、一只眼、一只牛、一只狼、两只鞋、一只羊、一只手、一只老鹞鹰、一只烟。

(25) 现在住着有两只火轮船，有一只是后天早起开。(《汉语独学》)

(26) 我要买一只小鸡子、三四个鸡子儿。(《汉语指南》)

量词"头"在《汉语会话书》中，作量词仅有4例，称量对象分别是蒜、牛、马、马车。如一头蒜、一头牛、单头马、两头马车。

量词"座"在《汉语会话书》中作量词比较少，主要称量对象为一些建筑物，如那座山、几座庙、一座宝塔、一座坟；也称量一些现代汉语不能称量的对象，如"地势""钟"，并且可以构成"数词+座+的+名词"的格式，仅一例，用于感叹句中，如例（29）；也可构成"数词+座+名词"的格式，如例（30）。

（27）那<u>座</u>山上的树木绿森林的。(《汉语指南》)
（28）京城的庙多，几<u>座</u>是和尚庙，几<u>座</u>是道士庙。(《汉语指南》)
（29）好一<u>座</u>的地势呀，天然造就的，真山真水呀。(《华语教范》)
（30）等走到有一<u>座</u>高楼房。(《华语教范》)
（31）攻陷了那<u>座</u>城了。(《速修满洲语自通》)
（32）这<u>座</u>钟好看哪。(《速修满洲语自通》)

部、匹、疋

量词"部"在《汉语会话书》中只能用于称量"书"，如"一部书"。

量词"匹"在《汉语会话书》中称量对象只有四个，如一匹马、一匹驴、一匹布、三匹绸缎。

量词"疋"在《汉语会话书》中主要称量织物类名词，也可称量动物"马"。如一疋布、三疋库缎、两疋绒、一疋纱、三疋绸缎。

（33）把那<u>疋</u>马从马圈里拉了来。(《汉语指南》)

支、块、团、张、间、般、封

量词"支"在《汉语会话书》中称量对象共六个，如一支笔、一支笛、一支箫、一支花、一支蜡、这支柜子。"支"称量的这些名词，绝大多数在现代汉语中已经转变为量词"枝"了，"柜子"已经不能用"支"来称量了，而用"个"。

（34）这<u>支</u>柜子，这儿搁不下，你先把桌子搬开点儿罢。(《华语精选》)

"块"在《汉语会话书》中称量对象主要是织物类、钱类等，如一块钱、一块洋银、两块洋钱、三块墨、一块肉、一块手巾、一块帕子、一块布、一块砖、一块姜、一块地、一块石。

量词"团"在《汉语会话书》中称量对象仅有一个"丝",如"一团丝"。

量词"张"在《汉语会话书》中称量对象都是属于有平面的,总共7例,如一张刀、一张纸、一张床、一张画儿、一张弓、一张饼、一张桌子。

量词"间"在《汉语会话书》中称量对象仅有三个,如一间房、五间屋子、十六间房子。

量词"般"在《汉语会话书》中称量对象仅一个,如一般心。"一般"表示"一样""同样"的意思。

在古代汉语里,"一般"就被大量使用,如唐王建《宫词》之三十五:"云駃月骢各试行,一般毛色一般缨。"《京本通俗小说·碾玉观音》:"崔宁谢了恩,寻一块一般的玉,碾一个铃儿接住了,御前交纳。"元张养浩《胡十八》曲:"齐歌着寿词,满斟着玉杯,愿合堂诸贵宾,都一般满千岁。"《西游记》第五十八回:"我与他争辩到菩萨处,其实相貌、言语等俱一般,菩萨也难辨真假。"杨朔《泰山极顶》:"麦浪一起一伏,仿佛大地也漾起绸缎一般的锦纹。"

量词"封"在《汉语会话书》中仅仅只能称量"信",如一封信。

尊、盏、架、件、枝、幅

量词"尊"在《汉语会话书》中称量神佛塑像和砲,如一尊佛、一尊砲。

量词"盏"在《汉语会话书》中仅能称量"灯"如一盏灯。

量词"架"在《汉语会话书》中不仅可以称量物体类,还可以称量动物"鹰",如:那架坐钟、一架鹰、一架钟、一架房柁、一架廉子。

量词"件"在《汉语会话书》中可以是实物类,如衣裳、文书、包等；也可以是抽象类，如东西、命案、数儿等。也可构成"名词＋数词＋件"的格式。具体如下。

实物类：一件东西、一件衣裳、一件文畫、零碎包儿一件、這件挂子。

抽象类：一件事情、一件盗案、两件命案。

（35）所有您是几只箱子、几个包裹，通共是多少件数儿。（《华语教范》）

量词"枝"在《汉语会话书》中称量对象仅两个，如一枝花儿、一枝笛。

量词"幅"称量对象主要是纸质类名词，在《汉语会话书》中共两个，如一幅画儿、一幅笺纸。

杆、棵、颗

量词"杆"在《汉语会话书》中称量对象仅两个，如一杆枪、一杆秤。

量词"棵"在《汉语会话书》中称量对象也仅两个，如一棵葱、一棵树。

量词"颗"在《汉语会话书》中称量对象仅三个，如两颗头、几颗西番莲、一颗珠子。

粒、把、本、位、朵、剂

量词"粒"称量对象仅两个，分别是一粒丸药、一粒米。

量词"把"称量对象都是工具类名词，如一把刀子、一把木梳、一把条帚、一把伞、这把铲子、这把笤箒、一把勺子。

量词"本"称量对象都是书籍类名词，如一本书、一本帐、一本册子、一本地理图。

量词"位"称量对象唯指人类名词，如几位兄弟、一位张老爷、一位外客。

量词"朵"称量对象只有一个"花",如一朵花。

量词"剂"称量对象只有一个"药",可以构成"数词+剂+名词"的格式,也可构成"这+剂+名词"的格式,如"这剂药饭后用罢"。(《速修满洲语自通》)

条、根

量词"条"称量对象比较丰富,可以是动物类,也可以是道路类。具体如下。

动物类:五条狗、三个猫、一条狗、八条鱼、一条龙。

道路类:一条道儿、一条长街、那条山路、一条胡同、两条道儿、这条铁路、一条路。

工具类:一条线、一条绳子、一条凳子、一条手巾、一条纸、一条籢儿、一条腿。

气象类:一条虹。

量词"根"在《汉语会话书》中称量对象比较丰富,如一根大棍、一根绳子、一根寒毛、一根草、一根筹。

二 集合量词

在《汉语会话书》中,集合量词,只有5个,分别是群、套、包、双、串。

群

在《汉语会话书》中,"群"的称量对象只是动物,可以省略掉数词,构成"群+名词"的格式;还可以承前省略名词,构成"数词+群"的格式。

(36) 好些个牲口在一块儿,就叫一群。(《汉语指南》)

(37) 群兽见了后头有老虎跟着,所以唬的了不得。(《汉语指南》)

套、包、串、队、股

在《汉语会话书》中,量词"套"的称量对象仅有三类,如一套礼服、二套车、一套衣裳、一套书。

量词"包"的称量对象有五个,如七包面、一包糖、一包土、一包牙粉、几包药。

量词"串"的称量对象仅有两个,如一串珠子、一串院子。

量词"队"的称量对象仅有一个,如一队鱼。

量词"股"的称量对象有两个,如一股道、一股贼。

双

量词"双"的称量对象比较丰富,可以称量"鞋""袜子""手""筷子"等,这些在现代汉语里也适用,但"船""柜子""明信片"等在现代汉语里不能用"双"来称量,部分名词可以省略掉,构成"指示代词+双"的格式。

(38)甲:我这是要到天津去,不知道有往那儿去的火轮船没有?

丙:这儿湾着一双立神船,明儿早起就开往天津去。(《汉语指南》)

(39)甲:你那双手怎么?叫刀子刺了么?(《速修满洲语自通》)

三 度量词

表寸尺单位的量词有 5 个,分别是一分、一寸、一尺、一丈、一匹。(《中国语自通》)

表里数单位的量词仅 1 个即:里。如一里、一百五十里。(《中国语自通》)

表货币单位的量词包括钱、分、角、块、个、毛、元、两。如五钱、一分钱、一角钱、一块钱、一个铜钱儿、一个钱儿、九毛、一元、一毛五、一毛五个钱儿、一两银子。

表斗量单位的量词包括一勺、一合、一升、一斗、一斛、一石。

表重量单位的量词只有一个，如一斤。

四　不定量词

在《汉语会话书》中，不定量词只有"些"和"点儿"，"些"经常和"个"连用，构成"些个"的结构。

（40）这<u>些</u>椅子都坏了。(《汉语指南》)

（41）有好<u>些</u>个学生。(《汉语指南》)

（42）把好<u>些</u>个东西装在车上罢。(《汉语指南》)

（43）他的爵位原来是大有<u>点儿</u>傲慢。(《汉语指南》)

五　临时量词

临时量词是指借用名词或动词当量词用。

（一）名词充当量词

口

1. 表示家庭中的人口。

（44）几<u>口</u>人

2. 用于有口或有刃的某些器物。

（45）一<u>口</u>钟、一<u>口</u>缸、一<u>口</u>锅、一<u>口</u>刀

3. 表示语言或某地方言。

（46）他是一<u>口</u>好的北京话，在此地说他就是数一数二的了。(《汉语指南》)

4. 表示口腔动作次数。

（47）那个车已经开远了，就叹了一<u>口</u>气回去了。(《汉语指南》)

上述语料虽然都是"口"作为临时量词，但略有不同，比如例（44）、例（45）、例（47）不能变换成"数词+口+的+名词"的格

式，而例（46）就可以。如"几口人"不能说成"几口的人"，"一口钟、一口缸"不能说成"一口的钟、一口的缸"；但"一口北京话"就可以换成"一口的北京话"。例（44）、例（45）、例（47）前面的数词可以是"一"以上的数字，如"两口人、三口锅、两口气"，但是（46）中的数词就只能是"一"，如"一口北京话"就不能说成"两口北京话"。

盅、钟、管、道、床、铺

"盅"本指水杯，借用为量词，称量对象为水，如一盅水。

"钟"本指酒杯，借用为量词，称量对象为酒，如一钟酒。

"管"本指管弦器物，借用为量词，称量对象为"笔"，如四管笔。

"道"本指道路，借用为量词，称量对象为"河"或"桥"。

（48）<u>一道</u>电光。(《速修满洲语自通》)

（49）<u>这道</u>河深不深？(《汉语独学》)

（50）到热闹的地方儿有<u>一道</u>河桥。(《汉语指南》)

"床"本指供人睡卧的家具，借用为量词，称量对象为"褥子"和"被子"，一床褥子、一床被子。

"铺"本指供人睡卧的地方，借用为量词，称量对象为"炕"，一铺炕。

顶、尾、颌、眼、碗

"顶"本指顶部，借用为量词，在《汉语会话书》中称量对象为"桥"和"帽子"。

（51）一<u>顶</u>帽子。(《速修满洲语自通》)

（52）左边儿有一<u>顶</u>桥。(《速修满洲语自通》)

"尾"本指动物的尾巴，借用为量词，在《汉语会话书》中称量对象为"牛""鱼"，如一尾牛、一尾鱼。

"颌"本指人类上下牙之间的肌肉组织，借用为量词，在《汉语会话书》中称量对象仅仅为"席",如一领席子。

"眼"本指人类的视觉器官,借用为量词,在《汉语会话书》中称量对象为"井",如一眼井。

"碗"本指吃饭的工具,借用为量词,在《汉语会话书》中称量对象为"水",如一碗水。

(二) 动词充当量词

在《汉语会话书》中,有些量词是用"动词"借用而来,在《汉语会话书》中有五例用动词充当了量词使用。

挂、綑、贴、领、打

"挂"本义是"挂"的含义,借用为量词,称量对象为"火车""表",如一挂火车、一挂表。

"綑"本义是"捆"的含义,借用为量词,称量对象为"草""葱",如一綑草、一綑葱。

"贴"本义是"粘贴"的含义,作动词,借用为量词,称量对象为"膏药",如一贴膏药。

"领"本义为动词义,在《汉语会话书》中借用为量词,称量对象为"席子",如一领席子。

"打"本义为击打义,在《汉语会话书》中借用为量词,称量对象为"铅笔、肥皂、袜子"。如一双两毛半,一打两块半。(《"支那"语大海》)

六 动量词

《汉语会话书》中动量词有专用动量词、借用名词和重复动词。

(一) 专用动量词

专用动量词仅有几个,分别是阵、遍、回、趟、下。

（53）朝起吹了一阵大风了。(《汉语独学》)

（54）见过他一回。(《汉语独学》)

（55）家严事故天天儿早起起来到园子里看了一遍，把这个事情习以为常，当做了很有高兴的事了。(《汉语指南》)

（56）您也打算到金刚山去一澨么？(《汉语独学》)

（57）哎，这洋笔实在不受，使一下笔就印看不出是甚么字来。(《汉语指南》)

（二）借用名词

"声"本是名词，与数次构成"数量"格式放在动词后面修饰动词。

（58）那一条狗很利害，欵一声见了他的主人。(《汉语指南》)

（59）那只得胜的鸡很有得意的样子，飞到房上去搧着翅儿叫了一声，真是傲慢。(《汉语指南》)

（三）重复动词

擦一擦、量一量、等一等、试一试、数一数、洗一洗、刷一刷、掸一掸、说一说、叨一叨、谈一谈。

第二节　量词的认知基础

量词和名词的搭配并不是随意的，是和名词的各个维度息息相关的，维度的比例是决定汉语量词使用的根本因素。从理论上看，任何物体都有长、宽、高三维的度数，但语言和事物之间夹杂着人们的认知，人们会根据着眼点把事物看成二维或三维。本小节将选取部分量词为例来考察量词的认知基础。

我们先用四个抽象的图形来表示零维、一维、二维和三维空间，如图 6-1 所示。

零维　　　　一维　　　　二维　　　　三维

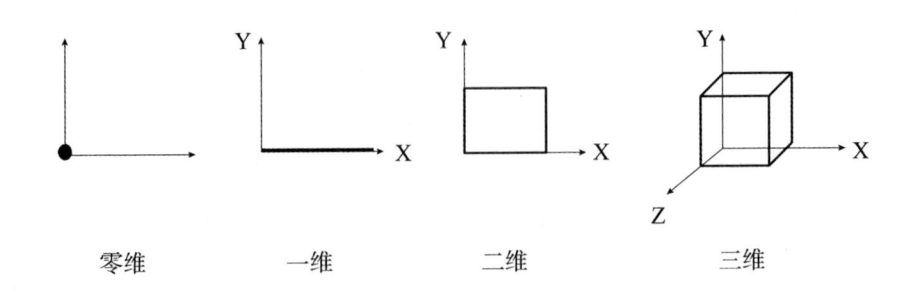

图 6-1　零维、一维、二维和三维空间

在《汉语会话书》中，典型形状量词的使用规律。

一维空间的形状量词主要有三个，分别是支、条、根。根据上面图形，我们可以看到整体印象只有一个维度。

二维空间的形状量词主要有四个，分别是匹、张、幅、本。根据上面图形，物体有两个维度，这两个维度的长度比例大致为1，即不相上下。

三维空间的形状量词主要有两个，分别是座、块。根据上面的图形，物体有三个维度，分别是X、Y、Z。

(一) 一维形状量词

我们根据语料，"支"所称量的名词包括笔、笛、箫、花、蜡、柜子。前五个名词都具有如下特征，"X"轴比较长，Y轴非常短。但"柜子"也可以用"支"称量，"柜子"是一个具有三维的物体，所以"支"也是一个三维形状量词。

"条"所称量的对象包括狗、猫、鱼、龙、道、长街、山路、胡同、道儿、铁路、线、绳子、凳子、手巾、纸、簾儿、腿、虹。

根据上面的语料，我们发觉"条"所称量的对象都是两维的，甚至是三维的。这涉及语言中普遍存在的认知现象——隐喻，即用实物中最突出或最重要的特征来指代整个事物。比如"狗""山路""凳子""篱儿""腿""虹",我们第一印象都是看到这些事物的长度,会忽略其他两个维度,所以会用一维量词"条"。那么有些名词是两维的,甚至是三维的,但是使用不同的量词会给人不同的感觉。如"凳子"分多种"凳子",如果是那种高板凳,就必须用量词"张",是那种长凳子,就必须用量词"条"。如图 6-2 所示。

一张凳子　　　　　　　一條凳子

图 6-2　高板凳和长凳子

"根"所称量的对象包括大棍、绳子、寒毛、草、筹等。这些名词给人的第一感觉是注重其 X 轴,而忽略掉 Y 轴,这些名词都是符合其一维量词的比例的。

(二) 二维形状量词

"匹"所称量的对象包括马、驴、布、绸缎,这些名词人们第一感觉会注重其 X 轴和 Y 轴,所以"匹"是一个二维空间的量词。

"张"所称量的对象包括刀、纸、床、画、弓、饼、桌子。人们会特别注意这些动词的平面,即 X 轴和 Y 轴所构建的一个二维平面,但"弓"比较特别,没有平面,里面是空心,但依然遵照了此规则,弓有一个部分是可以移动的,该部分移动所构成的轨迹是一个面,请看

"弓"所组成的轨迹图，如图6-3所示。

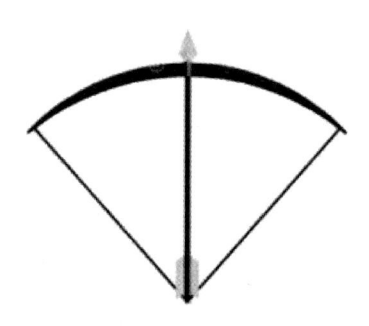

图6-3 "弓"所组成的轨迹

"幅"所称量的对象两个，分别是画儿、笺纸，这两个名词都是X轴和Y轴所构建的一个平面。

"本"所称量的对象四个，分别是书、帐、册子、地理图，这四个名词都是X轴和Y轴所构建的一个平面。

（三）三维形状量词

两维再加上第三维（Z轴）变成了三维的物体，当物体的第三维进入人们视野的时候，所感知的事物便是立体的。

量词"座"所称量的对象为四个，分别是山、庙、宝塔、坟。这些名词给人们一个立体的感觉，"X""Y""Z"三轴都有。

量词"块"所称量的对象包括钱、洋银、洋钱、墨、肉、手巾、帕子、布、砖、姜、地、石。这些词都具有三维的数值，"帕子"应试叠成方块形的手帕，长度、宽度、厚度都有。"块"之所以能称量"钱"，是因为外国银圆进入中国，"块"则开始被视作银块称量使用，"一块洋钿""两块大洋""三块袁大头"即是其客观表现。量词"块"长期与银圆相联系计量使用，关系逐渐凝固，而被当作主币单位量词使用，后虽纸币取代银圆，但"块"的这种用法被保持下来，成为今天群众使用的一种非正规的主币单位量词。

第三节　与普通话量词的比较

一　词形比较

《汉语会话书》中的量词词形基本都是现代汉语普通话量词的古字。

个—个、只—只、头—头、桿—杆、朶—朵、条—条、雙—双。

二　功能比较

《汉语会话书》与现代汉语普通话的量词所搭配的名词有很大的不同，具体对应关系见表6-1。

表6-1　《汉语会话书》与现代汉语普通话的量词所搭配的名词对照

会话书	普通话	名词
个	只	鸡、老虎、狐狸、老鸹、鹤
	条	牛、狗
	匹	马
	件	衣裳
	根	枝儿、竹子、葱、
	本	书
	篇	文章
	片	大海
	个	箱子、鸡儿、眼、老鹞鹰、小鸡子

续　表

会话书	普通话	名词
只	条	船、牛、狼
	根	烟、
	艘	火轮船、
	支	烟
头	根	蒜
	个	马车
	匹	马
座	个	地势、钟
支	个	柜子
架	只	鹰
条	个	虹
套	辆	车
串	个	院子
双	—	父母亲
	只	船
	个	柜子
	张	明信片
口	台	钟
	把	刀
尾	头	牛
般	—	心
顶	座	桥

在《汉语会话书》里，有些名词可以与多个量词搭配，如"书"可以和"个""部"搭配，"牛"可以和"个""口"搭配，现代汉语里的量词比《汉语会话书》中的量词要丰富得多。

第四节　小结

《汉语会话书》里的量词非常丰富，呈现出一个名词可以和多个量词搭配的现象，如名词"书"可以和"个""部"搭配，"牛"可以和"口""个"搭配，量词"个"的搭配范围最广，可以和人、动物、布匹、书籍和食物等名词搭配。

第七章 代词

第一节 人称代词

一 第一人称代词

咱们、偺们、喒们

这一组词意义紧密相关,后两个只是写法不同,所以我们放在一起讨论。

"咱们"在《汉语会话书》中共出现 22 次,"偺们"共出现 153 次,"喒们"共出现 9 次。

这三个第一人称复数形式可以作主语,如例(1)、例(6);也可以作定语,如例(4)、例(8);还可以与"俩""自己"合用作主语,如例(2)、例(5)、例(7)。

(1) 咱们各自各儿说一个笑话罢。(《汉语指南》)

(2) 那是甚么话呢,咱们自己人说得么。(《"支那"语集成》)

(3) 射步箭是咱们满洲人最要紧的事,看着容易做着难。(《"支那"语集成》)

(4) 把咱们过去的事倒像谁告诉他的,算得极真,说得正对。

(《"支那"语集成》)

(5) 咱们两虽然没会过,我看着很面善。(《速修满洲语自通》)

(6) 您过爱了,不要客气,偺们多谈谈罢。(《华语精选》)

(7) 偺们俩虽然没会过,我瞧着很面善,仿佛在那儿见似的。(《华语精选》)

(8) 您忘了偺们那一年,在赵子川先生那儿见过麽。(《华语精选》)

(9) 偺们看得好不面善,不知道在那儿会过。不敢冒昧称号,不成敬意得很。(《华语精选》)

吕叔湘(1985)指出,在宋以前的字书里没有出现过"咱",最早出现在宋词里;① 蒋绍愚、曹广顺(2005)认为,"咱"是"自家"的合音词,最早出现于宋代,从字形上看,"口"是俗字符号,"自"表示跟"自"字有关,"咱"是"自家"的切音。当"自家"还未合音时,已出现"自家们","咱"出现后,"咱们"随之出现,最早出现于南宋。② 举例如下。

(10) 问则甚!咱门这里拜章。(《全宋词》)

冯春因(2001)认为:人称代词"咱"是"自家"的合音(tsa),"偺"(又写作"昝"、"喒")又是"咱们"的合音(tsan)③。举例如下。

(11) 隋何,喒是绾角儿弟兄。(《气英布》,载《古今杂剧三十种》)

(12) 你不听这个,偺唱个好的。(《儿女英雄传》第四回)

在日据时期的《汉语会话书》中,以上各词的写作方法都存在,但没有"咱"单独使用的语料,都是"X们"的形式作第一人称复数代词。

---

① 吕叔湘:《近代汉语指代词》,学林出版社1985年版,第103页。
② 蒋绍愚、曹广顺:《近代汉语语法史研究综述》,商务印书馆2005年版,第38页。
③ 冯春因:《聊斋俚曲的一些方言词音问题》,《中国语文》2001年第3期。

俺、我、我们

在《汉语会话书》中，第一人称代名词表单数的有"俺"和"我"。"俺"只有字没有例句；"我"可以作定语，可以作主语，可以作宾语。如：

（13）那个人是我的兄弟。（《汉语独学》）

（14）我念这个书。（《汉语独学》）

（15）您回去都替我请问好。（《汉语独学》）

第一人称代词复数有包括式和排除式的区别，包括式用"咱们"，排除式用"我们"，二者之间的关系，如图7-1所示。

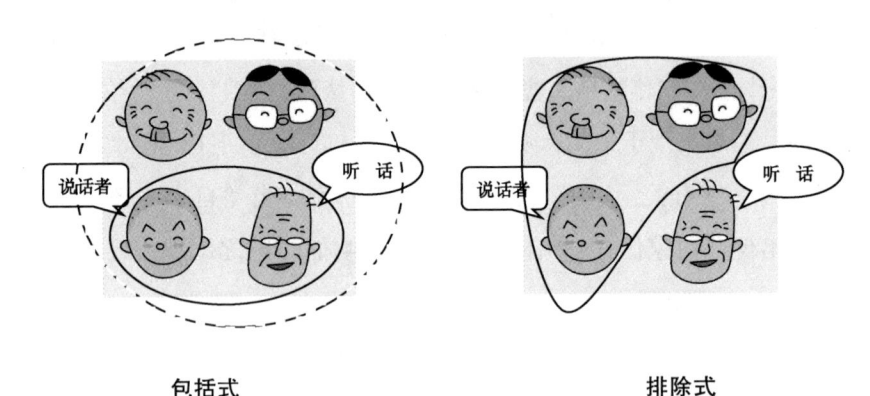

包括式　　　　　　　　　　　　排除式

图7-1　"咱们"和"我们"的关系

赵元任指出，所谓包括式就是包括听话人在内的复数形式，所谓排除式就是排除听话人在内的复数形式。① "我们"共出现290次，"咱们"共出现22次。

（16）今日我们两人是专诚来拜望阁下。（《汉语独学》）

（17）您给我们引见引见。（《华语教范》）

（18）咱们各自各儿说一个笑话罢。（《汉语指南》）

---

① 赵元任：《现代汉语吴语研究》，科学出版社1956年版，第52页。

二 第二人称代词

你、爾、儞、您、你们

"你"作第二人称代词单数,可以作主语、宾语,还可作领属格定语。

(19) <u>你</u>上那个学堂?(《汉语独学》)

(20) 若是我请<u>你</u>,你可以同我立一年的合同么?(《汉语独学》)

(21) 那个是<u>你</u>的帽子?(《汉语独学》)

在《汉语会话书》中,"你"还可以写作"爾",做主语。

(22) <u>爾</u>既然拿定主意,怎么又反覆呢?(《华语教范》)

吕叔湘(1985)认为,"爾"是"你"的古文,汉晋以来,草书把"爾"写作"尔";南北朝人除必须工整的场合写作"爾",通常就写作"尔",读音发生分歧之后,就加上了偏旁"亻"。① 在《汉语会话书》中,"儞"一共出现了63次。

(23) 嗳,这个光景可了不得,还有<u>儞</u>的兄弟,可怎么样呢?(《"支那"语集成》)

(24) 是,我回去都替<u>儞</u>说。(《汉语独学》)

"您"是《汉语会话书》中的一种尊称,一共1204例。

(25) <u>您</u>爱吃烟么?(《汉语独学》)

"您"在《汉语会话书》中还可以指代第二人称复数,表示多人。

(26) 请<u>您</u>各自各儿写上罢。(《"支那"语集成》)

吕叔湘(1985)指出,"您"作尊称的用法最早见于清代后期小说《老残游记》,写作"儜";"您"作第二人称复数的用法最早见于金人的《诸宫调》。②

---

① 吕叔湘:《近代汉语指代词》,学林出版社1985年版,第4页。
② 吕叔湘:《近代汉语指代词》,学林出版社1985年版,第50页。

(27) 今日总算他乡遇故知，儜也该做首诗，我们拜读拜读。(《老残游记》第十二回)

(28) 不索打官防，教儜夫妻尽百年欢偶。(《董西厢》)

太田辰夫（1958）指出，明代尊称用"你老人家""他老人家"；清代简化为"你老"。①

(29) 你老人家吃罢。(《窦娥冤》第2折)

(30) 你老人家不用动气。(《红楼梦》第83回)

(31) 你老是贵人多忘事了。(《红楼梦》第6回)

吕叔湘（1985）认为，"您"是"你老"的合音，从音理上说，"老"字脱落，只剩下一个"L"，汉语没有"L"作韵尾的习惯，就转化为发音部位相同的"–n"。我们同意这种说法，因为在《汉语会话书》中，还有"您纳"和"你纳"这两个语料，"您纳"一共出现9次，"你纳"一共出现3次，可以猜测这两例是"您"凑上"老"字留下的"–a"。②

(32) 小的原来没有本事，承你纳过奖，实在当不起。(《汉语指南》)

(33) 借光您纳，这店里住着的有一位张老爷么？(《汉语独学》)

(34) 敢情您纳我认错了人了，我以为是个相好的，我的不是了。(《汉语指南》)

三 第三人称代词

他

《汉语会话书》中的第三人称代词"他"共1449例，语义上既可

---

① ［日］太田辰夫：《中国语历史文法》（修订译本），蒋绍愚、徐昌华译，北京大学出版社2003年版，第105页。

② 刘云：《北京话敬称代词"您"考源》，《北京社会科学》2009年第3期。

以指男性，又可指女性，还可指动物；可以充当主语、定语和宾语等语法功能。

（一）语义上指男性

（35）他是我的亲戚。(《汉语独学》)

（36）你认得他不认得？我认得他。(《汉语独学》)

（37）庄稼人和他儿子一块儿耕田了。(《汉语指南》)

（二）语义上指女性

（38）那位是他的先生。(《汉语独学》)

（三）语义上指动物

（39）那一条狗很利害，欸一声见了他的主人。(《汉语指南》)

（40）这墙上画的老虎，你可以抓他去么？(《汉语指南》)

（四）语义上表示泛指

（41）嘴里混漕他人。(《速修满洲语自通》)

（42）各人自扫门前雪，莫管他人瓦上霜。(《汉语指南》)

他们

在《汉语会话书》中，"他们"是第三人称"他"的复数形式，共出现148次。语义可以指人，也可以指动物；语法上可以作主语，也可以作宾语，还可以作兼语，如例（43）的"他们"既充当"领"的宾语，也充当"进"的主语。

（一）语义上指人

（43）他那母亲见他们俩回来才放心，领着他们进屋里去了。(《汉语指南》)

（二）语义上指动物

（44）这儿有两只鸡了……他们吃的是粮食和菜尖儿和虫儿。

(《汉语指南》)

（45）竟是在门口儿看看那个死猴儿哭，打围的看那个光景心里就感动了，把那个死猴儿给了他们了，那俩猴儿就背着回去了。(《汉语指南》)

其

在《汉语会话书》中，"其"作人称代词，如例（46）的"其"还代指了第二人称的"您"，在现代汉语里没有此用法。

（46）求您替我邀一邀到二十我敬治杯茗，求其千万赏脸，别推辞。(《华语教范》)

四　其他代词

（一）反身代词

　　各自、自己（自、己）、自家、自个儿（自個儿、
　　自各儿）、各人、本人

各自：在《汉语会话书》里，"各自"总共出现8次，单用一次；与"各儿"连用，构成"各自各儿"的格式总共7次。"各自"可以充当领属格，如例（50）；但更多的是用在主语后面，充当反身代词，代指主语本身。

（47）当差行走的只看各自的机会，时运若平常，样样儿总不着。(《"支那"语集成》)

（48）太阳落了天快黑了，白鸟都各自各儿归了窝儿了。(《汉语指南》)

（49）这儿有电报纸，请您各自各儿写上罢。(《汉语指南》)

（50）咱们各自各儿说一个笑话罢。(《汉语指南》)

自己：在《汉语会话书》中总共出现85次，可以单独作主语，如例（51）；可以和主语构成反身代词，"自己"在句中作状语，如例

(52);可以作宾语,如例(53);"自己"不仅可以作反身代词代指人,还可以代指动物,如例(54)。

(51) <u>自己</u>无能反推物钝。(《汉语指南》)

(52) 他<u>自己</u>不体面,常常讨人嫌,受了人家的羞辱。(《汉语指南》)

(53) 这是你们自己误了<u>自己</u>。(《汉语指南》)

(54) 那个桥上的狗贪心不足,又要吃那个肉就叫了一声,把<u>自己</u>嘴里的肉松了掉下去了。(《汉语指南》)

自:"自"可以单独使用表自己,在《汉语会话书》中此种用法共10例。可以作状语,多表强调,如例(55)至例(56);可以作主语,多表照应,如例(57)中的"自"就是照应的"老鸭",例(58)中的"自"就是照样的"螺蛳"。

(55) 世事皆先定,浮生空<u>自</u>忙。(《汉语独学》)

(56) 买不买,不要紧,你<u>自</u>请看。(《华语精选》)

(57) 老鸭笑猪黑,<u>自</u>丑不觉得。(《汉语独学》)

(58) 这螺蛳竟藏在甲里头<u>自</u>笑说……。(《汉语指南》)

己:也可单独使用表自己,在《汉语会话书》中仅2例,全部作宾语。

(59) 害人终害<u>己</u>。(《汉语独学》)

(60) 那里在家一天安分守<u>己</u>的做功课呢?(《华语精选》)

"己"本义为丝的头绪,用以缠束丝。陈翠珠(2009)认为,"己"被借用为反身代词始于周代。[①] 董秀芳(2002)认为,在古代汉语里,"自"和"己"的语法功能互补,这是二者共存的语法基础,时至六朝,这两个代词融合为反身代词"自己"。[②] 朱冠明(2007)指

---

① 陈翠珠:《汉语人称代词考论》,博士学位论文,华中师范大学,2009年。
② 董秀芳:《古汉语中的"自"和"己"——现代汉语"自己"的特殊性的来源》,《古汉语研究》2002年第1期。

出,在唐五代,"自己"主要出现在一些与佛教密切相关的文献中,如《坛经》、"敦煌变文",并推断"自己"一词能被大众接受得益于僧侣和信徒的广泛使用,以及佛教和与之相关的通俗文学的传播。①

自家:在《汉语会话书》中仅出现一例,与第一人称代词"我"连用,充当反身代词,相当于"自己"的含义。

(61) 那儿的话呢,人家说的我虽懂得,我<u>自家</u>要说还早呢。(《"支那"语集成》)

自个儿:在《汉语会话书》中有三种写法,分别是自个儿、自個儿、自各儿。可以和人称代词主语共用充当反身代词,如例(62);还可以单独作主语,如例(63);还可以作状语。

(62) 我<u>自个儿</u>写不上来电报。(《中国语自通》)

(63) 海里头有好些个鱼,那一天,他们都聚在一块儿,说一说谈一谈,<u>自個儿</u>夸张自己的本事。(《汉语指南》)

(64) 我是要<u>自各儿</u>往野外去玩儿,很有趣儿了。(《汉语指南》)

吕叔湘(1985)在《近代汉语指代词》中指出,"自家"可以跟别人相对,跟自己同义,常常放在你、我等字的后面作同位语。之所以有"自家"和"自个"两种写法,是因为"家 [ka]"在"自家"这个词里没有跟着一般的读音颚化,所以另用"个"字来传写。②

各人:在《汉语会话书》里,"各人"有两种含义。第一,任指每个个体生命,如例(65)至例(67),可以主语和宾语同时使用,起强调的作用;第二,放在"我"字后面作同位语,如例(68)。

(65) <u>各人</u>干<u>各人</u>的就结了,何必管人家的事呢?(《华语精选》)

(66) <u>各人</u>的运气不能一个样,死生有命,富贵在天。(《速修汉语大成》)

---

① 朱冠明:《从中古佛典看"自己"的形成》,《中国语文》2007年第5期。
② 吕叔湘著,江蓝生补:《近代汉语指代词》,学林初版社1985年版,第87—89页。

（67）人家的好处、坏处，各有不等，<u>各人</u>的祸福是天按着善恶的好歹就所定的。(《汉语指南》)

（68）你瞧这是什么，你还这样护短么？

那是我<u>各人</u>买的，您不要赖我罢！(《华语精选》)

本人：当事人自己或前边所提到的人自己，在《汉语会话书》中可以放在人称代词后作同位语表定指，如例（69）；也可以作定语表不定指，如例（70）。

（69）他<u>本人</u>算几个股份呢？(《华语教范》)

（70）那也看钱数儿多少，也看<u>本人</u>的信用，过不去四厘。(《华语教范》)

（二）其他代词

人家

"人家"在《汉语会话书》中，语法意义比较丰富。可以代指第一人称单数，如例（71）就代指说话者狐狸自己；可以代指第一人称复数，如例（72）就代指"我们"。更多的是代指第三人称，可以代指单数，如例（73）、例（74）；也可以代指复数，如例（75）、例（76）；还可以代指女子未来的丈夫家，如例（77）。

1. 代指第一人称

（71）那个狐狸说："嗳呀，狼哥哥，你若果然那么疼爱我么，不必竟说那么好话，就赶紧地想法子就救我罢。<u>人家</u>遭这样水齐下巴颏儿生死不定的难了，听那宗眼面前儿的冠冕话，更叫我伤心了。"(《汉语指南》)

（72）他有事没事跑来坐着，叫我们三更半夜里不得睡觉，讨<u>人家</u>的嫌。(《"支那"语集成》)

2. 代指第三人称

（73）借钱是把<u>人家</u>的钱拏来我使。(《汉语指南》)

（74）他是个斯文人家。（《"支那"语集成》）

（75）有甚么乐的事，就哈哈的笑呢？人家都嘎嘎的笑他。（《汉语指南》）

（76）那个人太谬，不肯听人家的好话。（《汉语指南》）

3. 代指女子未来的丈夫家

（77）他的姑娘有了人家儿了。（《速修满洲语自通》）

别人、其余

"别人"在《汉语会话书》中总共出现12次，可以作主语、宾语和定语。

（78）别人儿都是赤身露体地坐着，还怕中暑。（《汉语独学》）

（79）他和我不和，和别人也不对。（《汉语指南》）

（80）年轻的人很爱刮脸粧体面，要看上别人的眼睛了。（《华语精选》）

"其余"在《汉语会话书》中总共出现4次，都是作领属格，可以代指人，也可以代指其他物体。

（81）有好些个人在那儿，那里头分其好歹的，三个是好人，其余都是歹人。（《汉语指南》）

（82）还有其余的那些个粗重的东西。（《"支那"语大海》）

第二节 人称代词重叠

关于人称代词重叠，在《汉语会话书》中仅一例，就是"彼此彼此"，属于客套话，表示大家都一样的意思。

（83）（甲）偺们瞧着，好面善。

（金）彼此彼此。（《中国语自通》）

第三节　指示代词

在《汉语会话书》中，近指代词比较丰富，有"这""这程子""这个""这里""这么""这么样""这么着""这么些""这么点儿""这些""这样"，具体语法意义和语法功能的解释如下。

这、这程子、这个、这里、这么

这：指示代词"这"语义为指示比较近的人或事物，其语法功能如下。

1. 后面跟量词或数词加量词或直接跟名词。

（84）这位是我的朋友。(《汉语独学》)

（85）这一本书是甚么人的？(《汉语指南》)

（86）在这胡同儿路南了。(《汉语独学》)

2. 单用。

"这"单用时可以代指具体物件，可以代指地点，可以代指时间，可以代指金钱，可以代指具体事件。

（87）这是一封信。(《汉语独学》)

（88）我这就要起身了，可是因为行期很忙，不能到府上级令兄辞行去了。(《汉语指南》)

（89）这是多少钱？(《汉语独学》)

（90）这是怎么办好？(《汉语独学》)

这程子：语义为这些日子、这段时间，在《汉语会话书》中共2例。

（91）老兄，怎么这程子我总没见您哪？(《汉语指南》)

（92）这程子老没见。(《速修满洲语自通》)

这个：在《汉语会话书》中共367例，其语义分两个。其一是代指"某一个",代指东西、事情等;其二是用在名词或形容词前表示夸张。

1. 代指东西、事情等。

(93) 这个大河深得很。(《汉语大学》)

(94) 他们要这个。(《汉语指南》)

(95) 这个价钱太贵,我不能买了。(《汉语指南》)

上述语料中的"这个"大部分可用"这一个"代替,如"这个大河"可说成"这一个大河";但也有不能替换的,如"这个价钱"不能说成"这一个价钱"。

2. 用在形容词前表示夸张。

(96) 病到这个分儿上,大料是不能好了,我不知道麽。(《"支那"语集成》)

这里:在《汉语会话书》中共 11 例,指示比较近的处所。

(97) 刚才谁在这里说话,倒像拌嘴似的。(《华语精选》)

这么:在《汉语会话书》中共 134 例,其一指示性质、状态、方式、程度等,可以和"个"连用表程度,修饰"人";其二代指方向,表这边的意思,只能做定语和状语。

1. 指示性质、方式、程度等。

(98) 外面还是这么讲究,不知里头苦了。(《华语精选》)

(99) 这么热天气竟在家里,受不得了。(《汉语独学》)

(100) 你这么个明白人,一时半刻就不会体谅人情,叫他勉强做一个东道,这不是牛不喝水强按头么?(《华语精选》)

(101) 与其这么遮掩,索性简直地说罢。(《华语教范》)

(102) 他这么哼阿哼的,我一句话都听不出来。(《汉语指南》)

上述语料中,例(98)至例(100)都表示程度,例(101)表示方式,例(102)表示状态。

2. 代指方向，表这边的意思。

（103）他往这么来么？他往这么来哪。(《华语精选》)

这么样、这么着、这么些、这么点儿、这些、这样

这么样：在《汉语会话书》中共出现14例，语义表"这样"的意思。它可以作状语，如例（104）；也可以作补语，如例（105）。

（104）这漆板上谁这么样写呢？你拿刷子来擦一擦。(《汉语指南》)

（105）他不是不会做，他故意儿的做得这么样了。我心里有算盘，你那里瞒得我呢。(《华语精选》)

这么着：在《汉语会话书》中共出现13例，指示代词，指示动作或情况。

（106）这么着，姓李的往郊外游玩儿去，姓金的往学堂去用工了。(《汉语指南》)

（107）有一天螃蟹趁着他睡觉的时候儿，就拿绳子把他从头至尾的缠起来个壁直的，这么着就死了。(《汉语指南》)

这么些：在《汉语会话书》中共出现5例，指示一定的数量，强调多或少，经常和"个"连用修饰名词，构成"这么些个＋名词"的格式。

（108）这么些个东西，怎么能一只船装得下呢？(《汉语指南》)

（109）还有这么些讲究哪，我可真不通行。(《华语精选》)

这么点儿：在《汉语会话书》中共出现1例，表程度，代指事件很轻松。

（110）这么点儿事，还办不了么？(《华语精选》)

这些：总共36例，代指较劲的人物、事件和时间，经常和"个"连用构成"这些个"整体作主语、如例（113）

（111）那些个光棍们给我编造这些没影儿的瞎话，吹到您的耳朵里听了。(《华语精选》)

（112）可知你们这些人都是世俗之见。(《华语精选》)

（113）这些个不是我买来的，都是借来的。(《汉语指南》)

这样：总共出现60次，可以做定语修饰名词，表示性质，如例（114）；可以作状语修饰动词和形容词，表示状态和程度，如例（115）（116）；还可以和"的"连用，构成转指，从而代指人，如例（117）；还可以单独作宾语，代指某种情况，如例（118）。

（114）明儿不知那一个有福的，消受这样的好媳妇呢。(《华语精选》)

（115）你为什么伤心又这样哭哭啼啼？岂不是自己糟蹋了自己身子了呢？(《华语精选》)

（116）你现在这样高兴，好容易说得包办酒席，赶到了找出你的体己霉烂的银子来，你还后悔也不及呢。(《华语精选》)

（117）像我这样的实在是好造化了。(《汉语指南》)

（118）这是很公道，到家的价儿。那里有这样，太贵呢？(《华语精选》)

这一向、这回、此

这一向：在《汉语会话书》中总共出现12次，代指最近的一段时间。

（119）这一向少见了。(《汉语独学》)

（120）阁下，这一向公事忙不忙？(《汉语独学》)

这回：在《汉语会话书》中，"这回"总共出现16次，语义表示这次。

（121）该当的，您这回下乡去，有何贵干？(《汉语独学》)

（122）这回办来的货得意罢。(《汉语独学》)

此：在《汉语会话书》中，"此"总共出现73次，可以表示指示代词"这、这个"，也可以表示"此时和此地"，还可以单用表示"这样"。

1. 指示代词"这""这个"。

（123）我到此地不过是一个月。（《汉语独学》）

（124）若不是您带我来么，差不多的叫我负此春光了。（《汉语指南》）

2. 表示此时和此地。

（125）阁下今日到此有何公事有谕。（《汉语独学》）

（126）我当后天来充此职。（《汉语独学》）

3. 表示"这样"。

（127）才好了一好儿，又重落了，这是我命该如此。（《"支那"语集成》）

那、那个、那儿、那里、那么、那么些、那么着、那些、那样

那：指示代词"那"指示比较远的人或事物。

1. 后面跟量词、数词加量词或直接跟名词，可以代指"人""事物"也可以代指时间。

（128）那条山路很难走么？（《汉语独学》）

（129）那天是不论买卖家和住家儿的都是很忙。（《汉语独学》）

2. 单用。

（130）人不爱用工，那谓之懒惰。（《汉语指南》）

（131）那是我们的事情。（《汉语独学》）

那个：在《汉语会话书》中总共出现371次，可以构成"那个+名词"的格式，也可以单用，代指那人、东西和事情；语法功能可以充当话题、主语和宾语，还可以单独作谓语，如例（132）。

1. 指示代词，构成"那个+名词"的格式。

（132）那么，今年那个地方儿，我都去罢。（《汉语独学》）

2. 指代那人、那东西，还可指代某件事情，如例（135）；还可单独作谓语，如例（136）。

(133) 这个和那个说:"偺们打一点儿酒喝罢"(《汉语指南》)

(134) 那个我不知道,是那年出去的?(《"支那"语集成》)

(135) (乙) 你从前当着赔垫么?

(甲) 倒没那个,总得能多点儿才宽绰。(《"支那"语集成》)

(136) (弟) 啊,南大门外汽车就是火轮车么?

(兄) 是,对,那个了。(《中国语自通》)

那儿、那里:指离说话者较远的地方。

(137) 听说温阳那儿有温泉。(《汉语独学》)

(138) 我那里还有几两银子,你先拿去使用,明天我扣下你的薪水就是了。(《华语精选》)

那么:在《汉语会话书》中作指示代词,指示性质、状态、方式、程度等。

(139) 隔壁儿怎么那么喧嚷?(《汉语独学》)

(140) 这么大,那么小。(《汉语指南》)

(141) 你打谅我是同你们的老爷那么好性儿,由着你们欺侮我,你就错了主意了。(《"支那"语集成》)

那么些:在《汉语会话书》中仅出现两例,可以和"个"连用,指示事物的数量,可以指数量多,如例(143);也可以指数量少,如例(142)。

(142) 感情是那么些日子呀。要坐车去,是坐船去呢?(《汉语指南》)

(143) 也是住店哪,赶等到夜里都出来了,有成千动万的,那么些个蚊子、蚤子,咬的咬,哏的哏,我正宿也不能睡觉。(《华语教范》)

那么着:指示行动或者方式,或者指示当下的某种状况、可以作主语,如例(144);可以作谓语,如例(145);也可以作状语单独作话题,如例(146)。

（144）这么着也不好，那么着也不好，到底你要怎么样儿的？（《华语精选》）

（145）按照那么着，我就坐装行李的那辆车么？（《"支那"语集成》）

（146）那么着，我拿去。（《"支那"语集成》）

那些：指示代词，指示两个或两个以上的人或物；也可以和"个"合用组成"那些个"的格式，可以作定语，也可以单独作主语。

（147）我们那些人辛苦得了不得。（《汉语指南》）

（148）我们底根儿有那些钱，现在都花完了。（《汉语指南》）

（149）那些个光棍们给我编造这些没影儿的瞎话，吹到您的耳朵里听了。（《华语精选》）

（150）那些个拿去做甚么？（《"支那"语大海》）

那样：指示性质、状态、方式、程度等。可以作状语，如例（151）；可以作宾语，如例（152）；可以构成"的"字短语作宾语，如例（153）；可以和"这样"合用，泛指各种各样的方法，如例（154）。

（151）我那样儿的努嘴儿、挤眼色，你都不理我了。（《华语精选》）

（152）您是爱吃那一样儿吃那样。（《华语教范》）

（153）不是，没有那样的。（《汉语指南》）

（154）这样儿那样儿的劝他不过是要他好，恐怕他学坏了的意思，他倒不愿意了。（《"支那"语集成》）

第四节　遍指代词

每、各、各自、各各

每：指示代词，指全体中的任何一个或一组（偏重个体之间的共性），后面接名词。例（156）的"考"在此处活用为名词了，表示"考试"的意思。

(155) 您每年放学的时候儿出去避暑去么？(《汉语独学》)

(156) 那位少爷每考不错的，连捷人人都羡慕他。(《速修汉语大成》)

各：指示代词，表示不止一个（指某一范围内的所有个体）。

(157) 各式各样的都有。(《汉语指南》)

(158) 是各学堂的出品，像片儿、乐器、文具和个样儿的玩意儿甚么的。(《汉语独学》)

各自：在《汉语会话书》中共8例，人称代词，各人自己，各个方面自己的一方，可作定语；常和"各儿"合用构成"各自各儿"作状语。

(159) 当差行走的只看各自的机会，时运若平常，样样儿总不着。(《"支那"语集成》)

(160) 太阳落了天快黑了，白鸟都各自各儿归了窝儿了。(《汉语指南》)

各各：在《汉语会话书》中仅两例，指示代词，指示所有的那些个。可以作主语，如例（160）；也可以作状语，如例（161）。

(161) 那个牛马的貌样各各不同。(《汉语指南》)

(162) 许多的客人各各儿拿着行李下来。(《汉语指南》)

第五节 疑问代词

哪、谁

哪：在《汉语会话书》中，疑问代词"哪"都写作"那"，作疑问代词，后面跟词加量词或名词。表示要求在几件事物中确定其中一部分，如例（163）、例（164）；也表任指，表示任何的一个，如例（165）。

（163）贵处是那一省？（《汉语独学》）

（164）你喜欢那季儿？我喜欢春天和秋天。（《汉语独学》）

（165）我那天都行只要您多偺有工夫儿。（《"支那"语大海》）

关于疑问代词"哪"的来源，学术界有不同的看法。吕叔湘（1985）认为，"哪"从"若"出，询问事理的"哪"最早出现，它可能是若何的合音，"若"字失去介音，"何"字失去声母，表示选择的疑问代词"哪"也是从"若"字变出来的，最初出现的形式是"若个"，稍后出现了"阿那""那"。① 王力（1990）指出，"那"表疑问在上古汉语里就出现了，如"弃甲则那？"（《左传·宣公二年》）。这句中的"那"是"奈何"的合音。②

谁：总共出现161次，疑问代词，指称如下。

① 用于疑问句中，问人。

在句中作宾语，如例（166）；作主语，如例（167）；作定语，如例（168），还可以构成"的"字结构作宾语，如例（169）。

（166）这个人是谁？（《汉语独学》）

（167）他们家里谁不在了？（《汉语独学》）

（168）那也倒不一定，谁家的货合式，我就买谁家的。（《汉语指南》）

（169）那山上的别业是谁的？（《汉语独学》）

② 用于反问句里，表示没有一个人。

（170）你想着，这个钱不是他吞了却是谁？（《汉语指南》）

（171）遮掩是应该遮掩，谁叫他张扬来着？（《汉语指南》）

③ 虚指，表示不知道的人或无须说出姓名的人或说不出姓名的人。

---

① 吕叔湘：《近代汉语指代词》，学林出版社，第246页。
② 王力：《汉语语法史》，《王力文集》第十一卷，山东教育出版社，第103页。

（172）（车）小的说挨打不是他打的。

（主）不是他，是<u>谁</u>呢？

（车）是有好些个人，小的不认得是<u>谁</u>。（《"支那"语集成》）

④ 任指，表示任何人。

第一，主语和宾语都用"谁"，指不同的人，表示彼此一样。

（173）和朋友们一块儿喝上酒，<u>谁</u>肯让<u>谁</u>呢？（《华语精选》）

第二，前后两个"谁"指不同的人。

（174）管不得<u>谁</u>是有脸的，<u>谁</u>是没脸的，一例清白处治了。（《"支那"语集成》）

（175）从前那一国<u>谁</u>和<u>谁</u>打过几次仗，这个拿刀砍，那个使斧架……（《"支那"语集成》）

（176）不管<u>谁</u>是<u>谁</u>非，看我的脸面丢开手罢。（《"支那"语集成》）

如何、几、几儿、几时

如何：指示代词，在《汉语会话书》中共6例，表"怎样、怎么样"的意思。可以单独作谓语，如例（177）；可以作状语，如例（178）。

（177）这个工夫儿财神爷对财神奶奶说，您看<u>如何</u>？（《汉语指南》）

（178）这话我<u>如何</u>当的起呢？（《"支那"语大海》）

几：在《汉语会话书》中共出现449次，作疑问代词，询问数目；"几儿"，疑问代词，代指哪一天；"几时"，疑问代词，什么时候。

（179）你今年<u>几</u>岁？（《汉语独学》）

（180）今儿是<u>几儿</u>了？（《汉语独学》）

（181）您<u>几时</u>到敝处？（《汉语独学》）

什么

"什么"在《汉语会话书》中写作"什么"，也写作"甚么"，语义比较丰富。

1. 表示疑问。

第一，单用、问事物。

（182）这个是<u>什么</u>？（《汉语独学》）

第二，用在名词前面，问人问事物。

（183）到京来有<u>什么</u>贵干？（《汉语独学》）

（184）阿哥，你的汉话是<u>甚么</u>空儿学的？（《"支那"语集成》）

2. 虚指，表示不确定的事物。

（185）大概的样子不差<u>什么</u>了。（《汉语独学》）

（186）家人以外没有<u>甚么</u>别的，但有一只牛、两条狗了。（《汉语指南》）

3. 任指，用在"也"和"都"前、"无论"的后面，表示所说的范围之内没有例外。

（187）无论<u>什么</u>人，学问大，一定是爵位尊贵。（《汉语指南》）

（188）民人<u>甚么</u>都丢了。（《汉语指南》）

（189）我现在<u>甚么</u>都不短了，就是还少一箇长随（《华语教范》）

4. 两个"什么"前后照应，表示由前者决定后者。

（190）我们不是那心口两样的人，说<u>什么</u>是<u>什么</u>，没有一点儿含糊。（《华语精选》）

（191）你们有<u>什么</u>拿<u>什么</u>。（《速修满洲语自通》）

5. 表示责难。

（192）我到了你们家干错了<u>什么</u>不是，你做这样圈套，要撵我出去了呢？（《华语精选》）

（193）<u>甚么</u>得罪呢，他那些个话通身都是假的。（《"支那"语集成》）

6. 和"的"字构成"什么的"，用在一个成分或几个并列成分之后，表示……之类的意思。

（194）你倒没晕船什么的？（《速修满洲语自通》）

（195）有，送的是猪羊鸡鸭甚么的。（《汉语独学》）

7. 表示不同意对方所说的话或者不同意对方现在做的事，可作定语、宾语。

（196）甚么眼力高啊，不过是赶上好行市就是了。（《汉语独学》）

（197）忙甚么，再坐一坐罢。（《华语精选》）

8. 用在几个并列成分之前，表示列举不尽。

（198）甚么土货呢，是茶叶，是湖丝？（《"支那"语集成》）

9. 表示惊讶或不满。

（199）甚么，那些大箱子也是老爷的么？（《"支那"语集成》）

怎么、怎么个、怎么样、怎么着

"怎么"在《汉语会话书》中作疑问代词，询问性质、状况、方式、原因等。用于句末作谓语，如例（201）；还可以单用用于句首，表疑问，如例（202）；还可用于形容词前，表示程度，如例（203）。

（200）贵恙怎么了？（《汉语独学》）

（201）这几年天下大乱，可怎么好呢？（《汉语指南》）

（202）怎么咯，现成儿的又不是为你纳预备的。（《速修汉语大成》）

（203）要搜他的船不能了，他给的不论怎么少，都可以依的。（《"支那"语集成》）

还可以构成"怎么个"的格式，修饰名词；表"什么"的意思。

（204）这句话怎么个意思，我解来解去，还解不出什么意思来。（《华语精选》）

疑问代词"怎么样"，表"怎样"的意思，可以构成"的"字结构作宾语，作谓语，还可以单用。

（205）你要<u>怎么样儿</u>的？（《华语精选》）

（206）三十儿的光景<u>怎么样</u>？（《汉语独学》）

根据以上语料，"怎么"作状语时主要表求知和寻解，如例（201）；作谓语时，主要表关心，如例（200）；"怎么样"主要表示一种求知和寻解。

怎么着：疑问代词，询问情况；主要作谓语。

（207）你们是<u>怎么着</u>，又这样弄性打架起来了？（《华语精选》）

（208）不是像他说的赔本，还是<u>怎么着</u>呢？（《"支那"语集成》）

哪儿、哪里

在《汉语会话书》中，疑问代词"哪儿""哪里"都写作"那儿""那里"；指处所的意思；也可用于反问句，表示意在否定，如例（210）（211）。

（209）恭喜在<u>那儿</u>？（《汉语独学》）

（210）（父）那姨子搁在<u>那里</u>？

（大顺）那姨子在屋板儿上。（《中国语自通》）

（211）<u>那儿</u>的话哪！今年您的中国话很有进益的了。（《汉语独学》）

（212）咱们住的地方儿窎远，你纳又是官身子，<u>那里</u>听得见呢？（《"支那"语集成》）

第六节 与普通话代词的比较

一 人称代词的比较

（一）第一人称代词比较

《汉语会话书》和现代汉语普通话里的第一人称代词从范围、语义特征都有所不同，见表7-1。

表 7-1　　　　　　　　　第一人称代词的比较

《汉语会话书》	普通话
自家、自己、咱们、偺們、嗻们、俺、我、我们	咱们、咱、自己、我、俺、我们

《汉语会话书》中表示"自己"的有"自家"和"自己"两词，但"自家"只能用在第一人称代词后面，而在现代汉语普通话里则只能用"自己"替代。《汉语会话书》中"自己"的使用方法和现代汉语普通话基本一样。

（213）那儿的话呢，人家说的我虽懂得，我<u>自家</u>要说还早呢。（《"支那"语集成》）

"嗻们"只指称听话者，不包括说话人，如例（214）；而在现代汉语普通话里也有这种情况，比如对方在哭，说话者安慰对方时可以说"咱们别哭了，好吗！"

（214）<u>嗻们</u>看得好面善，不知道在那儿会过。不敢冒昧称号，不成敬意得很。（《华语精选》）

在《汉语会话书》中，"偺们"和"咱们"的语义都是一样的，包括了说话者和听话者。但使用频率差距很大，"偺们"使用了35次，而"咱们"仅使用了一次。在现代汉语普通话里，仅有"咱们"这一种写法。在《汉语会话书》里，表示"我"的称谓只有"俺"和"我"，而在普通话里表示我的说法则有"咱""我"和"俺"。

（二）第二人称代词的比较

《汉语会话书》中表第二人称单数的写法比现代汉语多，其语义特征也有不同之处，见表 7-2。

表 7-2　　　　　　　　　第二人称代词的比较

《汉语会话书》	普通话
你、您、你们、爾、儞、儞们	你、你们

根据我们前文的叙述,爾、儞是"您"的古字,这三种写法并存于《汉语会话书》中;而在现代汉语里,仅存"你"字的写法。在会话书里,"您"可以指代第二人称复数,这种用法在现代汉语里没有,如例(215)。

(215) 请您各自各儿写上罢。(《"支那"语集成》)

(三) 第三人称代词的比较

现代汉语第三人称代词的写法比《汉语会话书》里的写法要多,"她""它"分担了"他"的部分语义特征,见表7-3。

表7-3 现代汉语普通话与《汉语会话书》中"她""他""它"的用法

语义	普通话	《汉语会话书》
指女性	她	他
指男性	他	
指动物	它	
指其他女性(多人)	她们	他们
指其他多人(包括女性)	他们	

二 其他代词比较

人家:在《汉语会话书》中,"人家"可以指代未嫁前的夫家,而在《现代汉语词典》第六版里未收录此意义。

这么:在《汉语会话书》中,"这么"可以指代方向,表示这个方向;而在现代汉语里无此意义。

(216) 他往<u>这么</u>来么?他往这么来哪。(《华语精选》)

那个:"那个"在《汉语会话书》中可以单独成句,并且加时间体词"了"字,如例(217),这种用法在现代汉语中没有。

(217)（弟）啊，南大门外汽车就是火轮车么？

（兄）是，对，那个了。(《中国语自通》)

第七节　小结

现代汉语普通话的第一人称和第二人称代词的范围比《汉语会话书》少，如"咱们""咱""自己""我""俺""我们"这些常用于普通话里，而《汉语会话书》里则有"自家""自己""咱们""偺們""嗒们""俺""我""我们"；"你、你们"常用于现代汉语普通话里，而《汉语会话书》里则有"你""您""你们""爾""儞""儞们"。现代汉语普通话第三人称代词的范围比《汉语会话书》广，在《汉语会话书》里，第三人称代词主要有"他""他们"两个，而在现代汉语普通话里则有"他""她""它""他们""她们"五个第三人称代词。

第八章 介词

第一节 介词的定义

《马氏文通》是最早将介词作为一个独立的词类提出的。马建忠认为，凡虚字以联实字相关之义者，曰"介字"，"介字"云者，尤为实字之介绍耳。① 并在书中列举了"之""于""以""与""为"五个主要文言介词。

第一次提出"介词"这一概念术语的是章士钊（1907）的《中等国文典》："介词者，所以介绍名词，以与动词形容词及其他各词相联络者也。"并且区分了前置介词和后置介词。②

吕叔湘（1942—1943）在《中国文法要略》中把意义较虚的词统称为辅助词，辅助词又分为三类，其中关系词是属于第三类意义虚透了的那一种。并把"之""的""所""者""与""于""以""为""把""被""给""和""而""则""因""故""虽"等称之为关系词。③ 王力（1943—1944）认为，凡虚词，居于两个语言成分的中间，

---

① 吕叔湘、王海棻编：《马氏文通读本》，上海教育出版社2000年版，第52页。
② 章士钊：《中等国文典》，商务印书馆1907年版，第7页。
③ 吕叔湘：《吕叔湘文集》第1卷，商务印书馆1990年版，第17页。

担任连接职务者,叫作连接词。①

进入新中国之后,人们对介词的认识更加深入,开始区分介词和动词,吕叔湘先生认为,"把""被""从""对于"等不能作谓语的主要成分,称谓副动词。"在""往""向""到"等能在句中作主要成分,但经常作次要成分,也称之为副动词。②

张志公(1953)认为:"介词可以把以一个实词连缀在一个动词或形容词上,表现修饰关系或补充关系。"③并定义介词为,用在一个名词或代词前面,构成一个介词结构,表示处所、时间、方向、方式、对象等关系。④自此之后,学界基本在这一定义上发展和补充。

本文在确定介词系统时,区分动词和介词,主要采用了张文峰的判定标准,他界定了三个标准⑤。

① 句法位置,介词一般处于"V1 + N + V2"格式中 V1 的位置上或者处于"V1 +(N)+ V2 + N"格式中 V2 的位置上,V 表示谓词,N 表示名词(短语)。

② 能否单独使用,介词一般不能单独使用;动词则可以。

③ 能否重叠,介词一般不能重叠,而动词可以。

区分介词和连词,采用了陈昌来(2002)的判定标准,他界定了三个标准。

① 互换法。把"N1 + 跟/和/同/与 + N2"中 N1 和 N2 互换位置,可以互换的是连词,不可以互换的是介词。

② 插入法。在"N1 + 跟/同/和/与 + N2 + V"中的 N1 和"跟/和/同/与 + N2"之间插入状语或其他成分,可以插入的是介词,不可以插

---

① 王力:《中国现代语法》,商务印书馆1985年版,第190页。
② 吕叔湘、朱德熙:《语法修辞讲话》,辽宁教育出版社2002年版,第9页。
③ 张志公:《汉语语法常识》,中国青年出版社1953年版,第34页。
④ 张志公:《汉语语法教学论著》,山西教育出版社1997年版,第375页。
⑤ 张文峰:《北京话介词史1750—1950》,博士学位论文,苏州大学,2011年。

入的是连词。

③ 替代法。用"他们/她们/它们俩"来替换"N1 + 跟/和/同/与 + N2",替换后语义不变的是连词,有变化的是介词。

第二节 介词的范围

在《汉语会话书》的 9 本书中,并未明确提出"介词"这一概念,只是在《华语教范》一书中提出了"前置词"的例词及例句,如打₁、上、打₂、往、从、往、由、在、从、解、到、从、起、到、替、到。这是明显不够准确的。第一,有些词是动词,如"替"字;第二,范围太过狭窄,9 本《汉语会话书》中所出现的介词远远多于《华语教范》中所举的例词;第三,没有任何分类。

崔桓、申美燮(2012)厘清了《汉语会话书》中介词的概念,他认为,各会话书中的前宾词、介字或者前置词相当于现代汉语里的介词,这些介词偏重于处所介词,他归纳了《汉语会话书》中介词的范围,如打、上、往、从、由、在、解、到、起、替、为、到、往、论、用、叫、被、把、拿、使、跟、叫、任、照等。① 崔桓对《汉语会话书》中介词的研究起到了开山的作用,但也有不足之处。其一,未对介词进行更为细致的分类;其二,《汉语会话书》的作者仅仅根据其位置划分词类,有些词在今天形式语法学的视角下并不是介词,如"上哪儿去"的"上",崔桓并未对其说明,且予以剔除;其三,所搜集的材料仅仅依据各书中罗列的词语,但实际范围却远远不止这些。

有关介词的分类,黄伯荣、廖序东主编的《现代汉语》将介词分为五类。第一,表时间、处所、方向的;第二,表方式、方法、依据、

---

① 崔桓、申美燮:《韩国日帝强占期汉语教材中的介词研究》,《东亚人文学》2012 年第 22 期。

工具、比较等；第三，表原因、目的的；第四，表施事、受事等；第五，表关涉对象等。石毓智在《时间的一维性对介词衍生的影响》从介词与动词之间的内在关系出发，将介词分为九类，分别是引进施事、引进受事、引进与事、引进工具、引进处所、引进时间、引进范围、引进原因或目的、引进方式等。

对于日据时代韩国汉语教材《汉语会话书》中的介词分类，我们参照了前贤的研究成果，把介词分为时间处所介词、对象范围介词、凭借方式介词、原因目的介词四大类别，其下再依据其语义特征进行区分。见表8-1。

表8-1　　　　　　　《汉语会话书》中的介词分类

时间处所介词	始发处、起始点介词；所在处、时点介词；终到处、终到点介词；所经处介词；正当介词；时机介词；方向介词；临近介词
对象范围介词	协同介词；关涉介词；施事介词；比较介词；处置介词；接受介词；范围介词；类比介词；强调介词
凭借方式介词	工具介词；依据介词；凭借介词
原因目的介词	原因、目的介词

第三节　介词的分类研究

一　时间处所介词

（一）始发处、起始点介词

自、从$_1$、打$_1$、由、起、解、自从

自：表示起点，在会话书中仅1例，出现于《汉语大成》的序文中。

(1) <u>自</u>古敝邦之于朝鲜，壤地接近，交际殷繁，不得不广其语学，而两邦互禁民越境。(《汉语大成》)

从：引介时间或空间的起点。

① 引介起始点，起始点不仅仅是具体时间，还包括抽象的时间，如例（3）的"喝酒以来"。

(2) 桑条<u>从</u>小揉。(《汉语独学》)

(3) <u>从</u>喝酒以来甚么都不吃。(《汉语指南》)

(4) 我听说贵国的这个月饼是有个缘故的，是<u>从</u>那一年有的，是甚么人与的呢？(《华语教范》)

② 引介空间的起点，空间的起点也可以是抽象的，如例（6）。

(5) 我的家祖<u>从</u>外国今儿回来，我去迎接。(《汉语指南》)

(6) <u>从</u>苦中得甘。(《汉语指南》)

在《汉语会话书》中，还有"从"字结构词汇化的用例，如"从头""从前""从小"等。

(7) <u>从</u>头那窗户透风得厉害，没有挡住的好法子么？(《汉语指南》)

(8) 家父<u>从</u>前是兵部当差，现在把差事搁下了，在家内闲着哪。(《汉语指南》)

打：介引始发处，可以由地点名词作宾语，如例（9）；可以由代词作宾语，如例（10）、例（11）；可以由时间词作宾语，如例（12）；可以构成"打N到N"的格式，如例（13）；可以由方位词作宾语，如例（14）。

(9) 我<u>打</u>家里来。(《汉语独学》)

(10) 来了信了，不知道是<u>打</u>哪儿来的。(《华语教范》)

(11) 你们学堂<u>打</u>多喒歇伏？(《汉语独学》)

(12) 那是自然的，学堂是<u>打</u>腊月二十前后起放学。(《汉语独学》)

(13) 小麦是打秋到冬耕种的，到了春夏温暖的时候收的。(《汉语指南》)

(14) 那个火轮车打东边儿就到车站一住下，许多的客人各各儿拿着行李下来。(《汉语指南》)

由：介引始发处，或来源，后面可以跟具体地名，如例（15）；可以跟指示代词，如例（17）。

介词"由"表示处所起点或来源，跟处所词语组合。

(15) 由银行儿汇兑来的。(《华语教范》)

(16) 是由水路走，是由旱路走？他是搭轮船从大江走了。(《汉语指南》)

(17) 由这儿往东一拐弯就是。(《华语教范》)

起：表示起始点、始发处，其宾语可以是时间词，也可以是处所词，介词结构位于谓词前充当状语。

(18) 我和他起初相好，近来绝了交了。(《汉语指南》)

(19) 我起家里来的。(《汉语指南》)

(20) 我问的是起广东来的那位张老爷。(《汉语独学》)

解：介引起始点、始发处，后面可由处所词作宾语，也可以由时间词作宾语。

(21) 您解府上来么？(《华语教范》)

(22) 解公园里来了。(《华语教范》)

(23) 到那儿，给房钱的时候，解月头儿起好算。(《华语精选》)

自从："自"和"从"同义复合而成，在汉及汉代之前偶有见之。①《汉语会话书》中仅4例，介引时间的起点。

(24) 对了，俗们哥俩，自从那时候儿见过一面，直到今儿个有十

---

① 马贝加：《近代汉语介词》，中华书局2002年版，第110页。

几年了。(《华语教范》)

(25) 简直的呕吐的了不得,自从下了船这两天才觉着好点儿。(《华语教范》)

(二) 所在处、时点介词

在、于₁、至₁

在:在《汉语会话书》中表示"处所"。可以作状语,如例(26);也可以作补语,如例(27);也可表"时点",其介宾结构可作谓语,如例(28);也可作状语,如例(29)。可构成"在……时候""在……上"的结构,如例(30)、例(31)。

(26) 我在城外头店里住着了。(《汉语独学》)

(27) 您走后,像您这家俱都安置在那儿去呢?(《华语教范》)

(28) 不久的就要动身,大概就在这三五天之内罢。(《华语教范》)

(29) 在生不孝死祭无益。(《汉语独学》)

(30) 当初我在二十岁的时候儿,真比你现在闹的还利害。(《汉语指南》)

(31) 你若是拼在他的气头儿上,可就吃不了,兜着走了。(《华语精选》)

于₁:在《汉语会话书》中,介词"于"可以写作"於",也可以写作"于",表"在"的含义,后面跟处所词。

(32) 青出于蓝而胜于蓝,冰生于水而寒于水。(《速修汉语大成》)

(33) 白玉移于污泥不能沾湿其色,君子处于浊地不能染乱其心。(《速修汉语大成》)

至₁:表示所在的时点。

(34) 价钱怎么这么贱?从前像这样儿的,至平常得五百两银子。(《汉语大成》)

（三）所终到处、终到点介词

当₁、到、至₂、等、赶、直到、等到、等着

当₁：表终到点，后面的宾语可以是时间名词，也可以是动词小句，如例（36）。

（35）我当后天来充此职。(《汉语独学》)

（36）慢些走，差不多当五肚饿了。(《汉语独学》)

到：表示终到点或终到处

① 表示终到点

冯春田（2000）认为，从宋代开始，介词"到"出现了不限于引进方所的其他用法。① 马贝加（2002）认为，在魏晋南北朝就有介词"到"引进处所的用例。②

（37）到八月初三，整歇两个月了。(《汉语独学》)

（38）到秋冬天凉的时候就收成；小麦是打秋到冬耕种的，到了春夏温暖的时候收的。(《汉语指南》)

② 表示终到处，这类由"到+名词"构成的介宾结构主要充当动词的补语。

（39）那只得胜的鸡很有得意的样子，飞到房上去搧着翅儿叫了一声，真是傲慢。(《汉语指南》)

（40）是打到那儿去的呢？(《汉语指南》)

至₂：表终到点。

（41）他学得日子深，会得多，颇好书，至今还是不住嘴儿的念，不离手儿的看呢（《"支那"语集成》)

（42）我再当面请请您纳，至期你务必早来，咱们聚会聚会。

---

① 冯春田：《近代汉语语法研究》，山东教育出版社2000年版，第362页。
② 马贝加：《近代汉语介词》，中华书局2002年版，第110页。

(《华语教范》)

等：表示终到点，相当于"到"，后面可以接名词，也可以接小句，构成"等……的时候"的格式。

（43）啊，没法子，<u>等</u>明天再走罢。

（44）<u>等</u>他回来的时候儿，把他捆上重重儿的打一顿才好，不然惯了他就更不堪了。(《"支那"语集成》)

直到：介引时间终点。

（45）自从那时候儿见过一面，<u>直到</u>今儿个有十几年了。(《华语教范》)

（46）穿着浑身的衣裳睡着了。<u>直到</u>四更天才醒。(《"支那"语集成》)

等到：表示终到点。

（47）先给你下剩这五块，<u>等到</u>后天给你们送来。(《华语教范》)

赶：起初表时机，相当于"趁"，由此产生出终到点的用法。马贝加（2002）认为，"赶"表示终到点，大约产生于清代。

（48）<u>赶</u>我回来，他们先跑了。(《汉语指南》)

（49）<u>赶</u>那坐车的客人都上去了，戴着红帽的就摇了铃铛向着机关头车举手，把哨子一吹，那个车就又开了。(《汉语指南》)

（四）所经处介词

从₁、打₂

从：表示"所经处"，马家贝认为，"从"用作处所介词，表示运行的始发点，《诗经》《左传》《论语》均无此用法。这一语言事实能够证明介词"从"的产生迟于"自"之外，还可以证明，"从""自"在表处所方面相通，不是开端于始发点，而是开端于经由。[1]

---

[1] 马贝加、徐晓萍：《时处介词"从"的产生及其发展》，《温州师范学院学报》（哲学社会科学版）2002年第5期。

（50）老弟，你天天儿从这儿过都是往那儿去呢？（《汉语指南》）

（51）买东西的都是从前门儿进去，从后门儿出来。（《汉语指南》）

打：表示所经处，和"经过"的含义差不多。

（52）那个火轮车打东边儿就到车站一住下，许多的客人各各儿拿着行李下来。（《汉语指南》）

（53）依我说，老爷那个铺盖等项，可以雇一个小车儿装上同老爷一块儿走，其余上船打通州那们走。（《"支那"语集成》）

（五）表正当介词

当

表示事件发生的时间，发展到本阶段，即"正当……时候"的含义，其后可以带事态助词"了"和"着"。

（54）当了春天暖和的时候，草木都生芽儿，渐渐儿长起来成了树干儿。（《汉语指南》）

（55）当着夏天顶热的时候，好些个学生们凑在一块儿用工么，于身体最不相宜。（《汉语指南》）

（六）表时机介词

趁

"趁"表示时间、时机，始见于唐代。①

（56）依我说，趁早儿人不知鬼不觉的去罢，倒还干净些儿。（《"支那"语集成》）

（57）你这几天还不乏，趁这会子歇歇去罢，我不留你吃茶了。（《"支那"语集成》）

---

① 徐冲：《〈水浒传〉介词计量研究》，硕士学位论文，苏州大学，2007年。

(七) 方向介词

往、望、向、奔

往：作方向介词，后面的宾语仅限于地点名词或前、上等方位名词

（58）我要<u>往</u>上海做买卖去，给我雇一只船罢。(《汉语指南》)

（59）你<u>往</u>那边儿取甚么东西去呢？(《汉语指南》)

（60）刚点灯的时候，把灯苗儿要小赶慢慢的<u>往</u>上捻罢。(《"支那"语集成》)

《汉语会话书》中的"往"也有继续的含义，如"往下说""往后讲"等。

望：介词"望"主要来源于它的动词义"远视"，邵宜（2004）认为"望"作介词有两个条件。其一，处所词、方位词的出现，这个条件在上古汉语就出现了，如"升彼虚矣，以望楚矣。望楚与堂，景山与京"（《诗经·鄘风·定之方中》）；其二，连谓结构的出现，如：望阶趋席，方作洛生咏，讽浩浩洪流。(《世说新语·雅量》)。在唐宋时期，"望＋处所词/方位词＋动词"的结构少量使用，到了明朝时期，"望"作介词就开始大量使用，如"武大矮小，正踢中心窝，扑地望后便倒了"(《金瓶梅》第五回)。①

"望"作方向介词，表示"对着""朝向"的意思，后面跟人称代词。

（61）你在我的跟前越发遢脸了，索性<u>望</u>我动手动脚了，你打谅我是那么好性儿，你错了主意了。(《华语精选》)

（62）这个茶馆儿里的事情，你<u>望</u>他没话麽？(《"支那"语集成》)

---

① 邵宜：《近代汉语介词"望"的形成及与"往"之比较》，《暨南学报》(人文科学与社会科学版) 2004 年第 5 期。

(63) 这个房钱可以望我要多少钱？(《"支那"语集成》)

向：引进动作的方向，《汉语会话书》中的"向前"已经词汇化了。

(64) 过去东出向南一拐，就是清凉里停车场。(《华语教范》)

(65) 由那儿向南大马路直走。(《华语教范》)

奔：表朝、向的含义，在《汉语会话书》中仅1例。

(66) 您起首由这儿出东大门奔永道寺过去东出向南一拐，就是清凉里停车场。(《华语教范》)

朝：表示方向。就句法结构及功能来看，《汉语会话书》中的介词宾语多为方位名词，如东、南；也可以是其他名词，如天、地。

(67) 那一条胡同里头，坐西朝东的房子就是我的家。(《汉语指南》)

(68) 你那厨房里瓢朝天，碗朝地的，招了好些个苍蝇。(《华语精选》)

迎：表示方向，介宾结构常作状语。

(69) 若差人迎他去罢，又恐怕走岔了道呢。(《"支那"语集成》)

(70) 迎门儿都有一盆花儿仙人掌。(《华语精选》)

对：在《汉语会话书》中，介词"对"后只出现了代词，表方向。

(71) 父母常对我们说：我们家里虽是贫穷，我们很勤俭哪。(《汉语指南》)

(72) 所以那个财神奶奶对财神爷说："您太势力，若富贵的你偏叫他发财，那贫穷的你偏不管。"(《汉语指南》)

(八) 临近介词

临

是由具有"从高处俯视低处"之义的动词"临"发展演变而来

的，表示临近某时某地。时间介词"临"萌生于春秋战国之际；东汉以后，又逐渐产生处所功能的用法；至魏晋南北朝，时间处所介词"临"已经非常常见了。① 在《汉语会话书》中，"临"可表处所，如例（73）；也可表时间，如例（74）。

（73）不临溪不知地之厚。（《汉语独学》）

（74）他在此地有好些年，临走的时候实在是舍不得的。（《汉语指南》）

二 范围对象介词

（一）协同介词

和₁、同

由协同介词连接的两个主事元一起做某动作，在句子中常有"一同""一块儿"等副词修饰。

（75）我要和你下棋。（《速修满洲语自通》）

（76）我和你一同去罢。（《速修满洲语自通》）

（77）你同他在一块儿吃麼？（《"支那"语集成》）

（78）那么，我跟你一块儿起身罢。（《速修满洲语自通》）

（79）您若问这件事的根由，话可就长了，等得闲我与您谈谈。（《华语教范》）

蒋绍禹（2005）认为，介词"同"来源于动词词义"偕同"，演变的条件是出现于"（N）同NV"的格式中，如，"同我妇子，馌彼南亩"（《诗经》）。② 王力（1980）认为，此时的"同"是动词词义。介词"同"产生于唐代，功能与"共"差不多。③

---

① 马贝加：《近代汉语介词》，中华书局2002年版，第65—66页。
② 蒋绍禹：《近代汉语语法史研究综述》，商务印书馆2005年版，第159页。
③ 王力：《汉语史稿》中，中华书局1980年版，第215页。

(80) 人同黄鹤远，乡共白云连。(卢照邻：《送幽州陈参军赴任寄呈乡曲父老》)

(81) 诸佛化君不得，也同游客却回。(《敦煌变文集》)

马贝加（1993）认为，在唐以前，就产生了一些近似于介词"同"的用例。①

(82) 翻光同雪舞，落素混冰池。(王筠：《和孔中丞雪里梅花诗》)

(83) 方同散木爨，清响竟谁知。(王筠：《奉酬从兄临川桐树诗》)

这些"同"固然可以理解为"偕同"义，但介词"同"正是从这种用法中演变而来的。

(二) 关涉介词

与$_1$、和$_2$、跟、于、给$_1$、向、对、往、替

与$_1$：关涉介词，主要表示动作所涉及的对象或与事件有关的"相关者"；主要用于"关系类"语义中，构成"与……有关/无关"的格式。

(84) 这件事不与你相干，只是你不早来回我知道，这就是你的不是了。(《华语精选》)

(85) 你管你的罢，不用管人家的事，好也罢，歹也罢，与我无干。(《华语精选》)

和$_2$：表示涉及者，介词宾语一般为人物名词。根据其语义，一般分为关系类，如例（86）、例（87）；言谈类，构成"和……说"的格式，如例（88）；动作行为类，如例（89）。

(86) 和你无干。(《汉语独学》)

(87) 这儿的年底下和贵国的年底下差多了罢。(《汉语独学》)

(88) 他脸上一红和我说，只是找我的错缝子作甚么，眼泪汪汪地

---

① 马贝加：《介词"同"的产生》，《中国语文》1993年第2期。

走了。(《中国语自通》)

(89) 我昨天<u>和</u>他定规今儿见。(《汉语指南》)

跟：表示关涉，其介词宾语多是人物名词。

(90) 那么<u>跟</u>我进来罢。(《汉语独学》)

(91) 就<u>跟</u>人不一样的是浑身上生出来很多的毛儿。(《汉语指南》)

于：关涉介词，其宾语可以是人物名词，也可以其他名词。可以是直接涉及，如例（92）；也可以是间接涉及，如例（93）。

(92) 裤子太小，<u>于</u>我不中用。(《汉语指南》)

(93) 好些个学生们凑在一块儿用工，<u>于</u>身体最不相宜。(《汉语指南》)

(94) <u>于</u>卫生很不好。(《华语教范》)

给：关涉介词，其语义表示"……对……做某动作"。

(95) 我今儿来，一来是回拜大人，而来是<u>给</u>大人谢步。(《汉语独学》)

(96) 说来说去，你的意思不是要我<u>给</u>你找个事情么？(《汉语指南》)

向：关涉介词，在会话书中仅一例，表示"……对……做了某动作"。

(97) 若是价钱便宜，我要<u>向</u>你买许多东西。(《汉语指南》)

对：表关涉，在会话书中构成"……对……说"的格式。

(98) 父母常<u>对</u>我们说：我们家里虽是贫穷，我们很勤俭哪。(《汉语指南》)

往：表关涉，相当于现代汉语"向"的含义。

(99) 他都<u>往</u>你跟前推么？(《华语精选》)

替：表关涉，相当于现代汉语"为、给"的含义。

(100) 您回去都<u>替</u>我请问好。(《汉语独学》)

(101) 傍边儿有一个人替我说明白，就给我分剖了。(《汉语指南》)

(三) 施事介词

被、叫（叺）叫、为、把

这三个词都是施事介词，构成"介词+O+V"的格式，"O"是"V"的施事。

(102) 他欠人家的钱，所以被人告状打官司。(《华语精选》)

(103) 他被人杀了。(《"支那"语集成》)

(104) 被先生说了一顿。(《速修满洲语自通》)

(105) 他叫人打了。(《"支那"语集成》)

(106) 小孩子叺狗咬了。(《"支那"语集成》)

(107) 我为客人拉住说话呢，我又不逃走了。(《华语精选》)

(108) 今天那阵风儿把您来了？(《"支那"语大海》)

(109) 地方官都不管，不会定计策，把良民都反了。(《汉语指南》)

施事介词的形成，并非一朝一夕之事，而是历史使然。其中"为"来源于原因介词"为"，"被"来源于遭遇动词"被"，"叫"来源于使令动词"叫"。这些词之所以"殊途同归"，据石毓智、李讷（2001）认为，这和人们对被动事件的认知视点休戚相关。"为"是以第三者的角度来诠释被动事件，认为施事者是导致被动事件的直接来源，表现为"起源（处所）"或"原因"；"被"是从受事者的角度来诠释被动事件，认为被动事件就是受事者的一种不期而遇的"遭遇"；"叫"是从施事者的角度来诠释被动事件，认为被动事件对于施事者来说，往往就是一种意志行为，是在某种客观情况下容任施事者对某一对象施加某一行为。①

---

① 石毓智、李讷：《汉语语法化的历程——形态句法发展的动因和机制》，北京大学出版社2001年版，第385—388页。

(四) 比较介词

比、与₂、和₃、跟、于、如

比：用于比较性质和程度。

两种不同事物比较，"比"的前后可以是名词、动词、小句、介宾短语等，还可以用于否定句中。否定词可用于"比"字前，如例(112)；还可用于"比"字的后面，如例(113)。

(110) 夜景比白天还好。(《汉语独学》)

(111) 在海边儿的时候儿，再没有比洗海水澡痛快的了。(《汉语独学》)

(112) 人若不懂好歹，比牲口都不如。(《汉语指南》)

(113) 你们说的笑话虽然有趣儿，比不了我这个更好。(《汉语指南》)

同一事物不同时期的比较。

(114) 虽是那么着，他的劲儿比不了夏天的时候，大概说秋天的景致实在是冷清的呀。(《汉语指南》)

谓语形容词前后可带表数量或程度的词。

(115) 那可以，电汇总比票汇花费多一点儿。(《华语教范》)

谓语如用动词，限于表示某方面强弱、增减的动词或"有""没有"等。

(116) 耳朵、眼睛、鼻子、嘴这些个长的也仿佛人一个样，就是比人差的嘴大，鼻子小了。(《汉语指南》)

(117) 他学中国话很用心，一天比一天有进益，实在叫人佩服他了。(《华语精选》)

与₂：主要用于"异比"，常出现在"与……不同"的格式中。

(118) 好些个新样子与前不同了。(《汉语指南》)

和₃：引进用来比照的对象。

(119) 那江面有地方儿宽阔，和湖相同。(《汉语指南》)

(120) 在那儿念经的声儿是和人唱曲儿一个样。(《汉语指南》)

关于介词"和"的发展，王力（1958）认为，"和"本为动词，表"拌合"的意思，后来在晚唐时期发展出"连带"的意思。① 太田辰夫（1958）也认为介词"和"从唐代开始使用。② 蒋绍禹（2005）也认为介词"和"产生与唐代，并系统整理了"和"作为介词的发展历程，③ 具体如下。

① 最早表动作行为包括的对象，与介词"连"有同义关系。

(121) 看人左右和身转，举步何曾会礼仪。(《敦煌变文集》)

② 发展出表动作行为的协同者，与介词"共、同"有同义关系。

(122) 暗思向日，和他共鸳衾，效学秦晋。(《董解元西厢记》第七卷)

③ 发展出表示动作比较的对象，与介词"共、同"有同义关系。

(123) 张待诏见是个女儿，却和那没眼婆婆一般相似。(《清平山唐话本·花灯轿莲女成佛记》)

④ 表示动作涉及的对象。

(124) 平生事，只想和天语，不遣人知。（郭居安：《声声慢》，载《全宋词》）

跟：引进用来比较的对象，后面常用"一样、似的、丝毫不错"等词，也可用于否定句。

(125) 教习有六位，教我们不差甚么，跟亲子弟一样。(《汉语指南》)

---

① 王力：《汉语史稿》中，中华书局1980年版，第339页。
② ［日］太田辰夫：《中国语历史文法》，蒋绍禹、徐昌华译，北京大学出版社2003年版，第246页。
③ 蒋绍禹：《近代汉语语法史研究综述》，商务印书馆2005年版，第168页。

(126) 猴儿是好像<u>跟</u>人似的，手脚都是五个指头，脚也能拿东西。(《汉语指南》)

(127) 猴儿吃东西的时候儿，也是用手拿着吃，又可以抱着小猴儿给他吃奶，还是背着回来回去的。这些个事情也<u>跟</u>人丝毫不错。(《汉语指南》)

于：表示比较，在《汉语会话书》中，这种用例仅一例，且是引用古汉语的语料，如例（128）中第二个和第四个"于"，都是表示比较，其含义为比蓝更胜，比水更寒。

(128) 青出于蓝而胜<u>于</u>蓝，冰生于水而寒<u>于</u>水。(《速修汉语大成》)

如：表示比较，在《汉语会话书》中主要运用于否定比较句式中。

(129) 百艺无<u>如</u>一艺精。(《汉语独学》)

(130) 临渊羡鱼不<u>如</u>退而结网。(《汉语独学》)

（五）处置介词

把、给₂、拿、就

把：表处置义。

① 构成"把 + O_1 + V + O_2"的格式。

这类处置式通常是一个双及物处置式，述语动词所表示的动作涉及两个域内题元，语义上处置性较弱，这类处置式根据动词的语义又可以分为如下几类。

处置（给）：把 O_1 给 O_2。

这类处置式中的动词大多具有"给予"义或与"给予"义相关的动词，句子所表达的语义是，由于某种动作的实施，某物由主体甲处转移到主体乙处。

(131) 你可以<u>把</u>我说的那个话告诉他罢。(《汉语指南》)

(132) 这俩花子见天讨饭回来，<u>把</u>所得的东西就先供奉那个财神。(《汉语指南》)

处置（作）：把 O_1 当作 O_2。

这类处置式中动词的语义是，某一人或事物被看作或当作另一人或事物，在动词位置上出现的多是"认定""当作"义的认知动词。

（133）花蕊儿里有甜味儿，把这个甜味当作了粮食。（《汉语指南》）

（134）父母和我们一块儿吃饭，把这个当作了乐的事情了。（《汉语指南》）

处置（到）：把 O_1 放到或放在某处。

这类处置式中的 O_2 通常为处所词或表示处所的名词，句子的语义是，客体在某种动作的情况下位移到某一处所或方位之内，句中的动词多为行为动词。

（135）把一条凳子挪在这边儿。（《汉语指南》）

（136）把那个搁到屋里去罢。（《汉语指南》）

上面三类"把"字处置式中动词的动作性皆不强，并且动词后面带有宾语，这三类处置句的处置性都较弱，动词后面因为有宾语，从而无法带补语。

② 把 + O_1 + V。

这类处置式的动词是一个光杆动词，动词前后没有其他成分。

（137）在生不把父母敬，死后何必哭灵魂。（《汉语独学》）

（138）海关上有定章、得把出入的东西搜查。（《汉语指南》）

③ 把 + O_1 + V + 了/着。

（139）把胳膊擢了。（《汉语指南》）

（140）我想您有事才想起我来，没有事就把我忘了。（《"支那"语大海》）

④ 把 + O_1 + V + 补语。

补语为趋向补语。这类处置式动词后的趋向补语可以直接是"V +

来/起来/下来/出来"的格式，还可以是"V＋了＋下来/去/来了/去了"等形式。

（141）把擦脸手巾拿来。(《汉语独学》)

（142）包儿是把东西包起来的。(《汉语指南》)

（143）把茶碗掉下来。(《汉语指南》)

（144）他把柜子里屉子使劲儿拉出来，要找甚么东西。(《汉语指南》)

（145）把那一股贼就斩了下来。(《汉语指南》)

（146）不分白昼夜里，把人家东西硬拿了去，就是抢夺。(《汉语指南》)

（147）暖风是把草木的香味儿吹了来了。(《汉语指南》)

（148）谁知道忽然来了一个顶利害的老鹞鹰，把那只鸡抓了去了。(《汉语指南》)

补语为结果补语。这类"把"字处置式还可以是"V＋趋向补语＋结果补语"的形式，如例（149）。

（149）那个孩子没出息，把他的胳臂抓破了。(《汉语指南》)

（150）趁着他睡觉的时候儿，就拿绳子把他从头至尾的缠起来个壁直的，这么着就死了。(《汉语指南》)

补语为不确定的数量结构。

（151）这个不好，你若是把那件少了点儿，我可以买。(《"支那"语大海》)

⑤ 动词为"V—V"形式或"VV"形式。

"V—V"或"VV"形式表示时间的短暂和动作的轻微。

（152）拿水来把汗褟儿洗一洗。(《汉语指南》)

（153）贪多嚼不烂，把一口的东西细嚼嚼，才能知道那个味儿了。(《华语精选》)

⑥ 动词结构为连动式。

动词结构为连动式的，有意义不一样的地方，有在时间上先后发生的，有同时发生的。如例（154）"把"字后面的两个谓语动词是时间的先后关系，是先把父亲的骨头拿出来，再埋葬；例（155）是先把嘴里的肉松了再掉下去；而例（156）搁在太阳地里和晒一晒就是同时发生的，搁在太阳地里可以看成晒一晒的地点状语；例（157）给我们全世界和照得明明白白也是同时发生的，"给我们全世界"可以看成"照的明明白白"的地点状语。

（154）那个人拏着大斧子把虎头就砍了下来，……把他父亲的骨头拿出来就埋葬了。（《汉语指南》）

（155）那个桥上的狗贪心不足，又要吃那个肉就叫了一声，把自己嘴里的肉松了掉下去了。（《汉语指南》）

（156）你把潮湿的衣服搁在太阳地里晒一晒罢，晒干了就收起来。（《"支那"语集成》）

（157）太阳把光华给我们全世界照得明明白白。（《汉语指南》）

动词结构为并列式

（158）那村里人们把这两个孩子，又疼爱又恭敬了。（《汉语指南》）

⑦ 兼语句，所谓的兼语句就是"把"字后面的名词，既作了"把"的宾语，又作了后面动词的主语。

（159）把他的胳臂搿住了劲儿。（《汉语指南》）

这类狭义的"把"字处置式来源于连动结构"V_1（把）$+O+V_2$"，在此句式中"把"表"持拿"义，我们通过对CCL语料库的搜索，此格式最早出现于汉魏六朝时期，如下例（160）、例（161）中的"把"就表"持拿"义；在唐朝时，此格式大量使用，此时有些"把"就介乎动词和介词之间了，如例（162）、例（163）；而例（164）中的"把"就是介词了，该例中"把"的宾语凉泉也不是可持拿的对象了，这说明

"把"的宾语已经开始泛化了,"把"已经语法化为介词了。

（160）太山之险,则既明矣,试使一人把大炬火夜行于道,平易无险。(王充:《论衡》)

（161）天神入牛腹中为马,把李实提桃间乎?(王充:《论衡》)

（162）把君诗卷灯前读,诗尽灯残天未明。(白居易:《舟中读元九诗》)

（163）云边踏烧去,月下把书看。(贯休:《寄乌龙山贾泰处士》)

（164）惜无载酒人,徒把凉泉掬。(宋之问:《温泉庄卧病寄杨七炯》)

⑧ 致使义处置式。

这类处置式中介词"把"的宾语在语义上不是动词的受事,而是动词的当事,整个格式具有一种致使义。

（165）有一匹马驮着盐过河滑倒了,躺在水里头把盐都化了,那盐驮子轻一点儿,那匹马就起来撒欢的了不得。(《汉语指南》)

（166）那马想着昨天的事情,假装躺在河里把稻草都湿了。(《汉语指南》)

蒋绍禹（2005）认为,致使义处置式大约产生于唐五代,宋元以后逐渐多见。① 此类句式整体带有一种致使义,如果把句中的"把"换成"使",句子的意思基本不变,其使动意义是由句中带使动意义的动词或动结式体现的。

拿:表处置,多用于具有消极色彩的语句里。

（167）你反**拿**我取笑儿,很趣愿呢。(《华语精选》)

给$_2$:在《汉语会话书》中,"给"字句表处置的只有两例。

（168）**给**我菜单子拿来。(《汉语独学》)

---

① 蒋绍愚、曹广顺:《近代汉语语法史研究综述》,商务印书馆2005年版,第370页。

(169) 太阳把光华给我们全世界照得明明白白。(《汉语指南》)

王健(2004)认为,动词"给"后出现非受益格是"给"表处置义的重要一步,因为它有使句子产生歧义的可能,如宝玉笑道:"我认得这风筝。这是大老爷那院里娇红姑娘放的,拿下来给他送过去罢。"(《红楼梦》第七十回)这句话中的"他"可能指娇红姑娘,也可能指风筝,这是"给"就相当于"把",表处置义了。①

就:处置介词,相当于"拿"。

(170) 那个小俚就笑脸迎着说……(《汉语指南》)

(六) 接受介词

给$_4$

表示接受。介词宾语多由人称代词充当,介宾结构作动词的补语,其谓语动词有"传递"的语义。

(171) 那么赏给你三角钱,合十七块,写我的账罢。(《汉语指南》)

(172) 他是看见开明那们样的专心用工,所以每夜里教给他念书了。(《汉语指南》)

(七) 范围介词

除了、连

"除了"表示不计算在内的意思,后面跟名词。

(173) 除了人住的,下余还有二十多间了。(《汉语指南》)

(174) 中国澡堂子除了池塘,还有盆塘。(《"支那"语大海》)

"连"作范围介词,表示包括在内,常和"带"字合用。

(175) 饭钱都在其内么?是,连房带饭一包在内。(《华语精选》)

(176) 是,连车票带找钱都在这儿了您纳。(《华语教范》)

(177) 若按着这个料子做一套,连工合多儿钱?(《华语教范》)

---

① 王健:《"给"字句表处置的来源》,《语文研究》2004年第4期。

"连"在表包括的含义时，也表强调，后文多有"都、也、还"等呼应，也有不用的时候，如例（181）；"连"还可以包括动作，如例（182）。

(178) 连嘴唇子都破了。(《汉语指南》)

(179) 带兵的官谋算不好么，连姓名也难保。(《汉语指南》)

(180) 连这个东西还不认得呢，明天还说嘴么？(《华语精选》)

(181) 别说桃李，连海棠开得好看。(《华语精选》)

(182) 唉，可以你给送到我家里去，连拿钱。(《华语教范》)

（八）类比介词

即如、譬如

即如：表示类比，在会话书里仅1例。

(183) 即如这俩花子天天要了来的还供奉我们，为甚么不叫他们发点财？(《汉语指南》)

譬如：表示类比，在会话书里也仅1例。

(184) 别说我找你们的错缝子，譬如我当了差使回来，剩下的空儿歇歇儿，那不好么，只是和你们这个那个的，为甚么呢？(《"支那"语集成》)

（九）强调介词

连

强调介词，在《含义会话书》中构成"连……也……""连……，况且……""连……都……""连……还……"的结构。

(185) 连小舟也过不去。(《"支那"语集成》)

(186) 他连弟兄都不知道，况且朋友呢。(《华语教范》)

(187) 连住址和名字都算钱么？(《华语教范》)

(188) 哑，人人都说你，没有不经过、不见过的，连这个东西还

不认得呢,明天还说嘴么?(《华语精选》)

三 凭借方式介词

(一) 工具介词

拿、以、用

(189) <u>拿</u>朝鲜话翻译讲罢。(《华语教范》)

(190) 你煮饭的时候儿,<u>拿</u>筛子用心筛一筛,因为米里头砂子很多。(《"支那"语集成》)

(191) 不过是<u>以</u>羊易牛罢咧。(《汉语大成》)

(192) 劈开是无论甚么东西,<u>用</u>刀子和斧子破开的。(《汉语指南》)

(二) 依据介词

依、照、按、据、论、随

依:"依"后面常接人称代词"我"。

(193) <u>依</u>我说,人不知鬼不觉的,比他早一点儿走罢。(《华语精选》)

照:依据介词,其介宾结构常作状语。

(194) 这都是<u>照</u>着日本火车说的。(《汉语指南》)

(195) 按二八交定钱,货到之后<u>照</u>数交钱。(《华语教范》)

按:表示遵从某种标准,后面可以跟名词,还可以构成"按……说"的结构;"按"后面可以跟"着",但仅限于使用双音节词时。

按(着)+名词。

(196) <u>按</u>这情形看,那个财宝真是我的东西了,才算得是大财主。(《汉语指南》)

(197) 那总得<u>按</u>着字数儿算的,你先不用着急。(《汉语指南》)

按+名词+说,名词限于指道理、条件、规律一类的,表示说话人根据事理作出通常应有的论断。

（198）按道儿说，这河西务离京还有多远？（《"支那"语集成》）

介词"按"来源于其动词义"考察"，马贝加（1990）认为"考察"义与"依照"之间有源可溯，因为考察、查询之后便有依可循，处理起来就有了一定的依据，久而久之便引申出"依照"义。①

"按"虚化为介词的第二个原因是其经常出现于"V_1+N+V_2"结构V_1的位置上，且出现的频率渐次增高。如"案往旧造说，谓之五行"（《荀子·非十二子》），在东汉之后，"按+N+VP"结构中的"N"多表"贵""典""令""法"等，如"欲案亮成规，诸军相次引军还"（《三国志·蜀书·刘彭廖李刘魏杨传》）。"按+N"绝大多数表示 V 方式，"按"的介词身份也就随之确定下来了。

据：表"按照""依据"的含义，后面可以跟名词，还可跟人称代词"他""我"。

（199）据实的说。（《"支那"语集成》）

（200）据他说自己还有理。（《速修满洲语自通》）

（201）据我看，未必妥当……（《华语精选》）

论：依据介词，后面常跟计量单位名词。

（202）我们这儿买牛奶都是论碗论瓶。（《汉语指南》）

（203）论斤论壶都差不离。（《华语教范》）

随：表示依据。

（204）朝廷随地酌情，建立地方官为临民的官。（《汉语指南》）

（三）凭借介词

借、托、仗、靠

（205）你说借酒解闷，我可不信。（《速修汉语大成》）

---

① 马贝加：《介词"按、依、乘、趁"探源》，《温州师院学报》（哲学社会科学版）1990 年第 3 期。

(206) 托大人的福,打发我来请大人的安。(《"支那"语集成》)

(207) 此事全仗老兄为力了。(《华语精选》)

(208) 你射的步箭有甚么说得呢,早晚儿要仗着大拇指头,戴翎子咯。(《"支那"语集成》)

(209) 松树就凌风站着靠着自己的强硬有傲慢的气像。(《汉语指南》)

(四) 原因、目的介词

为、因、因为

为:在《汉语会话书》中,"为"作介词主要表原因、目的。

(210) 我为这件事日夜悬心。(《"支那"语集成》)

为+动/小句,还可以构成"为得是"或"为的是"的格式,用来表目的。

(211) 原来是个贼,为偷东西,故意儿的粧成鬼来。(《"支那"语集成》)

(212) 屋里很黑,所以安上门窗,为得是出入方便。(《汉语指南》)

(213) 狐狸本来是奸诈的,为的是假那个老虎的威了。(《汉语指南》)

(214) 没甚么要紧的事情,为得不过是游历去的。(《汉语指南》)

因、因为:作"介词",表示原因,"因"和"因为"意义和语法功能都一样,后面可以跟名词和名词短语、疑问词和动词及动词短语。

(215) 因风吹火用力不多。(《汉语独学》)

(216) 我本应当先到您府上去,就因昨儿才到的,一切行李还没安排好了。(《华语教范》)

(217) 您因为甚么来呢?(《汉语独学》)

第四节　与普通话介词的比较

张小克（2004）参照了六本虚词词典，确定了151个介词。① 尹宝玉在此基础上增加了《现代汉语词典》（第7版）中的介词，去掉相同的介词、书面语介词和方言介词后得到115个介词，② 大致分类如下。

表8-2　　　　　　　　15个现代汉语普通话介词分类

表示时间	当、到、等、等到、临、临到、于、在、从、自、自从、正当、直到、至、打、赶、距、离、以
表示空间	从、朝、到、挨、经、经过、经由、冲、距、距离、离、由、一从、在、齐、挨着、朝着、冲着、顺、顺着、往、问、向、向着、于、沿、沿着、因、随、随着、奔、奔着、打、自
表示范围	限于、在、尽、尽着、除、除了、除开、除去
表示对象	把、被、冲、冲着、朝、朝着、对、对于、当着、给、跟、关于、管、归、和、拿、叫、经由、让、替、同、向、向着、于、有关、连、连同、与、论、至于、用、为、以、由
表示原因目的	冲、冲着、通过、为、为了、为着、因、因为、于、由、由于
表示依凭	按、趁、乘、从、叫、就、据、借、靠、凭、循、依、以、讲、由、准、冒、在、让、按照、按着、本着、趁着、乘着、就着、借着、凭着、循着、依照、依仗、依仗着、仗着、遵照、冒着、根据、顺着
表示比较	比、比较、跟、同、于、似

现代汉语普通话介词115个，《汉语会话书》中的介词87个，从整体上看，两者在量上有区别。

---

① 张小克：《略论普通话介词的数量》，《辞书研究》2004年第5期。
② 尹宝玉：《哈尔滨方言介词研究》，硕士学位论文，辽宁师范大学，2018年。

一　时间介词比较

有如下时间介词在现代汉语普通话里使用，而在《汉语会话书》里没有，如临到、正当、以、离。时间介词"解"在《汉语会话书》里使用，而在现代汉语普通话里没有。

"解"相当于现代汉语普通话里的介词"从"，可以表时间和地点的起点。"当了""当着"后面接时间名词，相当于现代汉语普通话里的介词"正当"。"赶到""赶等着"后接终点时间词，相当于现代汉语里的"等到"。

"临"在《汉语会话书》和现代汉语普通话里皆有使用，但用法稍有不同，现代汉语普通话里，"临"可以接动词，如"临睡""临毕业"；而在《汉语会话书》里，"临"后必须接名词性结构，如"临走的时候"。

二　范围介词比较

《汉语会话书》仅有两个范围介词，如除了、连。而现代汉语普通话里范围介词则宽泛很多。如"限于""尽""尽着""除""除开""除去"等在《汉语会话书》里就没有使用。

三　对象介词比较

现代汉语普通话里的对象介词比《汉语会话书》里的介词多很多，有如下对象介词在现代汉语普通话里使用，而在《汉语会话书》里没有，如冲、冲着、朝、朝着、对于、关于、管、归、经由、有、连同、至于。

四　凭借介词比较

现代汉语普通话里的凭借介词比《汉语会话书》里的介词多很多，

有如下对象介词在现代汉语普通话里使用，而在《汉语会话书》里没有，如就、借、凭、循、依、以、讲、由、准、冒、在、让、按照、本着、趁着、乘着、就着、借着、凭着、循着、依照、依仗、依仗着、仗着、遵照、冒着、根据、顺着。

五　原因、目的介词比较

在《汉语会话书》中，表原因的介词仅有三个，如为、因、因为；而现代汉语普通话里表原因目的的介词则丰富许多，如冲、冲着、通过、为、为了、为着、因、因为、于、由、由于。

第五节　小结

《汉语会话书》中有些介词表达有多种意义，如"从"既作始发处介词，又作所经处介词；"和"既表协同介词，又表关涉介词，还表比较介词。在现代汉语普通话里，有些介词并没有，如起点介词"解"属于北京方言，也写作"接"，如"接这儿数起"[①]。

[①]　陈刚：《北京方言词典》，商务印书馆1985年版，第132页。

第九章 连词

第一节 连词的定义

最早对连词进行定义的是《马氏文通》,马建忠(2000)认为,凡虚字用以提承辗转字首者,统曰"连字"。① 自马氏以降,语法学家对连词进行定义主要从语法和语义两方面,比如黄伯荣、廖序东(2007)就从功能特征和语义关系相结合给连词下定义。他们定义连词为,起连接作用,连接词、短语、分句和句子等,表示并列、选择、递进、转折、条件、因果等关系。② 这个定义就全面地参照了功能和意义两条标准。

我们对《汉语会话书》中的连词做了系统梳理,整理如下。

并列连词

单用的: 和、及、而。

复合用的: 一面……一面……、一来……二来……、一则……二则……

承接连词

转接连词: 至于……

---

① 马建忠:《马氏文通》,商务印书馆2000年版,第277页。
② 黄伯荣、廖序东:《现代汉语》,高等教育出版社2007年版,第29页。

顺接连词：而、则、那、那么、那么着、然后。

递进连词

预递连词：不但、不惟、不止。

承递连词：并且、况且、而且、以至、再者。

选择连词

选取式连词：或、或是、或者、还是、不是……就是……、不是……却是……

析取式连词：宁、宁可、不如、倒不如、与其。

假设连词

若、若是、若论、若要、若要是、若有、若果然、果然若、不然、若不然、要不然、若不是、要、要是、要不、如若、如果、倘或、萬一。

因果连词

原因连词：因、因为。

结果连词：故、故此、所以、因而。

推论因果连词：既、既然、既是、果然。

让步连词

事实让步：虽、虽然、虽是、虽说（虽说是）、尚、尚且。

假设让步：虽、就是。

条件连词

有条件连词：只要、等到。

无条件连词：不论、不管、不拘、任、凭、任凭。

转折连词

重转折关系转折连词：然而、但、但是、但只、但只是、可、可是。

轻转折关系转折连词：无奈、而。

弱转折关系转折连词：不过、只是。

目的连词

积极目的连词：好、以、为得是。

消极目的连词：省得、免得。

第二节　连词的分类研究

一　并列连词

(一) 单用的并列连词

和、及、而

和

① 连接名词性成分。

在句中作主语。

(1) 这儿的年底下和贵国的年底下差多了罢。(《汉语独学》)

(2) 官兵和巡捕们有一定的章程。(《汉语指南》)

在句中作宾语。

(3) 我喜欢春天和秋天。(《汉语独学》)

(4) 墙上贴着好几张告示，写着车价和开车的时刻了。(《汉语指南》)

在句中作介词宾语。

(5) 是各学堂的出品，像片儿、乐器、文具和个样儿的玩意儿甚么的。(《汉语独学》)

② 连接的是谓词性成分，在句中作宾语，仅1例。

(6) 稻子有早熟和晚熟的分别么？"(《汉语指南》)

从搜集的材料可以看到，"和"连接的主要是名词性成分。

及

在《汉语会话书》中"及"连接的是名词性成分。

① 在句中作主语。

(7) 动词及打消话用例。(《华语教范》)

② 在句中作介词宾语。

(8) 请众位把贵原籍营业及姓名您给开一个清单,我们柜上好报巡警豫备调查。(《华语教范》)

《说文解字》对"及"的解释是,逮也。即"追及"的意思,如:"群居终日,言不及义,好行小慧,难矣哉!"(《论语·卫灵公》)当"及"后的宾语扩展至地点名词时,"及"就引申出"至""到达"义;当宾语扩展至人或物的名词性时,就逐渐引申出"连累、关联"的意义,此义再虚化成"和,同"义的介词,如:"及尔偕老,老使我怨。"(《诗经·卫风·氓》)当"及"所连接的成分语义地位平等,语法地位关系不明确,就引发了重新分析,成为连词。蒋宗许(1990)也认为,"及"来源于动词,经过了动词—介词—连词的发展过程。①

而

并列连词,在《汉语会话书》中连接肯定和否定相互补充的成分。

(9) 宁可正而不足,不可邪而有余。(《速修汉语大成》)

(二) 复合用的并列连词

在《汉语会话书》中还有一些复合并列连词,分别是,一面……一面……(1例),一来……二来……(1例),一则……二则……(3例)。

(10) 一面儿学话,一面儿学汉文,这就是一举两得的了。(《汉

---

① 蒋宗许:《并列连词"与、及"用法辨析质疑》,《中国语文》1990年第2期。

语指南》)

(11) 我今儿来,一来是回拜大人,二来是给大人谢步。(《汉语独学》)

(12) 一则是这么样,二则是那么样。(《汉语指南》)

二 承接连词

承接连词,即指用来表示前后两个词、短语或小句的承接关系,包括时间上的先后承接,动作与目的、结果的关系,状语和谓语的关系等,所连接的结构主要在句中作谓语,或连接复句的后一小句。承接连词可分为转接连词和顺接连词。

(一) 转接连词

转接连词常位于句首,表示一件事情叙述完之后又转到另一件事。在《汉语会话书》中,转接连词仅 1 个。

至于

至于(於):表示另提一事。

(13) 至于和朋友搭伴儿出去打茶围去,那些个女们搽臙、摸粉儿、首饰、打扮、衣服讲究的样子,一看实在离不开的呀!(《汉语指南》)

(14) 赔款一层我万不能应承的。至于您赔不赔这一节,我不敢干预。(《华语教范》)

(二) 顺接连词

顺接连词用于后一小句或大句句首,表示前后两件事在逻辑关系上是先后相承的。

而、则

而:作顺接连词仅 1 例,表示时间的先后。

(15) 临渊羡鱼不如退而结网。(《汉语独学》)

则：《说文》："则，等画物也。"本义为"分画"，虚词与本义无关。《说文》段注："则，假借之为语词。""则"用作连词，先秦已有用例[1]，表示事理上相承的关系。

(16) 也不过是叫你有<u>则</u>改之，无<u>则</u>加勉的意思啊！（《汉语指南》）

(17) 这不是乐极<u>则</u>悲，酒极<u>则</u>乱的么？（《汉语大成》）

那、那么、则么着

那、那么、那么着：作连词时，表顺着上文的语义，申说应有的结果或做出判断，上文可以是对方的话，或自己提出的假设和判断。

(18) <u>那</u>就对了，你出去问问赶车的，还短他两块钱，对不对。（《华语教范》）

(19) <u>那</u>就挂个帐子，上多儿钱的分子也就得了。（《华语教范》）

(20) 甲：我要做一套衣裳。乙：<u>那么</u>量一量尺寸。（《汉语独学》）

(21) 甲：您没有事，今天同我再去一荡，好不好？乙：可以，<u>那么</u>这就去罢。（《汉语独学》）

(22) <u>那么着</u>，现在已经到了吃饭的时候儿了，请在这儿吃晌饭罢，有现成的饺子。（《汉语独学》）

然后

然后：表示一件事情发生之后又发生另一件事情，常用于大句或后一小句的句首，在《汉语会话书》中总共10例。

(23) 这俩花子见天讨饭回来，把所得的东西就先供奉那个财神，<u>然后</u>才吃，得了钱就买香来焚烧。（《汉语指南》）

(24) 给我先沏上茶，<u>然后</u>就预备饭罢。（《华语教范》）

我们对CCL语料库进行搜索，发现在先秦时期"然后"就开始连用，可见它的词汇化很早。何乐士（1985）认为，"然后"属于连词，

---

[1] 中国社会科学院语言研究所古代汉语研究室：《古代汉语虚词词典》，商务印书馆1999年版，第811页。

用来连接分句与分句或者段落与段落，往往位于后一分句或后一段落之首。① 杨伯峻（1981）也认为，"然后"用作连词，表示两事的前后关系。② 如："是故学然后知不足；教然后知困。"（《礼记·学礼》）

三 递进连词

递进连词，即连接两个具有更进一层语义关系的语言单位的连词，处于前一小句句首为预递连词，处于后一小句句首为承递连词。

（一）预递连词

不但、不惟、不止

不但：用于前一小句句首，表达此小句不是表达的全部意思，后一小句比前一小句更进一层，在《汉语会话书》中，后一小句通常有副词"还""连""并且""而且"等联合使用。

（25）客车不但有一个，有好些个呢。（《汉语指南》）

（26）这个猴儿不但能走，还是能爬着走。（《汉语指南》）

（27）不但我，还有两位哪。（《华语教范》）

（28）他是不但口音好，并且说得很脆。（《华语教范》）

（29）不但车价，连茶馆儿的饭钱都没给。（《"支那"语集成》）

（30）不但东西好，而且很贱。（《"支那"语集成》）

不惟：用于前一小句句首，表递进，翻译成"不仅"，在《汉语会话书》中仅1例。

（31）不惟可合于教科而已，人皆可以独习而能就。（《速修汉语大成》）

这两个预递连词前都有"不"字，"但"和"惟"语义相近，都表

---

① 何乐士：《古代汉语通释》，北京出版社1985年版，第455页。
② 杨伯峻：《古汉语虚词》，中华书局1981年版，第125页。

对事物范围、数量或动作行为的限定，相当于"仅"；加上"不"字之后，暗含了事物不仅仅是限定副词所限定的结果，还有更进一层的含义，这就产生了递进的意思，从而发展为递进连词。

不止：在《汉语会话书》中仅 1 例，连接数量词。

（32）<u>不止</u>四五年，有九年十年的光景没见了。（《"支那"语集成》）

（二）承递连词

并且、况且、而且、以至、再者

并且：在《汉语会话书》中作承递连词，用于后一分句，表示更进一层的意思，全书仅 5 例。

（33）不错，很有天聪，<u>并且</u>很知道下民的光景，左右的官都敬畏。（《汉语独学》）

（34）他是不但口音好，<u>并且</u>说得很脆。（《华语教范》）

（35）风景实在是好，山上的树木山石的样子很有趣儿，还可以看万瀑洞里瀑布，<u>并且</u>现在去山上的枫叶都红了，非常的好看。（《汉语独学》）

况且：用于后一分句，表示更进一层，多用来补充说明理由，在《汉语会话书》中仅 1 例。

（36）一则是这么样，二则是那么样，<u>况且</u>他说的话，也没有准儿。（《汉语指南》）

周刚（2002）认为，"况"和"且"词汇化为连词不晚于唐代。[①]

（37）<u>况且</u>道士美貌清畅，情伤（肠）宽闲……一旦意欲游行，心士只在须臾。（《敦煌变文集·叶净能诗》）

而且：表示更进一步。

（38）我要到北京去一荡，可是人地生踈，<u>而且</u>言语又不通，可怎

---

① 周刚：《连词与相关问题》，安徽教育出版社 2002 年版，第 183 页。

么好呢？(《华语精选》)

(39) 他原来是聪明，<u>而且</u>又很爱用功。(《华语教范》)

(40) 那一个真可笑，脏的看不得一只眼，<u>而且</u>糙稠麻子，又是满下巴的卷毛儿胡子的。(《速修汉语大成》)

以至：连接两项以上的内容，常放在后面的选项前，表示程度、范围上的延伸，在《汉语会话书》中仅1例。

(41) 自单语、会话<u>以至</u>长话、格言，无不备具。(《速修汉语大成》)

再者：在会话书中仅出现2次。

(42) 一来不拏有房子没有，二来如果赶车的多，和尚不愿意，<u>再者</u>丢了东西为谁是问？(《"支那"语集成》)

(43) 我并不委屈，但只惦记父母上了年纪，兄弟又小，<u>再者</u>亲戚骨肉们都在这儿，我能撂得下谁呢？"(《"支那"语集成》)

四 选择连词

选择连词，即连接两个及两个以上关系对等的语言单位的连词。有多种选择的连词叫选取式连词，仅单一选择的连词叫析取式连词。

（一）选取式连词

或、或是、或者、还是

或：连接两个及两个以上的词或短语或小句，表示多种选择。有的句子用一个"或"，如例（44）；有的句子用多个"或"，如例（45）至例（46）；有的"或"可以和"还""也"搭配使用，表示两大选择，如例（47）就是"或"和"还"搭配使用，例（48）就是"或"和"也"搭配使用。

(44) 交情厚的有送宁绸、洋绉衣料儿，<u>或</u>靴子帽和珍珠首饰甚么的，再加上喜敬若干银两<u>或</u>奁敬，若干银都使得。(《华语教范》)

(45) 那依恋是舍不得的意思，<u>或</u>亲戚、<u>或</u>朋友、<u>或</u>本家，都说

得。(《汉语指南》)

(46) 或有瓦盖的房子，或有草盖的房子。(《汉语指南》)

(47) 四时都看花，草根儿、木叶儿、或有吃的可以吃，还有移动的可以移动。

(48) 还是人该哭的时候儿哭，该笑的时候儿笑，也可以和别人谈一谈，或彼此商量事情，写一个字儿彼此就知道那个意思。(《汉语指南》)

或是：用法同"或"一样，可以连接词、短语和小句；可以单用，可以多个连用。

(49) 两块半或是三块钱。(《华语精选》)

(50) 比方要有借银子的，若是有货物或是有产业押在这儿，可以行麽？(《华语教范》)

(51) 夏天的时候，最小心的是吃的东西，或是未熟的果子，或是喝了生冷的水是不好的了。(《汉语指南》)

或者：用在叙述句里，表示选择关系。

(52) 莫不是走岔了道儿了，或者是掉在沟里头，或者是跟孩子们打了架挨了打，莫不成饿的了不得在道儿上哭么？(《汉语指南》)

在《汉语会话书》中，可以构成"或者……或是……"的格式。

(53) 这办喜事不同，或者是娉闺女娶媳妇儿，或是办寿日，小孩儿满月，都叫做喜事。(《汉语指南》)

还是：周刚(2002)，"还"用作选择问连词，出现于晚唐五代。到了宋代，"还"和"是"粘合成为表选择的连词，有的复句中只用一个表示选择，有的复句中用了两个，用法尚未固定。到明清时代，复句中一般都是用两个"还是"。[1] 在《汉语会话书》中常构成

---

[1] 周刚：《连词与相关问题》，安徽教育出版社2002年版，第186—187页。

"是……还是……"的格式,也可单用连接小句。

(54)您是喜欢靠海的地方儿啊,还是喜欢山里头呢?(《汉语独学》)

(55)天气不妥当,你可以拿伞去么,还是穿雨衣去呢?(《汉语指南》)

不是……就是……、不是……却是……

(56)不是早起,就是晚上。(《华语精选》)

(57)我疑惑他不是不能的,就是假装那么样。(《汉语指南》)

(58)你想着,这个钱不是他吞了却是谁?(《汉语指南》)

(二)析取式连词

宁、宁可、不如、倒不如

"宁/宁可"常用于前一小句,表示放弃现有的,而选取另外的即使是比较坏的事物或处境,在《汉语会话书》中仅出现3例。

(59)宁作太平犬,莫作逆乱人。(《汉语指南》)

(60)虽冲撞了他的脸上,宁可我不要这个东西了。(《华语精选》)

(61)宁可正而不足,不可邪而有余。(《速修汉语大成》)

不如:表示在现有的情况下提出一个更好的选择,表示前面提到的处境或事物比不上后面的;有时可在"不如"的前面加上"倒",强调后面的选择。

(62)临渊羡鱼不如退而结网。(《汉语独学》)

(63)口说不如身逢,耳闻不如目见的。(《速修汉语大成》)

(64)我劝他无益,倒不如别理他就是了。(《华语精选》)

(65)我劝他无益,倒不如别理他就是了。(《华语精选》)

与其

与其:比较两件事决定取舍的时候,"与其"用在放弃的一面,常和"还不如"搭配使用。

周刚（2002），表示取舍关系的连词"与"，见于先秦；表示取舍关系的连词的"与其"是由"与"附加后缀"其"而成，也见于先秦。除了"与其……不如……"和"与其……宁……"的格式，还先后出现了"与其……不若……""与其……何如……""与其……莫若……""与其……岂若……""与其……孰若……""与其……无宁……"和"与其……毋宁……"等格式，历代一直沿用。①

（66）与其这么闲着，还不如下棋去哪。（《华语教范》）

（67）与其这么遮掩，索性简直的说罢。（《华语教范》）

五　假设连词

若、若是、若论、若要、若要是、若有、若果然、果然若

"若"作假设连词在上古时期就已见用例："君若以德绥诸侯，谁敢不服？君若以力，楚国方城以为城，汉水以为池，虽众，无所用之。"（《左传·僖公四年》）周刚（2002），"若"用作表示假设条件的连词见于上古时期，中古时期继续在使用。② 在《汉语会话书》中，"若"有大量作假设连词的用例。

（68）若到一个地方儿喝一回酒，实在受不了，喝茶就很好了。（《汉语独学》）

（69）人若不懂好歹，比牲口都不如。（《汉语指南》）

在会话书中，"若"还可跟"是""要""论""说""有""果然"等词连用，与单用相比，这些合成词有更强的假设意义。

（70）若是太阳没有么，这世界上都是黑暗。（《汉语指南》）

（71）若是带的行李多，另外得给水脚。（《汉语指南》）

（72）若要赶他，实在难。（《"支那"语集成》）

---

① 周刚：《连词与相关问题》，安徽教育出版社2002年版，第210页。
② 周刚：《连词与相关问题》，安徽教育出版社2002年版，第198页。

(73) 若论学话，那一样儿也不容易，只要用心没有难的（《华语教范》）

(74) 若论房子吃食都差不多，南头儿方便，北头儿方便，那是随老爷的意。（《"支那"语集成》）

(75) 至今还是不住嘴儿的念，不离手儿的看呢，若要赶他，实在难。（《"支那"语集成》）

(76) 那个屋子若要是四面儿都是墙么？（《汉语指南》）

(77) 这个话不但为牲口说的，就是人若有过度的贪心，一定有这样的事情了。（《汉语指南》）

(78) 你这一去了，若果然不再来，倒也省了口舌是非，大家倒还干净了。（《华语精选》）

(79) 喝酒有甚么呢，果然若得了，别说是酒，我合着你纳的意思，我请你纳。（《"支那"语集成》）

不然、若不然、要不然、若不是

不然：表示否定性的假设，可译为"如果不这样、否则"，引进假设情况下的某种结果或结论。在《汉语会话书》中仅出现2例。

(80) 幸而昨儿把所吃所喝的全吐了，不然今儿也就扎挣不住了。（《"支那"语集成》）

(81) 等他回来的时候儿，把他捆上重重儿的打一顿才好，不然惯了他就更不堪了。（《"支那"语集成》）

若不然/要不然：语法意义和功能同"不然"差不多。"若不然"在书中出现2例，"要不然"出现1例。

(82) 要吃栗子，一定刨去了那个细皮了。若不然，吃得怪涩的。（《华语精选》）

(83) 常叫他在跟前儿服侍，还好些儿，若不然就淘气得了不得（《"支那"语集成》）

（84）遇见这么点儿事，既是能办的，还敢不上紧的办么？<u>要不然</u>，可要朋友做什么呢？（《华语精选》）

"若不是"表否定假设，常位于前面的小句，后面的小句表示此情况下的结论。在《汉语会话书》中仅3例。

（85）<u>若不是</u>您带我来么，差不多的叫我负此春光了。（《汉语指南》）

（86）<u>若不是</u>昨儿晚上，下这么点儿雨，今儿还能出门麼？（《华语教范》）

（87）俗语儿说的，"良药苦口，忠言逆耳。"若不是一家儿，我巴不得儿的哄着叫他喜欢呢，必定讨他的厌烦作甚么？（《"支那"语集成》）

要、要是、要不

要：表"如果"的含义，用于前一小句，后一小句推断结论。

（88）您<u>要</u>出城去，我陪着您去，好不好？（《汉语指南》）

（89）<u>要</u>砌墙，先得打石膏。（《汉语指南》）

要是：假设连词。周刚（2002），"要是"由表示假设条件的连词"要"加后缀"是"黏合而构成，用例不晚于明代。①

（90）那么着，我<u>要是</u>票汇呢？（《华语教范》）

（91）您脸上气色和精神可还是照旧一样。<u>要是</u>服元儿，得些日子。（《华语教范》）

要不：否定性的假设连词。

（92）我<u>要不</u>看着，你们两个素日怪可怜儿的，我这一脚把你两个小蛋黄子踢出来。（《华语精选》）

（93）大人这样照顾我，我再<u>要不</u>体上情，天地也不容了。（《"支

---

① 周刚：《连词与相关问题》，安徽教育出版社2002年版，第201页。

那"语集成》)

如若、如果

在《汉语会话书》中,"如若、如果"表推测假设,各仅出现一次。

(94)如若是他,随你用甚么话推辞,我是决计不见他了。(《"支那"语集成》)

(95)二来如果赶车的多,和尚不愿意,再者丢了东西为谁是问?(《"支那"语集成》)

倘或、万一

"倘或"表假设,用于前一小句,后一小句提出问题或推出结论。

(96)倘或我赶不回来,你们就先走罢。(《华语教范》)

(97)倘或赶不上,偺们等下趟车再走。(《华语教范》)

(98)万一不死,还有气儿活着可怎么样儿过呢?(《"支那"语集成》)

六 因果连词

因果连词,指所连接的前后两个语言单位具有因果关系,根据前后两小句的语义,可分为说明因果连词和推论因果连词。

(一)说明因果连词

1. 原因连词

因、因为

因:表原因,大多都放在一句话的前面,也可放在一句话的后面,如例(100)。

(99)就因昨儿才到的,一切行李还没安排好了。(《华语教范》)

(100)遮掩是该遮掩,谁叫他张扬来着,也不用编造这些他父亲因朋友受累的假话。(《"支那"语集成》)

（101）我因为忙着来该班儿，故此也没有得问一问。(《汉语独学》)

（102）这几天因为下雨，竟在家里闲坐，实在是闷得慌。(《汉语指南》)

"因为"是由因果连词"因"和"为"同义复合而成，上古时期"因"和"为"就有作因果连词的例证。周刚（2002）认为，从唐五代开始，由于同义复合，"因"和"为"这两个词作为语素组合成一个词，如："皇宫不绍金轮位，居山定证佛菩提果然今日抛吾去，因为西行见死尸。"《软煌变文集·太子成道变文》①

2. 结果连词

故、故此、所以、因而

故：表所以、因此，在《汉语会话书》中仅1例。

（103）不惟可合于教科而已，人皆可以独习而能就。故付之剞劂，以广其传。(《速修汉语大成》)

（104）那个孩子每天驮着柴火卖养活，他父亲因为这个事整天家很忙，读书的空儿一点儿也没有。故此牵着马在道儿上念书了。(《汉语指南》)

（105）官长治理得不好，所以人民闹起来了。(《汉语指南》)

因而：表示结果，在《汉语会话书》中仅1例，和"因为"呼应。

（106）也是因为酒不化食，身子所以软弱，肺经因而亏伤。(《华语精选》)

3. 推论因果连词

既、既然、既是、果然

既：表原因，常用在前一小句，后一小句是根据此原因推论出的结论。

---

① 周刚：《连词与相关问题》，安徽教育出版社2002年版，第189页。

(107) 既要办，总得办成。(《华语精选》)

(108) 您既知道何必问我呢？(《华语教范》)

既然/既是：表原因，常用于前一小句，后一小句表据此原因推出的结论。

(109) 您既然不舒服，别在外头，进屋里去暖着点儿罢。(汉语独学)

(110) 尔既然拿定主意，怎么又反覆呢？(《华语教范》)

(111) 你既是头目，你该当把这些话细细儿的说给他们听，不要耽误我们的事。(《华语精选》)

果然：表结果事实与所料想的事实相符合。

(112) 人都说你性急，果然你真性太急。(《华语教范》)

(113) 你不听我的话，果然闹出事来了。(《华语教范》)

(114) 老虎虽然笑他说话大，就勉强跟他去了。果然有好些个牲口见那个狐狸都逃跑了。(《汉语指南》)

七 让步连词

让步连词，指它所连接的两个小句，前一小句表达一种让步的情况，后一小句说明即使在此情况下，结论并不改变。根据让步的情况是否属实，我们把让步连词分为事实让步和假设让步。

（一）事实让步连词

表示让步的内容是一种事实，后面的小句表示在让步情况下的结果。

虽、虽说（虽说是）、虽然、虽是

虽：用在上半句，表示承认上半句为事实，下半句并不因为上半句的让步而不成立，后面常有"却""可""实在""宁可"等呼应。

(115) 我虽年轻，这话却不轻。(《华语精选》)

（116）饮食虽不能照常，可吃的不少。(《华语教范》)

（117）把好的给了人，挑剩下的才给我。我虽冲撞了他的脸上，宁可我不要这个东西了。(《华语精选》)

虽说/虽说是：表事实让步，后句常有"总""也"等呼应。

（118）他的病虽说是很重，总不至于要命。(《华语教范》)

（119）虽说是有才干的人，没有能按着规矩说的，也没有说的一点儿口音也不错的。(《华语教范》)

（120）在远处儿葬埋虽说是好，若到了子孙们没有力量儿，就难按着时候儿上坟了。(《速修汉语大成》)

高文盛、席嘉（2006）认为，"虽说"在《朱子语类》中意思已经接近复合连词，如："虽说心与理一，不察乎气禀物欲之私，是见得不真，故有此病。"(《朱子语类》第一百二十六卷)[①]

虽然：语义同"虽"相同，表示事实让步，承认甲事为事实，但并不承认乙事并不因此而不成立；可以用于主语前，也可用于主语后。

（121）他虽然不说我，我自己不害臊么？(《华语教范》)

（122）虽然倒愿意帮助他，他怎么能信服那个人呢？(《汉语指南》)

虽是：语法功能是表事实让步。

（123）因为这上头过日子很难，虽是很着急，没法子了。(《汉语指南》)

（124）那个饭馆子里做的菜都不干净，虽是那么着我肚子饿了，所以将就着在那儿吃了一顿饭了。(《汉语指南》)

（125）我们家里虽是贫穷，我们很勤俭哪。(《汉语指南》)

（126）话虽是这么说，叫他办不到就办不到。(《华语教范》)

---

① 高文盛、席嘉：《〈朱子语类〉中的让步连词"虽"及相关问题》，《江南大学学报》（人文社会科学版）2005年第5期。

"虽是"是由让步连词"虽"和判断动词"是"组合而成,我们通过对 CCL 语料库的搜索,发现"虽是"作连词在唐代已经出现了。

(127) 但曾行处遍寻看,虽是生离死一般。(刘禹锡:《全澎寺·怀妓》)

尚、尚且

尚、尚且:提出程度更胜的事例作为衬托,下文用"岂""何况"等呼应,表示进一层的意思。在《汉语会话书》中,这两个词各仅 1 例。

(128) 黄河尚有澄清日,岂可人无得运时。(《速修汉语大成》)

(129) 本国的人尚且不知道,何况是外国的人么。(《"支那"语集成》)

(二)假设让步连词

由假设让步连词引导的小句表达的是一种假定的内容,后一小句表示在此情况下的结果。

虽、虽是、就是

虽:表假设让步,常用于前一小句句首,也可用于句中,表示提出一种假定的事实;后一小句进一步论述即使有这种假定的事实,也不会影响原来的结果。可翻译为"即使"。在《汉语会话书》中仅两例。

(130) 俗话儿说的,孝心所至,虽虎不怕的话头儿,实在是不错的呀。(《汉语指南》)

(131) 虽是很小事,也得办的要小心,粒火能烧万重山。(《速修汉语大成》)

就是:表假设让步,后面多用"也"呼应;表"即使"的含义。

(132) 他说就是天底下没了人,我也不要你。(《"支那"语集成》)

(133) 歇息必给您都提到,我就是不在这儿,阁下若是有事情,

不拘甚么时候儿竟管示知。(《华语教范》)

我们通过对CCL语料库的搜索,发现"就是"用作假设让步连词最早始于明代。

(134) 如今休说他男子汉手里没钱,他就是有十万两银子,你只好看他一眼罢了。(《金瓶梅》)

(135) 事情许一不许二,如今就是老孙、祝麻子,见哥也有几分惭愧。(《金瓶梅》)

八 条件连词

条件连词,即前一小句提出某种条件,后一小句表示在这种条件下出现的结果。条件连词可分为有条件连词和无条件连词。

(一) 有条件连词

有条件连词用于条件小句,表示某结果必须要在某条件下产生。

只要、等到

只要:表示必要条件连词,常和"就"联合运用。

(136) 只要有人给他们一说合就行了。(《华语教范》)

(137) 我不管时兴不时兴,只要合我的脚就行。(《华语教范》)

(138) 那你不用管我,只要我问你甚么你说什么。(《"支那"语集成》)

等到:作时间条件连词,表示只有到某个时间段,后面的结果才会产生,在《汉语会话书》中共7例。

(139) 直等到晚上下得还不住呢,末末了儿就冒雨回去了。(《汉语指南》)

(140) 这行了,这儿有五块钱,先给你下剩这五块,等到后天给们们送来。(《华语教范》)

（二）无条件连词

无条件连词表示在任何条件下结果或结论都不会改变。

不论、不管、不拘

不论：表示条件或情况不同而结果不变，后面往往有并列的词语或表示任指的疑问代词，后面多用"都""总"等副词跟它呼应。

（141）那天是<u>不论</u>买卖家和住家儿的都是很忙，夜里都不睡觉，到十二点钟有迎神辞岁的事情。(《汉语独学》)

（142）<u>不论</u>什么事，是就说是，不是就说不是，心直口快的，没有什么忌讳了。(《华语精选》)

不管：语义和语法功能同"不论"一样，既可用于主语前，也可用于主语后。

（143）<u>不管</u>他们来不来，就按着规矩办。(《华语教范》)

（144）你的性情实在是奇怪，当事<u>不管</u>怎么样，竟爱抱怨，日后难免后悔。(《汉语指南》)

不拘：语义和语法功能同"不论"一样，表示条件或情况不同而结果不变，后面往往有并列的词语或表示任指的疑问代词，后面多用"都""竟管"等副词跟它呼应。

（145）若是除了我，<u>不拘</u>是谁肯让你呢？(《华语教范》)

（146）<u>不拘</u>到那儿去说都是不怕你的。(《华语教范》)

任/凭/任凭

任/凭/任凭：表无论，语义和语法功能同"不论"一样，表示条件或情况不同而结果不变。

（147）<u>任</u>甚么都不爱干了。(《华语教范》)

（148）<u>凭</u>他来多少回，总不许叫他进来。(《"支那"语集成》)

（149）<u>任凭</u>阴天晴天，他总不爱在家里。(《华语教范》)

（150）<u>任凭</u>你算多少钱东西可要好的。(《华语教范》)

九 转折连词

转折连词指用于两个具有逆转关系或意外语义关系的小句之间的连接词。

(一) 重转关系转折连词

然而

表示转折，引出同上文相对立的意思，或限制补充上文的意思。

(151) 只把两个人手撕了吃，才有香甜，然而外人看着不雅了。(《华语精选》)

(152) 他们先后到我这儿来已经都定规了，然而价钱还没定局。(《华语教范》)

"然"本义为代词，表"这样"的含义，如"河东凶亦然。"(《孟子·梁惠王上》)；"然"和转折连词"而"联合使用，表承接上文转折，意为"这样却"的含义，如"乐以天下，忧以天下，然而不王者，未之有也"(《孟子·梁惠王下》)。"然而"经常连用，从而受"而"字的语义影响，"然"就丧失了其复指功能，最终受语境影响，整体用作转折连词。

但、但是、但只、但只是

但：表转折，不能单用，必须连接语言单位。

(154) 我并没有紧差使，又没有甚么远差使，但就是老实就和我对劲儿，究竟比步行儿强啊。(《"支那"语集成》)

王力认为(2003)认为，"但"表轻度转折时不能算作真正的连词，因为它不能代替转折连词"然而"，他认为直到《红楼梦》时代，"但"才开始真正成为连词。[1] 但《汉语大字典》认为表轻度转折的

---

[1] 王力：《汉语语法史》，商务印书馆2003年版，第157页。

"但"是连词,并举例:"安与任隗举奏诸二千石,又 它所连及贬秩免官者四十余人,窦氏大恨。但安、隗素行高,亦未有以害之。"(《三国志·魏志·阮瑀传》)① 我们同意《汉语大字典》的看法,表轻度转折的"但"位于连词的位置,表示两个小句之间的逻辑关系,应当看作一个连词。

但是:用在后半句,表语义的转折,在《汉语会话书》中仅1例。

(155) 我知道你也比不是这样的人,<u>但是</u>我既然听见,偺们这样儿的交情,岂不上紧的劝你么?(《汉语指南》)

(156) 我想过去的事情,虽然都应了,<u>但</u>只未来的事怕未必应他的话罢。(《"支那"语集成》)

(157) 我教给你个法子,<u>但</u>只饿着肚子,少少儿吃东西,若能那么着,就是些微的着点儿凉,也就无妨了。(《"支那"语集成》)

(158) <u>但</u>只是弓还署软些儿,前手署有些儿定不住,把这几处儿毛病儿若改了,不拘到那儿去射,一定出众。(《"支那"语集成》)

可、可是

可、可是:表转折,表"但""但是"的意义。

(159) <u>可</u>不知道中您的意不中?(《汉语指南》)

(160) 我也愿意再来,<u>可</u>不定由得我,由不得我?(《汉语指南》)

(161) 盖的实在好看,<u>可是</u>那票在那儿买呢?(《汉语独学》)

(162) 这个名字么,原是彰义门,<u>可是</u>在汉城北边儿了,所以又叫北门哪。(《汉语指南》)

(163) 我这就要起身了,<u>可是</u>因为行期很忙,不能到府上级令兄辞行去了。(《汉语指南》)

---

① 汉语大字典编辑委员会:《汉语大字典》,四川辞书出版社1986年版,第132页。

（二）轻转关系转折连词

无奈、而

无奈：用在转折句的开头，表示由于某种原因，不能实现上文所说的意图，有"可惜"的意思。

（164）他本事固然是有，<u>无奈</u>他人品太轻了。(《华语教范》)

（165）替您张罗张罗，<u>无奈</u>打前两天就着了一点儿凉。(《"支那"语大海》)

而：作为转折连词，在《汉语会话书》中仅两例，主要用于前两部分，一肯定一否定，对比说明一件事或一件事的两方面。

（167）那俩老者也笑<u>而</u>不言，似知道的样子。(《汉语指南》)

（168）宁可正<u>而</u>不足，不可邪<u>而</u>有余。(《速修汉语大成》)

（三）弱转折关系转折连词

不过、只是

不过：表示转折，有两层含义，第一层表补充、修正上文的意思，第二层补充同上文相对立的意思。

① 补充、修正上文的意思。

（169）甚么眼力高啊，<u>不过</u>是赶上好行市就是了。(《汉语独学》)

（170）这样儿的交情，岂不上紧的劝你么？也<u>不过</u>是叫你有则改之，无则加勉的意思啊！(《汉语指南》)

② 补充同上文相对立的意思。

（172）这两件事情，我固然是有的，也<u>不过</u>是逢场作戏的，应酬朋友们罢咧。(《汉语指南》)

（173）这有甚么难解的，<u>不过</u>用点儿心就明白了。(《华语教范》)

只是：表示轻微转折，意思重在前一小句，后一小句补充修正上文的意思，语气委婉，跟"不过"相近；并且可以和"但"联合使用。

(174) 样儿又好，又很熟，撒得又干净，人若都能像你，还说甚么呢？但只是弓还署顿些儿，前手署有些儿定不住……（《"支那"语集成》）

(177) 驮子行李都整理妥当了，只是盘缠银子还短点见。（《"支那"语集成》）

十　目的连词

（一）积极目的连词

好、以、为得是

好：作目的连词，全部用于连接复句中的分句，且位于后一分句之首，连接的分句中均未出现分句主语。

(178) 不知道那个嘴大舌长的人给我编造这些没影儿的瞎话，特意吹到您的耳朵里，好叫您一件一件的指着劝劝我。（《华语精选》）

(179) 谢谢老爷，您听戏不听戏啊？您要喜欢谁家，好给您贴座儿去。（《华语教范》）

以：作目的连词，全部用于连接复句中的分句，且位于后一分句之首，连接的分句中均未出现分句主语；在会话书中仅1例，且用于传统文言语句中。

(180) 故付之剞劂，以广其传。（《速修汉语大成》）

为得是：可以作因果连词，如例（181）中"为得是"可以翻译成"因为"；也可以作目的连词，如例（182）。

(181) 狐狸本来是奸诈的，为得是假那个老虎的威了。（《汉语指南》）

(182) 屋里很黑，所以安上门窗，为得是出入方便，还可以有太阳照着，又明又亮了。（《汉语指南》）

（二）消极目的连词

省得、免得

（183）若买来回的车票，一来事减点儿价钱，二来又<u>省得</u>再买。（《华语精选》）

（184）现在我没有钱，得赶紧的回答，<u>免得</u>他盼望了。（《汉语指南》）

第三节　与普通话连词的比较

从范围上来讲，现代汉语的连词范围远远超过出现在《汉语会话书》中的连词，比如由吕叔湘主编的《现代汉语八百词》（1980年版）收录连词99个。会话书里的介词基本都传承到了现代汉语里，但有其用法上的差异。

在现代汉语里，连词联接两个分句，当主语不一样时，连词位于主语的后面；当主语一样时，连词位于主语的前面。这一规律在会话书里并没有体现。

（185）倘或我赶不回来，<u>你们</u>就先走罢。（《华语教范》）

（186）我虽年轻，<u>这话</u>却不轻。（《华语精选》）

（187）把好的给了人，挑剩下的才给我。<u>我</u>虽冲撞了他的脸上，宁可我不要这个东西了。（《华语精选》）

例（185）两分句的主语分别是"我"和"你们"，按照现代汉语的语法规律，"我"应该位于"倘或"的前面。例（186）两分句的主语分别是"我"和"这话"，它们就分别位于连词的前面，这又符合现代汉语语法规则。例（187）两分句的主语皆是"我"，按照现代汉语语法规则，"我应该"放在"虽"和"宁可"的前面。

在现代汉语里，有些连词搭配是有规律的，如"如果……就……"

"虽然……但是……""宁可……也……";在《汉语会话书》里,这种搭配就显然不成熟,如上面的例(187),在现代汉语只能改成如下。

(187*)把好的给了人,挑剩下的才给我。我宁可不要这个东西,也要冲撞到他的脸上。(《华语精选》)

综上,《汉语会话书》里的连词和现代汉语里的连词语义没有差异,区别在于会话书里的连词搭配和语法规则还不够成熟。

第四节 小结

《汉语会话书》中的连词包括并列连词、承接连词、递进连词、选择连词、假设连词、因果连词、让步连词、条件连词、转折连词、目的连词。

《汉语会话书》中介词的搭配规律和使用规律显然不够成熟,如在现代汉语中,当主语一致时,连词位于主语的后面;当主语不一致时,连词位于主语的前面,而《汉语会话书》中这一点则显得比较混乱。《汉语会话书》里连词的搭配也不够科学,如"虽"和"宁可"搭配,这显然会造成前后逻辑不清楚,两个都是让步连词,现代汉语是"虽然……但是……"搭配,则逻辑清楚明了得多。

第十章 助词

第一节 助词的性质和范围

第一次对"助词"进行理性认识的是马建忠(1898),他在《马氏文通》中提出"焉""哉""乎""也"应当立为"助字"一类,因为它们不同于西洋传统语法词类中的任何一类。①

马建忠以降,对助词的研究如雨后春笋。有从宏观进行描写的,如吕叔湘(1956)的《助词说略》,他分析和比较前人的各种说法之后,认为"助词"的范围可大可小,从不同的角度会得出不同的分类。② 也有从微观进行研究的,这方面已经取得了很大的进展,研究者不再是进行词典式的罗列描写,而是在更高层次、更多角度地考察助词的功能、意义和用法,寻找助词及相关格式与各种语法、语义范畴之间的对应规律。比如陆俭明(1999)《着(zhe)字补议》、章婧(2007)《动态助词"着"的成句条件分析》等。

关于助词的分类,目前分为两派,一派是把语气词也归入助词,另一派不把语气词归入助词。前者如吕叔湘、朱德熙(1951)把助词

---

① 马建忠:《马氏文通》,商务印书馆1983年版,第23页。
② 吕叔湘:《助词说略》,《中国语文》1956年第6期。

仅限定为语气词;① 张志公（1991）也把"呢""吧""吗"归入助词②。后者如黄伯荣等（2007）把"吗""吧""啊""呢""呀"归为语气词，把"的""地""得""着""了""过"列位助词，他认为，语气词主要在于表示语气，主要用在句子的末尾，有时也可位于句子主语和状语的后面；助词则是依附于实词、短语或句子上面，表示结构关系或动态等语法意义。③

陆俭明（2005）认为，应当把语气词从助词中独立出来，理由有三点。第一，它有专门的语法意义——表语气；第二，在语法功能上经常附于句子末尾；第三，从韵律上看，这些词后有停顿。④

助词就具体范围而言，本文认为它是一个严格封闭的类，本文参照前贤的观点，于本课题主要研究如下助词，范围如下。

动态助词：着（著）、了、过、得。

事态助词：了、来着。

结构助词：的、得。

第二节 助词的分类研究

一 动态助词

着（著）

根据前贤的研究（王力，1958，曹广顺，1995），从先秦到东汉，"著"是一个动词，表"附着"义，在汉末开始虚化，"著"后来写成

---

① 吕叔湘：《语法修辞讲话》，辽宁教育出版社1951年版，第8—10页。
② 张志公：《汉语语法》，广东教育出版社1991年版，第16页。
③ 黄伯荣、廖旭东：《现代汉语》（增订四版·下册）2007年6月，第33页。
④ 陆俭明：《现代汉语语法研究教材》（第三版），北京大学出版社2005年版，第42—45页。

"着";在日据时代韩国汉语教材里,"着"和"著"二字并用,"著"仅出现六例,如"开著、这么著",其余全用"着",本文为了方便统一用"着"。

关于"着"的语法意义,有人认为表持续,如胡明扬(1958);有人认为表进行,如赵元任(1968);有人还借用西方的时态,认为"着"分别表起始体(北京话)、非完成体、完结体(北京话)、完成体(南方方言),如孙朝奋(1997)。

本节的主要任务并不在于对"着"进行理论的深入探讨,而是对于语料的分类整理,我们根据语料的实际情况综合采取了两家的观点,见表10-1。

表10-1 "着"的用法分类

姓名	分　类
宋金兰[①]	1. 表示动作的持续或进行。 2. 用在两动词性成分之间,形成"动₁+着+动₂"结构,其中动₁是动₂的方式、条件。 3. 表示动作的完成。 4. 表示动作所及的对象。 5. 表示随同的人或物。 6. 表示祈使语气。 7. 表示倾向,相当于"于""向"等。 8. 表处所,相当于介词"在"。
刘一之[②]	9. 静态标志。

(一) 动词+着

在"汉语会话书"系列的教材里,把"着"归纳为表示时态"进

[①] 宋金兰:《汉语助词"了""着"与阿尔泰诸语言的关系》,《民族语文》1991年第6期。
[②] 刘一之:《北京话中的"着(zhe)"字新探》,北京大学出版社2001年版,第109页。

行",如《"支那"语集成》列举了三个例子,站着、听着、坐着。在我们整理语料的过程中,"着"的语法意义非常丰富。

1. 表示动作的持续或进行。

汉语会话书中的语料一共 113 例(我们把重复的动词删去后所得的数据)。

(1) 写着字。(《汉语独学》)

(2) 看着书。(《汉语独学》)

(3) 我戴着表。(《汉语独学》)

(4) 别人儿都是赤身露体的坐着,还怕中暑。(《汉语独学》)

这些"着"前的动词多会产生一种附着的状态,如"写"的字会附着于纸上,"看"时的眼睛会附着于书上,"带"的表会附着于手上,上述"动词+着"都表示动作的持续和进行,我们在整理语料的过程中,发现这类的"动词"有很多,具体分类如下(分类依据是来源于刘一之对北京话"动词+着"中"动词"的分类)[①]。

① 动静动词+着,这一类的动词加"着"后,呈现出一种静态;当不加"着"的时候,呈现出动态。

(5) 开着三个铺子。(《汉语指南》)

(6) 就把那牙缝儿塞着的点肉挖出来。(《汉语指南》)

(7) 票子是一张纸上头写着钱数儿。(《汉语指南》)

② 静态动词+着,这类动词不加"着"都呈现出一种静态。

(8) 他在道儿上站着。(《汉语指南》)

(9) 那个老虎就耷了着尾巴低着头儿有惭愧的样子。(《汉语指南》)

我们可以看到第(9)例中的"着"是用于"了"后,"耷了"本身就是一种静态,加"着"后表示持续,其他的静态动词还有

---

① 刘一之:《北京话中的"着(zhe)"字新探》,北京大学出版社 2001 年版,第 116—118 页。

带、照等。

这类"动词+着"还可以用于否定句受"没"的修饰。

（10）乙：你怎么不买呢？甲：我没带着钱哪。（《中国语自通》）

③ 动态动词+着，这类动词加不加"着"都呈现出一种动态。

（11）那个小俚就笑脸迎着说……（《汉语指南》）

（12）必拏尽着力儿搭救，真是一位厚道积福的老人家。（《"支那"语集成》）

（13）你竟任着意儿在倒在沟眼里，是为甚么呢。（《"支那"语集成》）

（14）您瞧说着说着，外头飞起雪花儿来了。（《华语教范》）

从上面的语料可以看出，"着"可以用于例（11）"O+V+着"和例（12）至例（13）"V+着+O"以及例（14）"V着V着"的格式中。

④ 心里动词+着。

（15）那个打酒去的花子想着，若把酒下上毒药死他……（《汉语指南》）

（16）我揣摩着是姓张的大约是他。（《汉语指南》）

⑤ 状态动词+着，这类动词不能用眼睛看到，但是能够感知到其处于一种不变的或静止的状态。

（17）他虽然有个错处，我常常护庇着他。（《汉语指南》）

（18）竟闲着万不行。（《华语教范》）

2. 用在两动词性成分之间，形成"动₁+着+动"结构，其中动₁是动的方式、条件等，"着"表动作的进行状态。

这类语料一共40例，有两种格式，其一是"动1+着+O+动"，其二是"动1+着+动"，举例如下。

① 动1+着+O+动

（19）坐着一顶轿子去。（《汉语指南》）

(20) 好徸们喝着酒讲话。(《华语教范》)

② 动1 + 着 + 动2

(21) 他就抓着吃了。你说可笑不可笑？(《汉语指南》)

(22) 感情是和我有仇的人喝酒很醉，躺着睡觉了。(《汉语指南》)

3. 表示动作的完成。

这类"动词+着"的语料表示动作的完成，有的表示"了"；有的表示"到"，表示"到"的"着"可以看成弱化了的动词。

① 表示"了"，这类句子末尾都有"了"结句，一共12例。

(23) 我在城外头店里住着了。(《汉语独学》)

(234) 人乏了那个都好，到客店不过歇着罢了。(《汉语指南》)

(25) 敢情是接连挂着好些个车了。(《汉语指南》)

② 表示"到"，"着"表示动作达到了目的或有了结果，一共19例。

(26) 后半天他回来说，不能找着大夫家。(《汉语指南》)

(27) 是叫官场中察着了。(《汉语指南》)

(28) 我很诧异就派人打听去了，后来打听着，敢情那个人前几天病死了。(《汉语指南》)

意义表示"到"的"着"还有两种用法，分别是"动词+得+着"和"动词+不+着"。

③ 动词+得+着，一共3例。

(29) 虚架子弄空的，他的真假那儿摸得着呢。(《"支那"语集成》)

(30) 夜里睡得着么？不大睡得着觉。(《满洲语自通》)

④ 动词+不+着，一共10例。

(31) 晒了会儿把那晒不着的拿手拨擞开他。(《华语精选》)

(32) 脚觉不着疼了罢。(《汉语大成》)

(33) 这一个字我找不着。(《汉语大成》)

4. 表示动作所及的对象。

这一类的"动词+着"不表示持续,也不表示时态,只是表示动作所及的对象,一共9例。

(32) 牲口身上驮着东西都叫驮子。(《汉语指南》)

(33) 那个火车头有机器可以拉着好些个车走。(《汉语指南》)

(34) 那个螃蟹拿着指头指着壁直的死长虫说……。(《汉语指南》)

5. 表示命令祈使语气。

这类语料一共10例。

(35) 那个东西很重,一个人抬不起来了,你来帮着我罢。(《华语精选》)

(36) 您带着这副,试一试。(《华语教范》)

(37) 我讲给你们,好好儿的听着。(《华语教范》)

(38) 你在床上躺着。(《汉语指南》)

(39) 这个胡同窄得很,你把车往后拉着,让我过去罢。(《"支那"语集成》)

6. 表示倾向,相当于"于""向"等。

这类语料一共4例,表示人的面部朝着某物。

(40) 你对着他有什么话呢?(《汉语指南》)

(41) 戴着红帽的就摇了铃铛向着机关头车举手。(《汉语指南》)

(42) 无论甚么时候都是对着太阳出来了。(《汉语指南》)

7. 表处所,相当于介词"在",语料仅1例。

(43) 就是叭着沿边儿仅露着脑袋正叫喊的时候儿。(《汉语指南》)

8. 把动态变静态

这类"动词+着"并无动作之意,只是一种静态的客观陈述,这类的"着"都可以换成"起",如例(44)可以说成"走起很受累",例(45)可以说成"您吃起不苦么?"。

这类语料一共 10 例。

(44) 走着很受累。(《华语教范》)

(45) 您吃着不苦么?(《华语教范》)

(46) 后来我说有哥哥的话,他才赶忙着去了。(《"支那"语集成》)

(二) 介词 + 着

这类语料一共 6 例。

(47) 由着你们欺侮我,你就错了主意了。(《"支那"语集成》)

(48) 勿论甚么事,可要依着我行。(《华语精选》)

(49) 这都是照着日本火车说的。(《汉语指南》)

(50) 就趁着父母在着,拿好穿好吃的孝敬他们。(《汉语指南》)

(51) 当着夏天顶热的时候,好些个学生们凑在一块儿用工么。(《汉语指南》)

(52) 是你一个人去的么?还同着两位朋友。(《汉语大成》)

第(52)例的"同"应当属于介词,整个句子应当是"同着两位朋友一起去的"的省略。

(三) 形容词 + 着

"形容词 + 着"主要作谓语,也有作状语的,如例(55)至例(56),一共 19 例。

(53) 现在把差事搁下了,在家内闲着哪。(《汉语指南》)

(54) 你今天不要忙着走。(《中国语自通》)

(55) 慢着点儿说,别说得这么快。(《华语精选》)

(56) 这两天连阴着下雨。(《汉语独学》)

其他"形容词 + 着",包括以下几种。

偏着(《"支那"语集成》)　　多着(《"支那"语集成》)

蓬松着（《"支那"语集成》）　显着（《"支那"语大海》）

差着（《满洲语自通》）　　歪着（《华语精选》）

远着（《华语教范》）　　　快着（《汉语独学》

荒着（《汉语独学》）　　　短着（《中國語自通》）

热着（《中國語自通》）　　暖着（《汉语独学》）

（四）代词+着

这类代词一共有三个，分别是指示代词"这么""那么"和疑问代词"怎么"。

（57）那么着我肚子饿了，所以将就着在那儿吃了一顿饭了。（《汉语指南》）

（58）看他们这么着，我说，且住了，听我的话。（《"支那"语集成》）

（59）你们是怎么着，又这样弄性打架起来了？（《中国语自通》）

（五）名词+着，语料仅1例。

（60）他说的话也讹着的多。（《汉语指南》）

（六）"着"当补语助词，仅1例。

（61）你吓着怎么样？俗语儿说，一人罪一人当，没有砍过两颗头的理啊。（《华语精选》）

了

在日据时代的汉语会话书系列教材里，关于"了"的使用非常丰富，用例有接近4000个，所以我们仅仅选取了其中两本书《汉语独学》和《汉语指南》中的"了"作为考察对象，语料总共650条。

汉语中有两个"了"（"了$_1$"和"了$_2$"），有的称为时态助词和语气词，有的称为"词尾了"和"句尾了"，有的称为动态助词和事态助词，有的称为完成体和完整体。本节借用陈前瑞（2015、2016）的研究成果给这四种称谓一一解释和评述，最后采用类型学的多功能的分析模式，把两个"了"分属于动态助词和事态助词①，并从形式上严格界定了二者的范围，并从完结体、完成体、完整体以及现在状态功能对二者进行分类。最后把日据时代韩国汉语教材中搜集出来的语料一一归类，证明了其理论能很好地解释其现象，其语料也有效地反证了其理论。

（一）已有研究

1. 时态助词和语气词

在新中国建立之时，以王直（1957）②、吕叔湘（1980）③、朱德熙（1982）④ 为代表，他们把两个"了"分别归为"时态助词"和"语气词"。

这种分类确实能够看出两类"了"的典型区别，但是它对一些语料就束手无策了，如不带宾语或补语并位于小句末尾的"动+了"（如"牛奶变质了"）。针对该类现象，吕叔湘（1980）提出"了$_{1+2}$"的主张，主要涵盖"动作或变化已经完成，且有新现象的产生"类的语料；马希文⑤（1983）、刘勋宁⑥（2010）等则认为应该再分出"了$_3$""了$_4$"，如祈使句后的"了"则是补语。

此外，陈前瑞（2015）还总结了前人关于此种分类的纠结之处，主要有以下三点。⑦

第一，分句末尾"了"的形式与意义的矛盾，如王直（1957）把并列关系（如"桃花红了，杨柳也绿了"）、交替关系（如"他不是病

---

① 本文和陈前瑞的分类不同，陈文以位置（词尾、句尾）作为基准，本文以"动态、事态"作为基准。
② 王直：《时态助词"了"和语气助词"了"》，《语文知识》1957年第8期。
③ 吕叔湘：《现代汉语八百词》，商务印书馆1980年版，第258—264页。
④ 朱德熙：《语法讲义》，商务印书馆1982年版，第209页。
⑤ 马希文：《关于动词"了"的弱化形式"lou"》，《中国语言学报》1982年第1期。
⑥ 刘勋宁：《一个"了"的教学方案》，《中国语教育》2010年第8期。
⑦ 陈前瑞：《词尾和句尾"了"的分析模式》，《汉语史学报》2015年第十五辑。

了，就是太忙了")中的"了"归入语气词，把累积关系（如"吴新登的媳妇听了，忙答应个'是'"）、假设关系（如"你再病了，就越发难了"）中的"了"归入时态助词。其理由是前两类的事实并不是连续发生的，后两类的事实是连续发生的。如果照作者这样分类，表假设关系中的"了"从形式上应当归入时态助词，但从意义上却说不通，这是无法让人准确掌握"了$_1$"的用法的。

第二，动词后"了$_1$"的形式与意义的分化，如对于"没 V 了$_1$O"（如"项庄到底儿没杀了沛公"①）中"了"的解释不够清晰，按照形式应当归入动态助词，但按照意义却属于非完成。

第三，"了$_2$"有些并不表示语气，如"他是大学生了"，表示状态的变化；如"这本书，我看了三遍了"，表示状态的完成。所以把"了$_2$"全部归入语气词不能很好地反映语言现象。

2. 动态助词与事态助词

在汉语史的研究中，王力（1958）提出，"了"表示完成貌是从表示"终了、了结"的动词经过补语，再发展成形尾的，这种"了"出现的标志是"它紧贴着动词且放在宾语前面"。②但王力（1980）后来又开始反思自己的观点，他说在"任伊铁作心肝，见了也需粉碎"中，这种"了"是否是形尾呢？仔细推敲，它还不是，因为当动词后加宾语时，"了"字放在宾语的后面，而非紧贴动词。③针对这种"了"的归属，汉语学界的回答经历了一个系统化的过程。

梅祖麟（1981）最先从句式的角度探讨体貌意义的表达，他认为从南北朝到中唐时期完成貌句式已经形成（动＋宾＋完成动词，如"作数曲竟，抚琴曰……"），动宾之间的结果补语能够表示完成貌

---

① 例句出自陈刚的《关于"没 V 了"式》，《中国语文》1985 年第 5 期。
② 王力：《汉语史稿》中册，中华书局 1958 年版，第 306 页。
③ 王力：《汉语史稿》，中华书局 1980 年版，第 306 页。

（如"无令长相思，折断绿杨枝"），这一观点打破了仅仅把"完成"的体貌意义局限于词尾的成分。①

曹广顺（1987）依然从句式的角度入手研究句式的体貌意义，他认为"动+却+宾+了"中的"却"和"了"是双重表示完成的语义，经过语言的变化，表完成义的"却"被"了"字替代，形成了"动+了$_1$+宾+了$_2$"时，该句式标志着"了$_2$"表事态、状态的形成。② 曹广顺（1995）认为，动态助词用于表达动作的状态、情貌；事态助词是一种句末助词，侧重表达事件的状态，给所陈述的事件加上一种情貌标志。③

动态助词"了"不仅存在于"V了O"的情况，有时也用于"V了"的情况，即不带宾语的时候。吴福祥（1996）认为，这种句式中的六种情况后的"了"是动态助词，分别是瞬间动词+了、状态动词+了、形容词+了、动补结构+了、"V+了"的否定形式是"未+V""V了O"和"V了"同义并用。④ 但关于这一问题，蒋绍禹（2005）认为，目前的研究还仅是初步的，还有很多不能解释的语料，有待于进一步研究。

杨永龙（2005）指出，二者都可以表达句子的时体，有时候同一形式可以兼表动态和事态。⑤

动态助词和事态助词有高度的概括性，能充分反映汉语的个性，这种分类从历时的角度对二者的来源进行了说明，看到了其相关性，且兼顾了句子的时体意义。放弃了语气词的说法，这是一个巨大的进步。但在这个框架下也还有以下一些问题没有解决。

---

① 梅祖麟：《现代汉语完成貌句式和词尾的来源》，《语言研究》1981年第1期。
② 曹广顺：《语气词"了"源流浅说》，《语文研究》1987年第2期。
③ 曹广顺：《近代汉语助词》，语文出版社1995年版，第84页。
④ 吴福祥：《敦煌变文语法研究》，岳麓书社1996年版，第288—301页。
⑤ 蒋绍禹、曹广顺：《近代汉语语法研究综述》，商务印书馆2005年版，第226页。

动态与事态是意义标签，虽然二者也有位置标准，但仅是一种参考，所以就有很多模糊地带不能解决。如"动词/形容词＋了"位于句末的时候该如何判定，是以意义为准呢，还是以形式为准？如果能在二者的框架之下，严格地从形式上界定二者的范围，并从时体的角度给二者分类就更好了，如完成体、完整体，这样既反映了汉语的个性，更有利于进行跨语言比较。

3. 词尾与句尾"了"

刘勋宁（1990）认为，《现代汉语词典》和《现代汉语八百词》里关于两种"了"的解释不能很好地反映现象，如"了$_1$"表示完成；"了$_2$"肯定事态出现的变化和即将出现的变化，有成句的作用。虽然从意义上看，二者有清晰的界限，但联系实际的语义时就会左支右绌，如《现代汉语词典》举例"水位已经低了两米"中的"了"表示动作的变化，"春天来了，桃花开了"中的"了"表示新出现的情况。刘认为，这两种解释很勉强，前者也可以说是出现了新情况，后者也可以说成是有了新的变化。①

刘勋宁（1990）认为，真正区别两个"了"的是它的形式特征，即位置的不同，处于动词后的"了"叫词尾了，处于句子后的"了"叫句尾"了"；刘勋宁（2010）在后来的研究中，还确定了停顿之前的"动词＋了"应当归属于句尾了，同时还确定了"你吃了没有"中的"了"应当看作是句尾了，祈使句中的"了"应当归为补语。②

把"了"从形式上进行界定，这是一大创举，但是二者内部的细分并不明确，如刘勋宁（2010）认为"句尾了"具有申明的语义，即希望听话人予以注意；"词尾了"具有叙述的语义，这就无法解释这些

---

① 刘勋宁：《现代汉语句尾"了"的语法意义及其与词尾"了"的联系》，《世界汉语》1990年第2期。
② 刘勋宁：《一个"了"的教学方案》，《中国语教育》1988年第5期。

例句:"下了课你来找我"。很明显,这句话中的说话人是希望听话人予以注意的。并且对于学术界出现的"完整体"这类概念,他也表示现排斥,这不利于研究的深入。所以,对于"词尾"和"句尾"的框架,还需细分,这样才能充分地展示二者典型话语功能的区别。

4. 完结体、完整体和完成体

根据陈前瑞(2015)的整理,最早系统提出"了"有完成体和完整体的是张双庆(1996),张双庆把汉语句尾的"了"称为已然体(陈前瑞称为完成体),词尾的"了"称为完成体(陈前瑞称为完整体)①。

陶寰(1996)通过研究方言,证明了"$了_2$"不仅表已然,即表示事件发生在参照时间之前,且与现实具有相关性;还证明"$了_2$"具有表"将然"的作用,是一个语气词。②

潘悟云(1996)把"$了_1$"解释为"已经是那种情状了",这就突破了仅有"$了_2$"表已然的看法,他看到了"$了_1$"和"$了_2$"在体貌意义上的相同之处。③

关于"$了_1$"和"$了_2$"具有相同的时体意义,研究近代汉语语法的蒋绍禹(2001)也作如是观,他认为,当动词是持续动词时,动态助词($了_1$)表示完结(如"官军食了,便即渡江");当动词是非持续动词时,动态助词($了_1$)表完成(如"圣君才见了,流泪两三行")。事态助词($了_2$)可以表完结(如"唱喏走入,拜了起居,再拜走出"),也可以表完成(如"各请万寿暂起去,见了师兄便入来")。④

---

① 张双庆:《动词的体》,香港中文大学中国文化研究所吴多泰中国语文研究中心1996年版。

② 陶寰:《绍兴方言的体》,载张双庆主编《动词的体》香港中文文学中国文化研究所吴多泰中国语文研究中心1996年版。

③ 潘悟云:《温州方言的体和貌》,载张双庆主编《动词的体》香港中文文学中国文化研究所吴多泰中国语文研究中心1996年版。

④ 蒋绍禹:《〈世说新语〉〈齐民要术〉〈洛阳伽蓝记〉〈贤愚经〉〈百喻经〉中的"已""竟""讫""单"》,《语言研究》2001年第1期。

陈前瑞（2016）将完结体、完成体、完整体三个概念系统完整地对应于"了"的体貌研究，很好地解释了"了₁""了₂"的分布。①

完结体：表示彻底或完全地做某事；动作的宾语是被该动作彻底影响、耗尽或者毁灭的；该动作涉及不及物动词主语的复数或者及物动词宾语的复数，尤其是穷尽性或周遍性复数；报道该动作具有强调或者令人意外的效果。陈前瑞总结出"了"属于完结体的句式如下。"没 V 了 O"的句式，表示幸而未遂的语义，如"四人帮"楞没消灭了象棋；"把 OV 了"或"V 了 O"的祈使句中，如把他放了/放了他。

完成体：表示情状发生在参照时间之前，且与参照时间相关。陈前瑞（2012）根据把完成体细分为五种用法，表结果性、持续性、经历性、报道新情况、先时性。

① 结果性用法，表当前的状态是由过去发生的动作所引起的，过去发生的事件的结果在说话时间（或其他参照点）仍然存在。主要体现于前后分句或说话情景之间存在广义的因果关系。

如：我忘带钥匙了。

要是出了太阳，天儿就能暖和点。

② 先时性用法，表示事件相对于参照时间已经过去，用来强调两个事件纯粹的时间参照关系。

如：下了课来我办公时。

③ 持续性用法，过去发生并持续到现在的状态。

如：我等了你一个小时，你怎么还没有来？

④ 报道新情况，表示所说的信息第一次传递给听话人。

如：尼克松辞职了。

---

① 陈前瑞：《词尾和句尾"了"的多功能模式》；《语言教学与研究》2016 年第 4 期。

完整体：事件在时间上是有界限的，叙述特定时间的序列，事件因自身而报道，独立于其他事件。完整体可以用于连续事件，也可以用于独立事件。

如：我出了房间，在走廊摘了一架泡沫灭火机……

当着张欣和同机来的刘为为，我们说笑正常，在一刹那，我们忘了曾经发生的不愉快。

陈前瑞（2016）还得出了"了$_1$""了$_2$"具有表"现在状态"的非典型时体功能（如"衣服小了一号，退了吧！""太漂亮了"），这种用法仅是一种客观陈述，是变化的对立面；洪波（1995）概括为"偏离标准体"，谓词偏离了预设的量度和标准①。"了$_2$"还有表"最近将来时"的非典型时体功能（如"开车了！开车了！大家快上车！"），这种用法有催促等语用效果。

(二) 本课题的分类

我们对上面四种分类进行批判、继承和集成，总结出"了"的多功能模式，既考虑到汉语的个性及其意义又严格界定其范围，再根据其时体给每个类分出小类，从而构建一个有层次的分析模式。② 见表 10-2。

表 10-2   "了"的多功能模式

	动态助词	事态助词
形式	动/形 + 了 + 宾/补	动/形/名 + 了

---

① 洪波：《从方言看普通话"了"的功能和意义》；《安庆师院社会科学学报》1995 年第 1 期。

② 本模式与陈前瑞（2016）的多功能模式有很大的不同，后者只考虑"了"的形式和时体，并未考虑汉语的个性和意义。

续表

	动态助词		事态助词	
典型时体意义	完结体		完结体	
	完成体	结果性用法	完成体	结果性用法
		先时性用法		持续性用法
		持续性用法		报道新情况
				将来完成时
	完整体		完整体	
非典型时体	现在状态		现在状态	
语气意义	—		有些表示感叹、祈使和提醒的语气	

该模式我们采用了多角度的分析法，我们首先考虑了汉语的个性，整体大框架分为动态助词和事态助词，然后从形式上进行区分，再根据其时体意义分小类，最后再说明其部分事态助词"了"具有表感叹、祈使和提醒的语气。

动态助词"了"的用法。

1. 完结体

完结体表示彻底或完全地做某事。在所搜集的语料中，"了₁"用于完结体主要用于两类句子，第一类是概念的解释，仅1例；第二类是用于"把"字句，"把"字句具有完全的意义①，这种用法共有10例。

（62）灭火是灭了炉子的火。（《汉语独学》）

（63）把那一股贼就斩了下来。（《汉语指南》）

---

① 张伯江：《论"把"字句的句式意义》；《语言研究》2000年第1期。

2. 完成体

A. 结果性用法

① 狭义性结果用法。

狭义性结果用法，指由过去动作行为带来的结果状态仍然存在。主要有如下几种情况。

第一，完成了某个动作，暗含着现在不能做其他事情了，形式为"V 了$_1$O 了$_2$"，如例（64）、例（65）中的"了$_1$"就表示一种结果，例（64）意味着"吃过饭了，现在不能再吃了"，例（65）意味着"着了凉，不能出去玩了"。如果去掉"了$_1$"就没有这个意思，如"吃饭了"是一种祈使命令句，"着凉了"可用于"小心着凉了"里，表示并未着凉，而"小心着了凉了"就不能说；而去掉"了$_2$"就不会影响句意，甚至可以用其他词替代，如"吃了饭的、着了凉的"，这说明"了$_1$"具有表结果性的用法。这样的用法一共有 11 例。

（64）吃了饭了。（《汉语独学》）

（65）着了凉了。（《汉语独学》）

第二，是一种顺着时间自然带来的结果，它不以人为意志为转移。如例（66）、例（67）、例（68）。这种用法一共有 6 例。

（66）我到了三十岁。（《汉语独学》）

（67）刚打了四点钟。（《汉语独学》）

（68）他的胡子都白了一半儿了。（《汉语指南》）

第三，通过某个动作，现在有了相应的结果，其形式为"V 了有 O"，如例（69）、例（70）。这种用法一共有 5 例。

（69）可以的，赚了有三四百多两银子。（《汉语独学》）

（70）打了有三百多石粮食。（《汉语独学》）

第四，用于疑问句中，表示对动作是否完成表示疑问，有现时相关性，其形式有两种，分别是"V 了 O"和"V 了没有"。前一种有 2

例，后一种有 6 例。

(71) 过了晌午了么？(《汉语独学》)

(72) 您学了多少日子？(《汉语独学》)

第五，在动作之后，有状态的变化，形式上表现为"V + conj + 了 + O"或"adj + 了 + O"，如例（73）。这种用法一共 2 例。

(73) 恰巧有一只狼从上头往下瞧见了那个狐狸。(《汉语指南》)

(74) 糟蹋身子，耽误了许多的事情，得罪了许多的朋友。(《汉语指南》)

② 广义结果性用法。

广义性结果用法指既不属于狭义用法，也不属于其他完成体的用法。有如下几个次类。

第一，用于从句中，即前后有因果、假设、条件、转折、让步等关系，属于现实相关性的一部分，有的有明显的关联词，有的没有关联词。这种用法一共 17 例。

(75) 昨儿黑下下得雨很大，今儿晴了天。(《汉语指南》)

(76) 他们没有造化，若是给他们钱，一定害了他们了。(《汉语指南》)

第二，用于从句中，属于典型的背景性用法，其中的"了"表示事件发生在参照之前，通常说话时间具有明显的相关性。这种用法一共 7 例。

(77) 东家，来了一个中国人，要见您有话说，请您看这名片。(《汉语独学》)

(78) 哎呀，你受了这些年的辛苦，还不知道怜恤别人么？(《汉语指南》)

第三，内嵌句，"了"在内嵌句中出现，体现了即内部的语义关系。如例（79）"小麦磨了粉"整体作了主语。这种用法一共

10 例。

（79）大麦可以做饭吃，小麦磨了粉可以做面。（《汉语指南》）

在这种用法中，还有一种特殊的用法，即"V 了来的"可以单独作主语。

（80）办了来的都是甚么货呀？（《汉语独学》）

（81）即如这俩花子天天要了来的还供奉我们。（《汉语指南》）

第四，将来完成。

表示基于当前的现实，对将来的事件予以猜测和安排。这种用法一共 7 例。

（82）到了下月就是放学。（《汉语指南》）

（83）这等了一刻的工夫就要开船了，你把行李都拾掇好罢。（《汉语指南》）

（84）那个事情不能容易知道的呀。到学堂去专心用工，过了三四年的光景，先生一定教给你们。（《汉语指南》）

（85）过不了一天的光景就到，立刻送到您府上去的。（《汉语指南》）

B. 先时性用法

表示相对于某一参照时间事件已经发生，多用来强调两个事件纯粹的时间参照关系，这种用法中，不仅可以有"动词+了"，还可以有"介词+了"，如例（87）。这种用法一共 3 例。

（86）我一家儿还没去哪，打算过了初三再出去。（《汉语独学》）

（87）当了春天暖和的时候，草木都生芽儿……（《汉语指南》）

C. 将来完成用法

主要是基于当前的情况对未知情况进行询问，仅 1 例。

（88）过谦过谦，过了几年才可以毕业呢？（《汉语指南》）

3. 完整体

如前所述，完整体表示情状在时间上是有界限的，用于叙述事件的时间序列，有连续性叙述和独立性叙述，例（89）至例（91）属于独立性叙述，例（92）至例（94）属于连续性叙述。这种有法一共30例。

(89) 我学了八个月。(《汉语独学》)

(90) 他来了不过才半年。(《汉语独学》)

(91) 去了整两月。(《汉语独学》)

(92) 有个野猫想吃老虎的肉，有一天找了一个老虎去，在他跟前磕了头，说："这左近有个顶肥的牛，我的力量么，当不起他了。"(《汉语指南》)

(93) 家严事故天天儿早起起来到园子里看了一遍，把这个事情习以为常，当作了很有高兴的事了。(《汉语指南》)

(94) 我是骑着马出门去了。有一天，因为多贪走路，过了客店到了一个地方。(《汉语指南》)

4. 现在状态

指事物当前的状态，没有任何时间过程，没有任何变化，只是一种状态；在搜集的语料中主要体现为"介词+了"，仅2例。

(95) 你盖的那个房子通共有几十间？除了人住的，下余还有二十多间了。(《汉语指南》)

(96) 他欠人的账目合算起来是一万多两银子的，除了还偿下剩的不过一千多两银子。(《汉语指南》)

事态助词"了"的用法

事态助词与动态助词相互联系又有区别，相同之处在于两者都可以表示句子的时体意义，甚至有时同一形式即可表动态又可表事态，如"羞红了脸"表动态，"脸羞红了"表事态。其区别在于，动态跟在动词后面，表示动作的状态；事态跟在句子后面，表示事物、事件的状态。①

了

1. 完结体

在所搜集的语料中,"了$_2$"的完结体主要用于两类句子,第一类是"把"字句,第二是祈使句。

"把"字句的用法共有 31 例,这种用法在《汉语会话书》中主要细分为如下几类。

第一,有些直接带"都"等全称副词,如例(97)、例(98)、例(99);有的虽没有带,但也可补出,如例(100)、例(101)、例(102)。

(97) 母亲是做早饭,妹妹是把屋子里都扫干净了。(《汉语独学》)

(98) 地方官都不管,不会定计策,把良民都反了。(《汉语指南》)

(99) 有一匹马驮着盐过河滑倒了,躺在水里头把盐都化了。(《汉语指南》)

(100) 把肚子就劅开了,把他父亲的骨头拿出来就埋葬了。(《汉语指南》)

(101) 一进门就拿一根棍子就把他打死了,把酒各自各儿喝了。(《汉语指南》)

(102) 有一天把他们叫到跟前把家产分给他们了。(《汉语指南》)

第二,还有"V+C+了"的格式,如例(103)、例(104)。

(103) 那个孩子没出息,把他的胳臂抓破了。(《汉语独学》)

(104) 末末了儿把松树刮折了。(《汉语指南》)

第三,"了+语气词"的用法,如例(105)。

(105) 他家里有的钱彀用的,叠次把人家的钱吞了呢。(《汉语独学》)

---

① 曹广顺:《近代汉语助词》,语文出版社 1995 年版,第 110 页。

"V+了+O+了"的用法，如例（106）。

（106）父母和我们一块儿吃饭，把这个当做了乐的事情了。(《汉语指南》)

（107）暖风是把草木的香味儿吹了来了。(《汉语独学》)

用于"完结体"的第二类用法是祈使句，这种用法仅1例。

（108）别费心了。(《汉语独学》)

2. 完成体

A. 持续性用法

表示过去发生并持续到现在的情状。① 共5例。

（109）阁下在敝国有几年了？(《汉语独学》)

（110）啊，病了有十来年呢。(《汉语指南》)

（111）已经学了两年的工夫。(《汉语指南》)

B. 将来完成用法

基于当前的现实，对将来或未知的事件予以安排和预测，也有疑问句形式，如例（115），总共39例。

（112）是明儿一天歇工了。(《汉语独学》)

（113）我要回家去了。(《汉语指南》)

（114）如今天快冷了，屋里地下要铺毡不铺。(《汉语指南》)

（115）若是人见了为难的事，就懈志不用心，多喒是个成了呢？(《汉语指南》)

表示命令、劝说等情态句，如例（116）就等于"那姓李的和姓金的说一说吧"；这种用法仅2例。

（116）这个道儿上有两个孩子，一个是姓李的，一个是姓金的，

---

① 胡亚、陈前瑞：《"了"的完成体与完整体功能的量化分析及其理论意义》，《世界汉语教学》2017年第3期。

那姓李的和姓金的说一说了。(《汉语独学》)

C. 结果性用法

① 狭义结果性用法。

主要有如下几种情况。

第一，形式为"V+C+了"，表示过去的动作造成现在的状态，有陈述句，也有疑问句。共25例。

(117) 那一本书你看完了么？(《汉语独学》)

(118) 已经都办完了。(《汉语独学》)

第二，形式为"V+了$_1$+O+了$_2$"，总共12例。

(119) 吃了饭了。(《汉语独学》)

(120) 太阳落了天快黑了，白鸟都各自各儿归了窝儿了 (《汉语指南》)

第三，形式"(否定词) +V+了"，"V"由动词、形容词充当，也有疑问形式，表示一种状态的变化，也有"V+着/过+了"的形式，如例(126)；表示一种持续的或已经经历的状态的出现，还有"是+V+的+了"的形式；如例(124)，表示强调句的状态的出现；还有"V不V了"这种形式，表示一种正反疑问，如例(125)；这种用法总共54例。

(121) 车票已经买了么？(《汉语独学》)

(122) 那书上的字都忘了。(《汉语独学》)

(123) 并且现在去山上的枫叶都红了，非常的好看。(《汉语独学》)

(124) 这是烟熏火燎的了。(《汉语独学》)

(125) 请您看一看，对不对了？(《汉语指南》)

(126) 是叫官场中察着了。(《汉语指南》)

第四，形式为"V+O+了"，总共47例。

(127) 学房里头有教堂和运动场了。(《汉语指南》)

第五，形式为"N+了"，共 2 例。

(128) 您高寿？我今年四十多岁了。(《汉语指南》)

② 广义结果性用法

第一，用于从句中，即前后有因果、假设、条件、转折、让步等关系。如例（129）、例（130）的前后句属于因果关系，例（131）的"了"字句是转折关系。这种用法一共 67 例。

(119) 天气冷了，得多烧炕。(《汉语指南》)

(130) 办事太忙，就有参差了。(《汉语指南》)

(131) 因为这上头过日子很难，虽是很着急，没法子了。(《汉语指南》)

第二，"罢了""是了""巧了"等，这类"了"具有明显的现实相关性，表示到目前为止或基于某种条件得出某一新的认识。① 总共 16 例。

(132) 是了，我回头替你说罢。(《汉语独学》)

(133) 常常这么样罢了。(《汉语指南》)

(134) 啊，巧了，我今天也没有事情。那么偺们遛达逛去罢。(《汉语指南》)

(135) 求您纳宽恕，我打给您纳一个横梯儿拿下来就是了。(《汉语指南》)

D. 报道新情况用法

报道新情况用法指所呈现的信息是第一次传递给其他人，多用在对话中。Schwenter 从历时的角度对其进行了阐释，认为"了"使过去

---

① 肖治野、沈家煊：《"了2"的行、知、言三域》，《中国语文》2009 年第 6 期。

的情状前景化,把新话题引入对话。① "了"的作用主要表示该状态的出现,同时把该状态的出现当作信息告诉听话者。总共22例。

(136) 到京来有什么贵干?我是卖货来了。(《汉语独学》)

(137) 他不是这儿住么?他上街上买东西去了。(《汉语独学》)

3. 完整体

第一,叙述连续事件,即叙述一系列发生在过去的连续的事件,总共70例。

(138) 那院子里树叶所满了,那孩子们把洋火一滑,就掉在树叶里头都着了火,火气很大,孩儿们很吃怕,要扑灭也不能,越烧越大,所以大声儿叫走了水了。搁坊的人听见了这喊叫的声儿都会齐了,辛辛苦苦的才灭了那个火了。(《汉语指南》)

第二,叙述独立事件,总共60例。

独立叙述在形式上有三种不同的类型,一是独立的小句,一个动作,如例(139)至例(141);二是构成"是……了"的句型,表示一种状态和补充说明,如例(142)至例(144)。

(139) 走兽攒着窟窿,人是盖房子住,避风雨寒暑了。(《汉语独学》)

(140) 天上云彩满了就是阴天。(《汉语指南》)

(141) 文书发了把存稿存着,那叫陈案。(《汉语指南》)

(142) 那里头顶大的房子就是知县住的和我们天天儿去的那个学堂了。(《汉语指南》)

(143) 虽是那么着,知县的衙门是旧日的样子,学堂的房子是仿照外国的样子建造的了。(《汉语指南》)

---

① 胡亚、陈前瑞:《"了"的完成体与完整体功能的量化分析及其理论意义》,《世界汉语教学》2017年第3期。

（144）你兜儿里装的是什么书呢？这是汉语指南了。（《汉语指南》）

4. 现在状态

现在状态指所在小句表示当前的状态，共115例。

① （副词）+形容词/动词+了。

（145）厨房很腌臜了。（《汉语独学》）

（146）平素没见过的人，初次见他了。（《汉语指南》）

（147）看那发芽儿生长的时候，真是个好造化了。（《汉语指南》）

（148）造化造化了，跟飞似的，这么快呢！（《汉语指南》）

这类句尾"了"的现在状态，在过去都归为语气词，金立鑫（1998）给出了两条证据。第一，去掉"了"的句子就没有强调、夸张的要求；第二，副词+形容词或者副词+名词，这些表示感叹的句子都是表示一种主观情态，而非客观状态，没有时体要求。① 但在陈前瑞（2016）看来，这种句子去掉"了"并非没有时体意义，只不过和时体意义高度契合了，高度虚化的时体和情态标记往往在与语境和谐的过程中获得其语法意义，强调、夸张的意味主要由"太"负载。并且从跨语言的角度来看，英语的一般现在时是现在时，体表示惯常性、规律性的事件，属于未完整体范畴，汉语对未完整体意义不添加标记，但这并不意味着它没有时体的要求。②

② 用于比较句中。

（149）再没有比洗海水澡痛快的了。（《汉语独学》）

（150）早已熟的黄稻子和没熟的青稻子和路边儿上长的草木茂盛，相交的就像铺开布帐似的，人马来往的是好像蚂蚁赶集的一样了。

---

① 金立鑫：《试论"了"的时体特征》，《语言教学与研究》1998年第1期。
② 胡亚、陈前瑞：《"了"的完成体与完整体功能的量化分析及其理论意义》，《世界汉语教学》2017年第3期。

(《汉语指南》)

③（才/就）+名词+了。

(151) 是的，日本的皇帝今年高寿了？(《汉语独学》)

(152) 那孩子名儿叫开明，年纪才十一岁了。(《汉语独学》)

④ 形容词+名词+了。

(153) 学堂的人都说他很动谨的学生了。(《汉语指南》)

⑤ 动词短语+的了。

(154) 别忙别忙，这是往别处去的了，偺们要坐的是第二荡开的呢。(《汉语指南》)

过

"过"用在动词后表示完成和经历：《汉语会话书》中用"过"的例子不多，9本书仅180例。

① 表完成的"过"，这类"过"既有表示动作的完成，如例(155)；也有表示将来动作的完成，如例(156)；也和表频率的副词"总"等连用，如例(157)、例(159)，表示过去动作的一种常态，这类"过"可以用"着"替换；还可用于"否定词+V+过+数量宾语+了"的结构中，"过"和"了"共同表示动作的未完成，如例(158)。

(155) 我吃过了。(《汉语指南》)

(156) 不用先定规，来过一个月看看之后，再定规工钱好不好？(《汉语指南》)

(157) 偺们爷儿总没见过。(《"支那"语大海》)

(158) 这个表是多偺擦的油呢？起到了我手里、还没擦过一回了。(《"支那"语大海》)

(159) 你给这院里老爷们做过活了么？先（头）里，我常到这院里做活来，我怎么总没瞧见过你呀？(《"支那"语大海》)

② 表经历的"过",表示过去曾经有过这样的事,描写的是过去已经发生过这样的事情。它可用于"否定词+V+过+了"的结构中,如例(160);还可用于"双音节动词+过"的结构中,如例(161)。

(160)是个新盖的么?是个才新盖的,还没人住过了。(《"支那"语大海》)

(161)我瞧见过赵夫人画的一幅桃花儿。(《"支那"语大海》)

这个时期的"过"字用法显然不成熟,比如(101)例的"来"就可以改用"过",如"我常到这院里做过活";"过"的用例明显少于"了"的用法,在《汉语会话书》中的比例为18:400,这可能与二者在语义上的重叠有关。

得

"得"用于动词后,表示动作的完成,相当于"了",我们通过CCL语料库的搜索,发现第一例出现在《水浒全传》第五十一回中"到得沧州,入进城中,投州衙里来"。在《汉语会话书》中,我们也发现了"得"作动态助词表完成的用法,总共6例;呈现在两种结构之中,即"V+得+了""V+得+O"。

(162)那时烟禁未解,他辨得了要出洋,还是耽悞好些日子。(《"支那"语集成》)

(163)现在我还有点儿事,等我把房图画得了我就去,那么着您先行一步罢。(《华语教范》)

(164)你现在这样高兴,好容易说得包办酒席,赶到了找出你的体已霉烂的银子来,你还后悔也不及呢。(《华语精选》)

"了""着""过"是较为成熟的动态助词,"得"的用例比较少,表动作或状态的实现,常常保留"达成""完成"的意义,表该动作是其主体所预期或期望的。

来着

"来着"在《汉语会话书》中一共出现54例,分别表示两种时体。

① 过去完成。

"过去"表示动作发生在参照时间之前,"完成"表示叙述的事虽发生在过去,但其影响却留在了现在,有些"来着"句,说话人叙说过去的是为了说明现在的状况。① "来着"句除了用于陈述句,还可用于疑问句中,如例(167)、例(168);"来着"还可以与形容词共现,如例(169)。

(165)来了,他还问您好来着。(《华语精选》)

(166)我多偺这么说来着?(《华语精选》)

(167)您这几天忙甚么来着?(《华语教范》)

(168)你没问他陈先生是上那儿去了么?我问他来着。他说,陈老爷拜客去了。(《华语教范》)

(169)故此人都不能保养身子,前儿吃早饭的时候儿,就很凉来着,一会儿的时候儿又热起来了,人人都受不得。(《"支那"语集成》)

② 现在状态。

指当前的状态,事件并没有发生在过去,发生在现在或某种习惯。

(170)你纳往那儿去来着?我往那边儿,一个亲戚家去来着。(《汉语大成》)

(171)你请我来吃饭,怎么还磨蹭着不摆台,是干什么来着?(《华语精选》)

(172)天天儿吃萝萄来着。(《速修汉语大成》)

---

① 张谊生:《略论时制助词"来着"》,《大理师专学报》2000年第4期。

三 结构助词

的

"的"在《汉语会话书》中共出现4569例,我们选取了其中的前三本教材作为语料库,分别为《汉语独学》《汉语指南》《华语精选》,包含"的"的语料总共1447例。语料中的"的"是兼有多种功能的结构助词,"X的"结构大体有三种情况。第一种在语义上表自指或转指,它的句法功能常常作主语、宾语和定语;第二种作状语,修饰谓语动词;第三种情况使用于组合式述补结构,引出补语。以下我们将对语料中"的"的使用情况举例说明。

(一) X + 的

1. X + 的 + NP

A. 名词 + 的 + NP

(173) 他是我的亲戚。(《汉语独学》)

(174) 大概的样子不差什么了。(《汉语独学》)

B. 动词 + 的 + NP

(175) 吃饭的时候儿。(《汉语独学》)

(176) 俗语儿说的'柔能克强'的话真是不错了。(《汉语指南》)

C. 形容词 + 的 + NP

(177) 现成的饺子。(《汉语独学》)

(178) 一定的地方儿。(《汉语独学》)

(179) 人家遭这样水齐下巴颏儿生死不定的难了。(《汉语指南》)

D. 副词 + 的 + NP

(180) 处处的稻子都熟了。(《汉语指南》)

E. 数量词 + 的 + NP

(181) 车票有白绿红三样的颜色儿。(《汉语指南》)

2. X + 的

A. 名词 + 的

名词有普通名词，如例（182）、例（183）；也有代词，如例（184）、例（185）；大部分的"X + 的"单独作主语或宾语，有些名词本可单独作"是"的宾语，但加了"的"就能对"名词"本身起强调作用，去掉"的"句子也合法，如例（186）、例（187）、例（188）；这类"的"主要用于对比句中，如例（189）就是"一万多两银子"和"一千多两银子"进行对比，例（187）就是"两半儿"和"整个儿"进行对比，例（188）就是"白色儿""绿色儿""红色儿"进行对比。在现代汉语中，也有此类句法，如"他是毕业于首尔大学（的），我是毕业于岭南大学（的）"。

(182) 今年收成的还算好哪。（《汉语独学》）

(183) 城外头没甚么住家儿的就叫野地。（《汉语指南》）

(184) 这个是你们的。（《汉语指南》）

(185) 那山上的别业是谁的?（《汉语独学》）

(186) 他欠人的账目合算起来是一万多两银子的，除了还偿下剩的不过一千多两银子。（《汉语指南》）

(187) 牛的蹄子是两半儿的，马的蹄子是整个儿的。（《汉语指南》）

(188) 头等是白色儿的；二等是绿色儿的；三等是红色儿的。（《汉语指南》）

(189) 有俩庄稼的跑一跑，赶到车站儿一看，那个车已经开远了。（《汉语指南》）

B. 动词 + 的

"动词 + 的"可以直接作主语或宾语。

(190) 借光您纳，这店里住着的有一位张老爷么?（《汉语指南》）

(191) 我的家里天天儿花费的很多。(《汉语指南》)

(192) 有事情民人出了力,地方官赏给银钱,那是鼓舞的。(《汉语独学》)

也可以作谓语,对主语起分类的作用,如例(193)、例(194)。

(193) 您多嗻回来的?我昨天回来的。(《汉语独学》)

(194) 这个房子多嗻租的?(《汉语独学》)

有时候"的"字表示整个局面,意思是"事情就是这样","就是这样的局面"。有表"强调"的语义,去掉"的"字,整个句子依然合法,且"的"字后边不能补出任何名词。

(195) 他那个人很懒惰,怕不能成人的。(《汉语指南》)

(196) 他这么哼阿哼的,我一句话都听不出来。(《汉语指南》)

(197) 他原来是尊重的,你怎么能看不起他呢?(《汉语指南》)

(198) 我疑惑他不是不能的,就是假装那么样。(《汉语指南》)

"动词+的"表转指时,还可以受副词或形容词的直接修饰,如例(199)"做梦的"表示"做梦说的话",在这里直接受"就"的修饰。例(200)"使不得的"转指"不能写的书法字",它直接受"更"的修饰。

(199) 你说的话,就做梦的一样。(《汉语指南》)

(200) 一定是楷书好,那行书就是草率,更使不得的是那草字。(《汉语指南》)

"是+的"表示肯定的语气,可以单用,也可以受副词的修饰。

(201) 是的,日本的皇帝今年高寿了?(《汉语独学》)

(202) 实在是的,一熥儿就是一年。(《汉语独学》)

C. 形容词+的

"形容词+的"具有转指或自指功能,作句子的主语或宾语,如例(203)"空的"转指"空的杯子",例(204)"漆黑的"就是自指,这里并不指具体的实物,而是指"漆黑"这本身;有的是"V+O"的格式表形容词的意思,再加"的"整体作宾语,如例(206);还有的"的"字可以承后省略,只用一个,比如例(205),"貌美"没有加"的","貌陋"加了"的"。

(203) 把那空的倒满了水。(《汉语指南》)

(204) 那女人的头发就像漆黑的。(《汉语指南》)

(205) 一个是貌美,一个是貌陋的。(《汉语指南》)

(206) 我是年轻的,他是有年纪的。(《汉语指南》)

有的"形容词+的"放在句尾,表示解释某一现象的原因。

(207) 厨房很腌臢了,这是烟熏火燎的了。(《汉语独学》)

(208) 他家里有的钱彀用的,叠次把人家的钱吞了呢。(《汉语指南》)

(209) 这件事情要坏的,必须用心的办就好了。(《汉语指南》)

用于"(是)……的"的结构中,表焦点化,强调"的"字前面的内容,"的"的后面还伴随着其他语气词,表感叹等语气。

(210) 我学汉语过了一年的光景,不会说话,实在惭愧的。(《汉语指南》)

(211) 大概说秋天的景致实在是冷清的呀。(《汉语指南》)

(212) 我告诉你,古人说的话是万不错的。(《汉语指南》)

(213) 你说得不悄悄的呢,叫外人知道了,把你的舌头还要割了呢。(《华语精选》)

"形容词+的"可以直接作谓语,说明主语的情况和状态。

(214) 那座山上的树木绿森森的。(《汉语指南》)

D. 介词/介词结构+的

(215) 我是在城里头成兴齐古玩铺里的。(《汉语指南》)

(216) 狐狸本来是奸诈的,为的是假那个老虎的威了。(《汉语指南》)

E. 代词+的

"什么的"用在一个成分或并列的几个成分之后,表示"……之类"的意思。

(217) 那个货车里头竟是装着货物,不装别的。(《汉语指南》)

(218) 求您哥哥呀,无论怎么样儿的,想法子给我救命罢。(《汉语指南》)

(219) 有,送的是猪羊鸡鸭甚么的。(《汉语独学》)

F. 拟声词+的

(220) 哎呀,下一盪的火车是甚么这当当的是甚么响的声儿?(《汉语指南》)

G. 助词+的

"似的"用在名词、代词和动词后面,表示跟某种事物或情况相似。

(221) 这个好像打雷似的,这不是车来的声儿么?(《汉语指南》)

(222) 那个样子好像一张弓似的。(《汉语指南》)

H. 助动词+的

(223) 该当的,您这回下乡去,有何贵干?(《汉语指南》)

I. 副词+的

(224) 那一字样儿长接连不断的是往村里去的道傍边长的树木了。(《汉语指南》)

3. X+的+VP

A. X+的+动词

这类"X的"中的"X"多半是形容词或副词,如例(225);有些是重叠式副词,如例(227)、例(228);有些是表周遍的重叠词,如例(229)、例(230);从语义上看,有表方式、有表程度,有表描写性的状语,有的表领属关涉。

① 表方式。

(225) 别人儿都是<u>赤身露体的</u>坐着，还怕中暑。(《汉语独学》)

(226) <u>再三再四的</u>请他过来，他都不肯，未（末）了儿我到他那边儿说过了。(《汉语指南》)

(227) 那个野猫就<u>偷偷儿的</u>往后面去下了。(《汉语指南》)

(228) <u>慢慢儿的</u>一天走个三十里呀！(《汉语指南》)

② 表程度。

(229) 好叫您<u>一件一件的</u>指着劝劝我。(《华语精选》)

(230) 您要<u>一个一个的</u>零买，就是这个价钱。(《华语精选》)

③ 描写性状语。

(231) 有甚么乐的事，<u>就哈哈的</u>笑呢？人家都<u>嘎嘎的</u>笑他。(《汉语指南》)

(232) 托福托福，您<u>这么早早儿的</u>到舍下来。(《汉语指南》)

(233) <u>慢慢儿的</u>一天走个三十里呀！(《汉语指南》)

(234) <u>他常常的在</u>背地里骂我，都装听不见。(《华语精选》)

④ 表领属关涉。

(235) 他自己不体面，常常讨人嫌，受了<u>人家的</u>羞辱。(《华语精选》)

(236) 皇宫里头都算禁地，禁止<u>民人的</u>出入。(《汉语指南》)

B. X + 的 + 形容词。

这类"X"有的是副词，有的是"VO"结构，有的是指示代词"那么样"。

(237) <u>非常的</u>好看。(《汉语独学》)

(238) 所有的家伙都是<u>烫手儿的</u>热。(《汉语独学》)

(239) 花<u>那么样的</u>华丽，还是有<u>清淡的</u>雅趣，更有<u>加倍的</u>好看了。(《汉语指南》)

（二）补语标记

结构助词"的"可以用于组合式述补结构，引出谓语的补语成分，作补语标记。《汉语会话书》中的"的"可以分为状态补语标记和结果补语标记。在《汉语会话书》中"的"和"得"是同时使用，但用"的"的频次比"得"高。

1. 状态补语标记

（240）日子过的很快。（《汉语独学》）

（241）我的牙疼的利害。（《汉语独学》）

2. 结果补语标记

（242）他说的话也讹着的多。（《汉语指南》）

（243）吓的跳进沟里去。（《汉语指南》）

（244）莫不成饿的了不得在道儿上哭么？（《汉语指南》）

得

"得"在先秦汉语中基本意义是"获得""得到"的意思，"行有所得也"（《说文解字·彳部》）。从"彳"声，古文省"彳"；多则切。"得"是一个实义动词，常常带宾语，如"予得吉卜"（《尚书·金縢》）；后来，"得"又表"能够"的意义，可放于动词之前，如"圣人吾不得而见之，得见君子者斯可矣"（《论语·述而》）。在汉代，将"得"放在动词之后，构成"动词+得+宾语"的格式，如"李牧不受命，赵使人微捕得李牧，斩之"（《廉颇蔺相如列传》），这时的"动词+得"是动补结构，"得"是动作的结果，具有较明显的动词性质。随着"得"的虚化，"动词+得+宾语"的表意特点也逐渐发生了变化，宾语从"受动者"变成了"处所成分"，动词的意义也从"获得"义类动词变成了其他意义的动词，如"上得床，将一条棉被裹得紧紧地，自睡了"（《快嘴李翠连记》）。[1]

---

[1] 杨占武：《与〈水浒传〉中"动词得宾语"相关的几个问题》，《固原师专学报》（社会科学版）1986年第1期。

在《汉语会话书》中,"得"字的用法非常丰富,可以直接作动词,表"获得"义,直接带上时态助词"了",如例(245)、例(246);也有"动词+得+宾语"的格式,其中"动词"具有"获得"义,"得"具有动词义,此格式可以用于正反问句"动词+得+(宾语)+不+动词+得",如例(247)、例(248),这类"动词+得"的格式已经融合为一个词语了,"得"不再是助词,而是构词成分,如"记得""认得""晓得""觉得""显得""值得""省得""免得"里边的"得"就是构词成分。①

(245) 不得闲。(《汉语独学》)

(246) 所以因为得了那个粮食,整天家来来往往真是离不开那个花林子。(《汉语指南》)

(247) 你认得他不认得?我认得他。(《汉语独学》)

(248) 这个字你记得不记得?(《汉语指南》)

"得"当动词还可表"完成",如:

(249) 你认了不是就得了。(《速修满洲语自通》)

(250) 你可以照着洋房的式样另盖就得了。(《汉语指南》)

在《汉语会话书》中,"得"字除了作实义动词之外,还可作补语、定语以及构成语气词,具体情况如下。

(一) 充当补语标记

连接表示程度或结果的补语,基本形式是"动/形+得+补",动词不能重叠,不能带"了""着""过"。

1. 形容词+得+很

这里的"很"都是修饰前面的动词和形容词的,比如例(251)、例(252)中的"很"就是修饰形容词"爽快"和"急"的,例

---

① 吕叔湘:《现代汉语八百词》,商务印书馆2012年版,第165页。

(254)、例（255）中的"很"就是修饰动词"感谢"和"劳驾"的。

(251) 爽快得很。(《汉语独学》)

(252) 他的脾气不但不好，也是性急得很。(《"支那"语集成》)

(253) 没预备什么菜，不成敬意得很。(《"支那"语集成》)

(254) 感谢得很。(《速修满洲语自通》)

(255) 这么着我就不敢留，实在劳驾得很。(《速修满洲语自通》)

2. 动/形+得+小句

这类格式，"得"字后面的补语以小句的形式呈现，有的是动宾结构，如例（256）、例（257）；有的是主谓结构，如例（258）、例（259）、（260），不过（260）中的谓语"很不轻"并不是修饰主语"你"的，而是补充说明动词"害"的。

(256) 说得有理。(《汉语独学》)

(257) 人若是学得果然有了本事，勿论到那块儿，不但别人尊重你，就是你自己也觉着体面。(《"支那"语集成》)

(258) 我当是白糖，醮了一舌头，原来是干净的白盐，闹得我嘴里很难受了。(《"支那"语集成》)

(259) 你现在这样高兴，好容易说得包办酒席，赶到了找出你的軆已霉烂的银子来，你还后悔也不及呢。(《"支那"语集成》)

(260) 嘴里虽然跟你好，背地里害得你很不轻。(《"支那"语集成》)

(261) 浑身发烧就像火烤的一样，又搭上害耳朵底子，疼得连顋颊都肿了，饮食无味，坐卧不安。(《"支那"语集成》)

3. 动/形+得+形

形容词作补语，有的语义指向主语，有的语义指向动词或形容词，有的语义指向系事或属事。

A. 补语指向动词/形容词

这一类的补语语义是指向动词或形容词的，补语多是由形容词构成,也有有"很+是"构成,如例(265)。

(262) 天气闷热得利害。(《汉语独学》)

(263) 走海路比走旱路受累得多。(《汉语指南》)

(264) 他在众人里头说得论七八叫,胡吹混谤。(《汉语指南》)

(265) 不错,你说得很是。(《中国语自通》)

B. 补语指向主语

(266) 这个东西做得很合式。(《汉语指南》)

(267) 阖家子乱乱烘烘的,没主意老家儿们愁得都瘦了。(《"支那"语集成》)

C. 补语指向作 V1 主事的领属结构体的属事

(268) 那个人的鼻子、眼睛长得奇恠。(《汉语指南》)

(269) 他的眉毛长得不错。(《汉语指南》)

D. 补语双重语义指向

这一类补语既指向主语,也指向动词,比如例(270)"杂乱无章"既指向主语"这一件事",也指向谓语"办";例(271)"公道"既指向主语"这",又指向动词"算"。

(270) 这一件事办得杂乱无章。(《汉语指南》)

(271) 这算得很公道。(《速修满洲语自通》)

(272) 你说得还不悄悄的呢,叫外人知道了,把你的舌头还要割了呢。(《"支那"语集成》)

E. 补语语义指向客事

(273) 拿墩布蘸上水拧干了,把地板都擦得很干净罢。(《汉语指南》)

"动词/形容词+得+补"这一类格式表示否定时,需在"得"后加"不"字。

(274) 你没有耳朵么?为什么听得不清楚呢?(《汉语指南》)

(275) 官长治理得不好,所以人民闹起来了。(《汉语指南》)

4. 动/形+得+动

（276）直等到晚上下得还不住呢，末末了儿就冒雨回去了。(《汉语指南》)

（277）你学得大有长进了，句句儿顺当字字儿清楚，没有一点儿肮星儿。(《"支那"语集成》)

（278）老弟，你瞧他今儿又醉了，喝得成了泥咯，站都站不住了，我问他那个事情，你告诉人家了没有？(《"支那"语集成》)

5. 动词+得+名词/指示代词

"得"字后可以直接加名词，如例（279）；有的由"动词+的"构成名词性结构，如例（280）；有的"得"后加指示代词，如例（282）。

（279）人家那样劝你说你，你都是听得耳傍风，你怎么好意思要见人呢？(《汉语指南》)

（280）今儿你喝醉来，喝得前仰儿后合的，站不住，叫人看着不斯文来。(《汉语指南》)

（281）他不是不会做，他故意儿的做得这么样了。(《汉语指南》)

(二) 充当实义助词

① 用于表示可能、可以、允许，多读作 de。

动词+得，动词限于单音节，否定式是在"得"前加"不"，动词不限于单音节，有些否定式也可以在动词前加"不"，构成"不+动词+得"的格式，如例（286）。

（282）晚上可以得。(《汉语独学》)

（283）请看，这么写可以使得么？(《汉语指南》)

（284）说报恩，那是甚么话呢，咱们自己人说得么？(《"支那"语集成》)

（285）这茶太酽苦的，喝不得了。(《汉语指南》)

（286）当真的打杀他罢，又怪不忍得，而且我家生子儿，火棍儿

短，强如手拨咯。(《"支那"语集成》)

这种格式里的动词一般都是被动意义，不能带宾语，但是在《汉语会话书》里也有一部分是主动意义，如"由得""使得"等；有些否定式"怨不得""靠不得"等，都可以可以带名词作宾语。

(287) 我也愿意再来，可不定由得我，由不得我？(《汉语指南》)

(288) 买东西要称分两的都使得秤。(《"支那"语集成》)

(289) 那时烟禁未解，他辨得了要出洋，还是耽误好些日子。(《"支那"语集成》)

(290) 这是自己错的，也怨不得人了，可是你自己打着你那嘴，问着你自己才是了。(《汉语指南》)

(291) 心里怨恨，外面献勤儿，那叫猫儿哭耗子假慈悲，实在靠不得他了。(《汉语指南》)

(292) 若是违拗我半点儿，管不得谁是有脸的，谁是没脸的，一例清白处治了。(《汉语指南》)

② 有+得+动词，表示可以、允许的意思。

(293) 你有得出卖么？(《汉语独学》)

③ 在动结式和动趋式复合动词的中间插入"得"，表示可能。

(294) 这么些个东西，怎么能一只船装得下呢？(《汉语指南》)

(295) 不敢说会说，大概可以说得上来就是了。(《汉语指南》)

(296) 再者亲戚骨肉们都在这儿，我能撂得下谁呢？(《"支那"语集成》)

(三) 助动词标记

这一类的得读作 děi。

第一，表示情理上、事实上或意志上的需要；应该、必须。

(297) 今年总想着得去一荡。(《汉语独学》)

(298) 凡事总得有定向才可以成了。(《汉语指南》)

（299）好了，那车钱呢，还得给多少？（《中国语自通》）

（300）你快早点儿睡觉罢。明天还得起早哪。（《速修满洲语自通》）

第二，根据前面的原因，后面必然如此。有否定形式，可以加时态助词"了"。

（301）我因为忙着来该班儿，故此也没有得问一问。（《汉语独学》）

（302）天气冷了，得多烧炕。（《汉语指南》）

（303）这么热天气竟在家里，受不得了。（《汉语独学》）

（304）他在此地有好些年，临走的时候实在是舍不得的。（《汉语指南》）

（四）动词名词化的标记

在《汉语会话书》中，"动词+得"也具有转指功能，表名词；可以直接作主语或宾语，如例（305）"学会得"作宾语，例（306）（307）"算得"作主语。

（305）他们也是学会得罢咧，并不是生出来就知道的。（《汉语指南》）

（306）上半天，下半天，各有十二点钟的工夫，所以昼夜一共算得是二十四点钟了。（《汉语指南》）

（307）是上海去的通共九个字，算得是三角钱；长崎去的字通共十二个字，算得是四角钱。请您看一看，对不对了？（《汉语指南》）

（308）你射的步箭有甚么说得呢，早晚儿要仗着大拇指头，戴翎子咯。（《"支那"语集成》）

（309）您带了来得都是甚么货？（《"支那"语集成》）

还有"动词+得+名词"的结构。

（310）打得雷大，落得雨小。（《汉语独学》）

（311）昨儿黑下下得雨很大，今儿晴了天。（《汉语指南》）

（312）那是不能预定了，回头看情形盖得茅房，盖得马棚都可以。

(《汉语指南》)

(313) 是，下得雨不少。(《速修满洲语自通》)

"介词+得"表示引进的对象，作主语。

(314) 屋里很黑，所以安上门窗，为得是出入方便，还可以有太阳照着，又明又亮了。(《汉语指南》)

(315) 为得是要用整的。(《速修满洲语自通》)

1. 状语标记

"得"字结构还可以作状语修饰形容词，《汉语会话书》仅出现1例。

(316) 我原来是天生得很笨了，一点儿的本事也没有，怎么能当得起这么个重任来呢？(《汉语指南》)

2. 语气词标记

"得"字位于句末，可以表示疑问语气，如例（317），还可以表示肯定语气，如例（318），还有"得了"连用，表语气，意为"这样就行了，就没事了"，如例（319）。

(317) 他说多嗜可以得？(《速修满洲语自通》)

(318) 晚上可以得。(《速修满洲语自通》)

(319) 您等等儿吃饭哪，汤这就得了。(《速修满洲语自通》)

3. 固定结构

"得"字可以构成固定结构"不得了"和"了不得"，表示非常厉害的意思，整体作谓语。如例（320）、例（321）。还有结构"少不得"，表示是很多的意思，如例（322）。

(320) 忽然间毛都着了火了，觉得烫的了不得。(《汉语指南》)

(321) 也没甚么辛苦，不过是到了水路上可真不得了。(《华语教范》)

(322) 你把东西带了去罢，你又不是外人，我这里有好机会，少不得打发人去叫你了。(《汉语指南》)

第三节　与普通话助词的比较

通过整理语料，我们发现《汉语会话书》里的助词和现代汉语普通话助词的语法功能有很多不同之处，我们一一整理出来，见表10-3。

表10-3　　《汉语会话书》与现代汉语普通活中助词比较

		《汉语会话书》	现代汉语普通话
动态助词	着	"动词+着"受"没"的修饰。如："我没带着钱哪。"	无此用法,应该去掉"着"。
		离散动词中间加"着"。如："我合着你纳的意思,我请你纳。"	无此用法,应该去掉"着"。
		"动词+着+处所名词"。如："就是叭着沿边儿仅露着脑袋正叫喊的时候儿。"	用"在"替代。如："就是叭在沿边儿仅露着脑袋正叫喊的时候儿。"
		表示"到","着"表示动作达到了目的或有了结果。如："后半天他回来说,不能找着大夫家。"	用"到"替代"着"。如："后半天他回来说,不能找到大夫家。"
		动词+不+着。如："晒了会儿把那晒不着的拿手拨攦开他。"	用"到"替代。如："晒了会儿把那晒不到的拿手拨攦开他。"
		"动词+着"直接作定语。如："牲口身上驮着东西都叫驮子。"	必须带"的"。如："牲口身上驮着的东西都叫驮子。"
		"副词+着"。如："后来我说有哥哥的话,他才赶忙着去了。"	无此用法。
		作补语,后面跟疑问代词。如："你吓着怎么样?"	用"得"替代。如："你吓得怎么样?"
	了	用于介词后,表将来。如："当了春天暖和的时候,草木都生芽儿,渐渐儿长起来成了树干儿。"	无此用法。

续 表

		《汉语会话书》	现代汉语普通话
事态助词	了	构成"是了"表语气,如:"是了,我回头替你说罢。(汉语独学)"	无此用法。
		用于"才"字句中。如:"那孩子名儿叫开明,年纪才十一岁了。"	无此用法,去掉"了"。如"那孩子名儿叫开明,年纪才十一岁。"
	来着	用于将来。如:"你纳往那儿去来着?我往那边儿,一个亲戚家去来着。"	无此用法,去掉"来着"。如:"我往那边儿,一个亲戚家去。"
结构助词	的	副词+的+NP。如"处处的稻子都熟了。"	无此用法。
		"名词+的"指代事物。如:"今年收成的还算好哪。"	无此用法
		"X+的"作状语。如:"别人儿都是赤身露体的坐着,还怕中暑。"	由"地"替代。如:"别人儿都是赤身露体地坐着,还怕中暑。"
		补语标记。如:"日子过的很快。"	由"得"替代。
		"动词+得+名词"的结构。如:"打得雷大,落得雨小。"	由"的"替代。
	得	"动词+得"也具有转指功能,表名词。如:"他们也是学会得罢咧,并不是生出来就知道的。""打得雷大,落得雨小。"	由"的"替代,如:"他们也是学会的罢咧,并不是生出来就知道的。""打得雷大,落得雨小。"

第四节　小结

《汉语会话书》中的助词包括动态助词、事态助词和结构助词。动态助词包括着（著）、了、过、得，事态助词包括了、来着，结构助词包括的、得。

和现代汉语普通话相比，《汉语会话书》中的助词使用范围显然广泛得多，有些用法在现代汉语里是不存在的，如副词"赶忙"+"着"，这种用法是不存在的。有些助词在现代汉语普通话中被其他助词所替代，如："你吓着怎么样？"中的"着"需要用"得"去替代。

第十一章　语气词

在前面第五章我们讨论了语气副词的范围和语义语法功能，这一章节我们将讨论《汉语会话书》中的语气词，那么语气副词和语气词有什么区别呢？王力（1985）认为，语气词位于句末，语气副词位于句首或句中。① 我们在研究《汉语会话书》中的语气词时，也按照王力先生的标准，位于整句句末或分句句末的为语气词。

第一节　单音节语气词

啊

（一）表示疑问语气

"啊"用于疑问句末尾，有一种舒缓语气的作用。

（1）您宝号在那儿<u>啊</u>？（《汉语指南》）

也可用于反问句中，属于一种"无疑而问"。

（2）别忙别忙。这是往别处去的了，偺们要坐的是第二荡开的呢。
　　是<u>啊</u>？那么还剩了一点多钟的工夫了。（《汉语指南》）

---

① 王力：《中国语法理论》，山东教育出版社1985年版，第247页。

还可用于选择问句中，与"呢"搭配使用。

(3) 您是喜欢靠海的地方儿<u>啊</u>，还是喜欢山里头呢？(《汉语独学》)

(二) 表示祈使语气

(4) 你别忘了<u>啊</u>！(《"支那"语集成》)

用于陈述句末，使句子带上一层感叹色彩。

(5) 也不过是叫你有则改之，无则加勉的意思<u>啊</u>！(《汉语指南》)

用于句首，表示一种惊讶的语气。

(6) <u>啊</u>，应了试的也有奖赏么？(《华语教范》)

罷（罢、吧）

"罷"在《汉语会话书》中总共有三种写法，分别是罷、罢、吧，根据分析，"罷"有如下几种语法意义。

第一，用在祈使句末，使语气变得较为舒缓。

用于祈使句中的"罷"，表示商量、请求、催促、命令等祈使语气。

(7) 你在这儿暂且避雨<u>罷</u>。(《华语精选》)

(8) 您过爱了，不要客气，偺们多谈谈<u>罷</u>。(《华语教范》)

第二，用在陈述句末，使语气变得不十分确定。

(9) 哦，我想起来了，您是李二爷<u>罷</u>。(《华语教范》)

第三，用在疑问句末，使原来的提问具有揣测、估计的意味。

(10) 啊，你在这儿玩<u>罷</u>？(《华语教范》)

(11) 哼，你竟在家里那知花园的春光，您要看甚么花<u>罷</u>？(《华语教范》)

第四，用于后续句的末尾，表示认可、同意等口气。

(12) 你真是有造化的了。

　　　托你福<u>罷</u>。　　　　　(《华语教范》)

(13) 今儿个是几儿了？

　　　八月十五<u>罷</u>。　　　　　(《速修汉语大成》)

(14) 等着一会儿天快晴了罢。(《"支那"语集成》)

第五,"罢"还可以用于句末,表示完成时态,相当于时态助词"了"。

(15) A：您这么样罢,不论甚么时候儿,有您的回电来,必然赶紧给您送去就是了。B：就是,您费心罢。(《华语教范》)

在《汉语会话书》中,还可以"便罢""也罢"连用,表陈述语气。

(16) 不敢当,偺们俩便罢。(《华语教范》)

(17) 你管你的罢,不用管人家的事,好也罢,歹也罢,与我无干。(《华语精选》)

对于语气词"罢"的来源,太田辰夫（1987）认为,语气词"罢"是"便罢""也罢"的省略,即"罢"原是具有述语性的,如"你去罢"。表示"你去就可以了"的意思,用在句末的"便罢""也罢"还具有陈述的意思,省略掉"便"和"也",仅剩下"罢"就完全丧失了陈述的功能①,只能单纯地表示语气的了。但冯春田（2003）认为,"罢"之所以能变成语气词,是因为"罢"所在的句子本身具有表示"决定某种行为"的意思,其中含有说话者的意志。②

翟燕（2013）从语法化的角度来看,"罢"从实义动词变为语气词,是因为语境的改变。

"罢"的表示"完毕、结束",最初在句中充当谓语,表示一个动作结束后接下来的另一个动作。

① 从容草奏罢,宿昔奉清罇。(唐·杜甫：《奉汉中王手札》)

② 长孺起,先生留饭,置酒三行,燕语久之,饭罢辞去,退而记

---

① [日]太田辰夫：《中国语历史文法》,蒋绍愚、徐昌华译,北京大学出版社1987年版,第338—339页。
② 冯春田：《近代汉语语法研究》,山东教育出版社2003年版,第518页。

之。(《朱子语类》第一百一十八卷)

③ 翠莲祝罢，只听得门前鼓乐喧天，笙歌聒耳。(《快嘴李翠莲记》)

从上面这些例子来看，"罢"都用于"已然"的语境中。

④ 大嫂，我是好人家的孩儿，到来日官府若知，送到官中，我怎生吃得过刑法，我寻个自缢死罢。(《杀狗劝夫》)

⑤ 大嫂，两个兄弟不肯去。罢罢罢，我死了罢也。(《杀狗劝夫》)

而上的这两例，"罢"又都用于未然的语境中，正因为"罢"从表强调动作的完结到表对未来的某种主观假设，从"完结"义引申出"算了""罢了"之意，而后者又常处于句末，而它所处的语境又是说话人需要做出某种决定的语气，受这两种原因的影响，"罢"逐渐变为一个语气词。①

吗（麼）

"吗"是最重要的疑问语气词之一，在《汉语会话书》中共出现39次，句尾的"吗"可以表示真性疑问，此时说话者对答案的肯定与否定一无所知。

(18) 你说的是中国话条子吗？(《速修满洲语自通》)

还可以表示反问，此时说话者完全知道答案是肯定的还是否定的，是故意无疑而问。

(19) 敢情是很沈了。是吗？分量太大。(《"支那"语大海》)

(20) 你很闲在呀，今儿没事吗？(《速修满洲语自通》)

在《汉语会话书》中，"吗"还可写成"麼"，一共188例；

(21) 你行李都来齐了麼？(《速修满洲语自通》)

"吗"的普遍使用开始于清代中期，在脂砚斋甲戌再评《石头记》(1754)中尚见不到"吗"字，程伟元壬子（1792）活字本中才多了

---

① 翟燕：《语气词"罢"的语法化及相关问题》，《学术交流》2013年第10期。

起来（孙锡信，1999）。①

探春因说道："这几天老爷没叫你吗？"（《红楼梦》第二十七回）

《红楼梦》中仍然是"麽"比"吗"常见，到《儿女英雄传》中"吗""麽"之比达到103∶72（钟兆华，1997）②，在现当代的一些文献中仍能见到"麽（么）"字用例。

我问，有什么困难麽？（1997年9月7日《文汇报》

"麽"《广韵》"莫婆切"，《集韵》"眉波切"，都是明母戈韵字，音mua，后来变为ma，借来记录语气词时可能已经读作ma（王力，1989）。③ 随着时间的推移，"麽"所在的歌戈韵也发生了变化，逐渐从a演变为o、uo、ə。结果"麽"字又出现了文白异读。口语中该词仍读ma，与当时的家麻韵（读a）韵母相近或相同；书面语中"麽"则变为mo等。④

呢

本小节，我们结合功能视角，对《汉语会话书》中的所有"呢"字语料进行系统分类。

韩礼德（1994）指出，在语言互动过程中，说话者把自己设置成一个主导者的角色，发出者的目的是"需求"或"给予"，把听话者设置成一个辅导者的角色，希望听话者接受说话者的安排。⑤ 李军华（2010）根据此理论，把"呢"字句分为三种情态类型，分别是确认性

---

① 孙锡信：《近代汉语语气词》，语文出版社1999年版，第158—163页。
② 钟兆华：《论疑问语气词"吗"的形成与发展》，《语文研究》1997年第1期。
③ 王力：《汉语语法史》，商务印书馆1989年版，第312页。
④ 刘璐亚：《古汉语语气词的音理特征及其流变研究》，南京师范大学，博士学位论文，2019年。
⑤ Halliday M. A. K., *An Introduction to Functional Grammar*, Beijing: Foreign Language Teaching and Research Press, 1994, pp. 79–86.

断言、回应性断言、反驳性断言。①

我们对《汉语会话书》中的语料进行搜集整理,"呢"字句的语料总共出现770次,在李军华的大框架下,再结合吕叔湘《现代汉语八百词》中的分类,对搜集的语料作细分和整理。

(一) 陈述"呢"字句的情态类型与"呢"的情态意义

1. 确认性断言与"呢"的情态意义。

确认性断言就是说话者对某事时真相进行确认性的陈述和说明。词类"呢"字句的情态特征是说话人根据自己已有的知识对听话人某一部分信息进行强调确认,说话人的目的就是引起听话人对此信息的关注。

(22) 他们家里谁不在了?前儿我在他们那儿过,看见家里的人们都穿着孝呢。(《汉语独学》)

(23) 昨儿做道场,我在那儿坐了一整天呢。(《汉语独学》)

(24) 昨儿下雪的时候儿雨下得很大,不能回家去。直等到晚上下得还不住呢,末末了儿就冒雨回去了。(《汉语指南》)

(25) 他们在船上乐呀,唱啊的闹呢。(《汉语指南》)

(26) 我听见说,你如今学满洲书呢么,很好,满洲话是喈们头一宗儿最要紧的事情。(《"支那"语集成》)

为了加强听话人的关注,一般"呢"字句中都会有一些表"程度"的词,例如(22)的"都"字,既有表"总括"的含义之外,还有表强调的含义;例(23)、例(24)的"整""还"字表强调;例(25)"闹"字前面两个状语"乐呀,唱啊"整体表强调;例(26)连用了"呢"和"麽"两个语气词表示强调。

---

① 李军华:《"呢"字句的情态类型与语气词"呢"的情态意义考察》,《语言研究》2010年第3期。

上述例句中，如果不使用"呢"字，句子仅仅是一般交际性的回答，只是客观地阐述自己的观点；如果使用了"呢"字，说话者强调了句中部分重要的信息，并且请对方相信自己所说的话。

2. 回应性断言与"呢"的情态意义。

（27）没预备什么菜，不成敬意得很。

那儿的话<u>呢</u>，这是太盛设了。(《华语精选》)

（28）听不听随你们罢咧，叫我怎么样儿<u>呢</u>。(《"支那"语集成》)

回应性断言是指说话人对听话者的某些观点进行回应，回答的内容是说话者需要听话者相信的。上面两个例句如果没有"呢"，将会是一般的交际性的回答，这类"呢"字句的情态是说话者给出自己的观点和看法。

3. 反驳性断言与"呢"的情态意义。

反驳性断言是指说话人对某种客观事实或交际对方提出的某种看法和观点不同意而发出的反驳话语，一般以反问句呈现。

（29）都看完了么？

那儿能看完<u>呢</u>？总得去五六盪才能看完哪。(《汉语独学》)

（二）疑问"呢"字句的情态类型与"呢"的情态意义。

1. 自究性询问与"呢"的情态意义

自究性询问是指说话人内心的自我思考，自我心中的一种探究，不需要其他人回答。

（30）这几年天下大乱，可怎么好<u>呢</u>？(《汉语指南》)

（31）嘴里不好意思说出来，心里不知怎么骂我<u>呢</u>。(《华语精选》)

上述例句中，"呢"字疑问句的形式多半是"疑问形式+呢"字的形式，这种句式传递了相应的疑问信息，说话人并不期待相应的回答，是自我心中的一种询问。这类"呢"字的情态意义是对未知信息进行自我思考，并且提醒听话人注意自己说话的内容。

2. 求解性询问与"呢"的情态意义

求解型询问是说话人对某件事一无所知,迫切需要听话人回答。

（32）您因为甚么来呢?（《汉语独学》）

（33）您每年到什么地方儿避暑去呢?（《汉语独学》）

（34）感情是那么些日子呀。要坐车去,是坐船去呢?（《汉语指南》）

3. 确认性询问与"呢"的情态意义

确认性的询问是指说话人对要求说明或确认的信息心中自有主张,发问时未知信息已经隐含在话语中,有点自我思考确认的意味,一般不需要听话人作出回答。

（35）你爱喝汤呢?（《汉语指南》）

（36）你没有耳朵么?为什么听得不清楚呢?（《汉语指南》）

（37）做官的不要暴虐,为民者岂能报冤呢?（《汉语指南》）

上述例句其实就是无疑而问的反问句,吕叔湘（1982）认为:"反诘实际上是一种否定的方式,如果没有否定词,这句话的用意就是否定;反诘问里有否定词,这句话就是肯定句。"[①]

进一步分析,我们认为,反问句表达了说话者对自己话语的确信态度,"呢"的使用强调要求说明或确认信息的基础上,增添了说话人对所做断言的自我确认的主观情态。句子如果不使用"呢",表明说话人对自己所做的断言坚定的确信态度,并且语气更加生硬,具有挑战性。因此,此类"呢"字疑问句的情态意义主要是对对方的询问、要求给出回答,而"呢"所表达的情态意义包括两点。一是表示说话人在所提示信息的基础上对所作断言的自我确认;二是削弱、消解对听话人的挑战性。

---

① 吕叔湘:《中国文法要略》,商务印书馆1982年版,第294页。

（三）句中"呢"的情态意义

1. 话题性成分之后"呢"的情态意义

话题分两类，第一类是名词作话题加"呢"，第二类是"主语+动词"构成的小句作话题再加"呢"。

A. 名词作话题

（38）水路呢，这几天雨大，河水长了，上水的船拉着费事，再遇着北风，怕五六天到不了通州。（《"支那"语集成》）

（39）那儿呢，头一段不是河西务么？（《"支那"语集成》）

（40）好了，那车钱呢，还得给多少？（《中国语自通》）

B. 小句作话题

（41）我告诉呢，天知地知你知我知，暗中去暗中来的事，平常不做歹事，心里没甚么可怕的事。（《速修汉语大成》）

（42）他喜欢呢，必定讨他的厌烦作甚么？（《"支那"语集成》）

李兴亚（1986）认为，"呢"用于主语后表停顿且有引起人注意的作用。① 方梅（1994）指出，"呢"用在话题停顿处，是一个准主位标记，其作用是话题转移的标志。② 徐晶凝（2008）在此观点上更进一步，认为"呢"用于话题的后面，还保留情态意义，还未发展为单纯的主位标记，或者说它们正向着标示话题、标示主位方向发展。③

我们同意徐晶凝的观点，因为上面的句子可以转换为疑问句。

（38*）水路呢？这几天雨大，河水长了，上水的船拉着费事，再遇着北风，怕五六天到不了通州。（《"支那"语集成》）

（39*）那儿呢？头一段不是河西务么？（《"支那"语集成》）

---

① 李兴亚：《语气词"啊、呢、吧"在句中的位置》，《河南大学学报》（社会科学版）1986年第2期。

② 方梅：《北京话句中语气词的功能研究》，《中国语文》1994年第2期。

③ 徐晶凝：《现代汉语话语情态研究》，昆仑出版社2008年版，第226页。

这种转换，除了陈述句中的"呢"和疑问语气词中的"呢"有某种联系外，我们认为之所以能够转换是因为"呢"在这两种句式中都有相应的情态意义存在，徐晶凝（2008）认为，用于话题后的"呢"，主要起提请听话人注意，引起听话者的探讨兴趣。我们认为，"呢"字还具有强调话题的功能，以及进行自我思考的主观情态。

2. 假设复句起始句之后的"呢"的情态意义

"呢"用于假设复句，表示某种情况如果发生后将会怎么样？是与另外的情况进行对比。

（40）在家呢，孝顺父母，做官呢，给国家出力，不论甚么事，可自然都会成就。(《"支那"语集成》)

（41）改呢更好，若是不改仍旧，还是这么往醉里喝，那时候兄台重重儿的责罚他。(《"支那"语集成》)

"呢"用于前一分句后，把分句话题化了，表示说话人对话题的强调，也表示了自己的思考，同时提请听话人注意其相关情况的表述。依然可以转换成疑问句。

（40*）在家呢？孝顺父母，做官呢？给国家出力，不论甚么事，可自然都会成就。(《"支那"语集成》)

（41*）改呢？更好，若是不改？仍旧，还是这么往醉里喝，那时候兄台重重儿的责罚他。(《"支那"语集成》)

从对《汉语会话书》中的各个例句进行分析，我们总结出"呢"在情态上的共同特征是强调部分信息和提取注意。

哪（那）

在《汉语会话书》中，"哪"也可写成"那"，一共出现191次，一类是用于疑问句中，我们称为"哪$_1$"；一类是用于非疑问句中，我们称为"哪$_2$"；还有一类可用于句中，表停顿和话题的转换，我们称为"哪$_3$"。

（一）用于疑问句中

1. 用于是非问句

说话者针对一个命题，要求答话者判断是非的问句叫作是非问句。

（42）令尊大人好哪？（《速修汉语大成》）

（43）近来您府上都好哪？（《"支那"语大海》）

（44）他不至于忘在脖子后头哪？（《华语教范》）

2. 用于特指问句

说话者根据一个疑问点（该疑问点由疑问代词充当）提问的疑问句叫作特指问句。

（45）谁在楼底下那？（《"支那"语大海》）

（46）您是多喒起身哪？（《速修汉语大成》）

（47）乙：就是南京住了几天。

甲：别处哪？

乙：没去过，可是明年还要往满洲去。（《速修满洲语自通》）

3. 用于选择问句

说话者用一组并列的项目提问的疑问句叫做选择问句。

（48）您是就请我一个人哪，还是有别人哪？（《"支那"语大海》）

4. 用于正反问句

说话者把并列动词谓语正反两方面来提问的疑问句叫做正反问句。

（49）这几天天气真好，偺们彼此都没事，聚会聚会好不好哪？（《"支那"语大海》）

从上面的例句可以看出，"哪$_1$"与前面的"呢"的语义功能相差很远，"哪"感叹色彩很强，有表反问的语气，相当于"（难道……吗?）"

（44*）他不至于忘在脖子后头哪？（华语教范）

意思是，难道他忘在脖子后头了吗？如果换成"呢"，则变为，他不会忘在脖子后头呢。可见"哪"和"呢"是不同的语气词。

相比较而言,"哪₁"与"吗"的功能还比较靠近,但"哪₁"的主要功能是表示疑问、疑惑或通过反问的形式表示否定,而"哪₁"主要通过反问的形式表示惊异、责备和质问,比"吗"具有更强烈的感叹色彩。

5. 承前问

(50) 这不是古年的时候儿一张嘴就说二月山城未见花,那白话哪?(《华语教范》)

这一类的例子在《汉语会话书》中仅1例,由"名词+哪"构成,表示:那白话怎么样。其实"哪"的这种用法在中国宋明时期就出现过,如:

(51) 师问僧什么处来。曰:"江西。"师曰:"学得底那?"曰:"抬不出。"(《景德传灯录》第十九卷)

上例中的"学得底那"就是问"学的东西在哪里"。

(二) 用于非疑问句中

在《汉语会话书》中,"哪"除了用于疑问句外,还可用于非疑问句,指明事实略带夸张、感叹色彩,这种用法的"哪"可记作"哪₂"。

(52) 快到了夏天哪!不久的工夫儿就放学了。(《汉语指南》)

(53) 绿绿的花草树木有多么好看哪!(《汉语指南》)

"哪"的这种表感叹的用法在五代时就能见到。如:

(54) 师与道吾、三人受山下人请斋,一人云:"斋去,日晚"。一人云:"近那,动步便到。"(《祖堂集》第二卷)

(三) 用于句中,表停顿和话题转换

"哪"还可用于一个句中,表话题停顿和转换。

(55) 我还没去哪,您去了没有?(《汉语独学》)

(56) 这是人哪,鬼呀?走到跟前一细瞧,感情是和我有仇的人喝酒很醉,躺着觉睡了。"(《汉语指南》)

(57) 他说,陈老爷总得掌灯得时候儿才回来哪,所以我没等着。(《华语教范》)

综上,"哪"一共有三种用法,用于疑问句中,用于非疑问句中,还可用于句中表停顿和话题的转换。

呀

在《汉语会话书》中,"呀"一共出现174次,出现在疑问句和非疑问句两大语境中。具体情况如下。

(一) 疑问句

1. 陈述句形式的问句句末

(58) 要走的总有多少里路呀?(《汉语指南》)

"呀"用在陈述句的句末,表示询问、揣测等意图。

2. 选择问句句末

(59) 这么个夜静的时候,这是人哪,鬼呀?走到跟前一细瞧,感情是和我有仇的人喝酒很醉,躺着觉睡了。(《汉语指南》)

3. 反诘问句句末

(60) 这那儿算热呀,刚进了六月,还没暑伏哪。(《华语教范》)

(61) 主子管奴才,靴子裹模袜子,他能躲到哪儿去呀?(《"支那"语集成》)

反诘问句,肯定的形式表否定,否定的形式表肯定,"呀"加强了反问的语气。

4. 特指问句句末

(62) 你要是那儿去呀?(《汉语指南》)

(63) 办了来的都是甚么货呀?(《汉语独学》)

出现在特指问句中的疑问代词有"怎么""谁""那里""哪个"等，用以询问方式、人物、处所、原因等相关信息，"呀"可用在特指问句末尾加强语气。

（二）非疑问句

1. 陈述句句末

（64）慢慢儿的一天走个三十里<u>呀</u>，四十里的道儿么，脚也觉不着疼了。（《汉语指南》）

（65）你要吃什么，说出名儿来，就可以夹着喂你<u>呀</u>。（《华语精选》）

"呀"用在陈述句的句末，表示陈述、申明和解释等语气。

2. 祈使句句末

（66）求您哥哥<u>呀</u>，无论怎么样儿的，想法子给我救命罢。（《汉语指南》）

"呀"用于祈使句的句末，表示请求、命令、建议等语气。

3. 感叹句句末

（67）嗳，你这光景实在可了不得，我这是真心怜恤你<u>呀</u>。（《汉语指南》）

（68）再没有比你强的<u>呀</u>。（《汉语指南》）

（69）老哥哥<u>呀</u>，是该当磕头的。（《"支那"语集成》）

"呀"可以用于句末表示感叹，也可以用于名词或呼语后面表示感叹，如例（69）。

4. 句首或句子停顿处或重复词语间

（70）虽是那么着，我心里想一想，这就是非义的财<u>呀</u>，怎么能拿过去呢？（《汉语指南》）

（71）<u>呀</u>，冲着喝。（《华语教范》）

"呀"用于句中起停顿作用，用来舒缓语气。

哇、呵、咯、着、的

哇：在《汉语会话书》中，语气词"哇"仅仅出现1例，用于感叹句中，表感叹语气。

（72）好哇，你叫我有什么事情啊？（《速修满洲语自通》）

呵：在《汉语会话书》中，语气词"呵"字也仅有1例。

（73）我是说好呵，是不说好啊。（《华语精选》）

"呵"作语气词开始于宋代，起初主要用来表示祈使语气、感叹语气、句中停顿等；在元代，"呵"的语音发生了变化，采用了"阿"这一字型，这表明，作语气词的'呵'的声母已经弱化，并逐渐消失，'呵'的读音由 xa 变成 a 了①；到了明清时期，语气词的字形开始统一规范化，很多语气词都在字形的旁边加上"口"字，如"阿""罢""么""那""也"开始写成"啊""吧""吗""哪""呀"②。

咯：加强语气，表示动作已经完成，作用相当于"了"，在《汉语会话书》中共38例。

（74）和你纳一块儿行走的朋友们都作了大人咯！（《"支那"语集成》）

着：用在动词或程度形容词的后面，加强命令或嘱咐的语气。

（75）我讲给你们，好好儿的听着。（《华语教范》）

的：用在陈述句末尾，表肯定语气。

（76）可以的，就住你们这儿罢，把我们的行李和东西叫人拿上来。（《华语教范》）

（77）我不明白甚么是私货，甚么是犯禁的货，所以要请教的。（《华语教范》）

---

① 孙锡信：《近代汉语语气词》，语文出版社1999年版，第124页。
② 翟燕：《近代汉语后期语气词"啊"与"呀""哇""哪"的关系》，《山东师范大学学报》（人文社会科学版）2011年第56卷，第5期。

第二节 语气词"啊"与"呀""哪""哇"的关系

通过对语料的搜集,我们发现在日据时代《汉语会话书》中,单音节的语气词总共八个,分别是啊、罢、吗、呢、哪、呀、哈、呵。

在现代汉语里,单音节语气词"啊""哪""哇""呀"四个语气词关系紧密,一般都说"哪""哇""呀"是"啊"的语音变体,这几个变体出现的条件因"啊"前音节末尾因素决定的,具体见表11-1。

表11-1　语气词"啊"与"呀""哪""哇"的关系

"啊"前面的韵母	"啊"前面音节尾音	"啊"的音变	汉字
a、ia、ua、o、uo、e、ie、ue	a、o、e、ê	ya	呀
i、ai、uai、ei、uei、ü	i、ü	ya	呀
u、ou、iou、ao、iao	u、ao	wa	哇
an、ian、uan、üan、en、in、uen、ün	n	na	哪
ang、iang、uang、eng、ing、ueng、ong、iong	ng	nga	啊
-i[前]	-i[前]	[z]a	啊
-i[后]、er	-i[后]、er	ra	啊

海外汉语是汉语的一个分支,我们拟用《汉语会话书》中的语料检测一下"啊""哪""呀""哇"这四个语气词是否如现代汉语所言,我们调查它们各自的使用情况,特别是它们前面音节末尾因素的分布情况(语料来自《汉语会话书》中的四本书,分别是《汉语独学》《汉语指南》《华语精选》《华语教范》),见表11-2。

表 11-2　　语气词"啊""哪""呀""哇"的使用情况

"啊"前面音节尾音	啊	呀	哪	哇
a、o(不包括 ao、iao)、e、ê、i、ü	12	59	37	0
u、ao、iao	27	3	19	1
n	1	0	43	0
ng	10	0	6	0
-i[前]	1	1	3	0
-i[后]、er	8	1	1	0

一　"啊"的使用情况

① "啊"前音节末尾音素为"a、o（不包括 ao、iao）、e、ê、i、ü"共12例，这些语料中的语气词"啊"，若按照现代汉语语音变化规则应当写作"呀"。

（78）府上都好啊?（《汉语独学》）

（79）甚么眼力高啊，不过是赶上好行市就是了。（《汉语独学》）

② "啊"前音节末尾音素为"u（包括 ao、iao）"共27例，这些语料中的语气词"啊"，若按照现代汉语语音变化规则应当写作"哇"。

（80）多喒是个了手啊?（《汉语指南》）

（81）您怎么称呼啊?（《汉语独学》）

③ "啊"前音节末尾音素为"n"，共1例，若按现代汉语语音变化规则应当写作"哪"。

（82）多喒在香港开的船啊?（《华语教范》）

④ "啊"前音节末尾音素为"ng"，共10例，若按现代汉语语音变化规则，应当写作"啊"。

(83) 您这儿往汉口汇兑行不行<u>啊</u>?(《华语教范》)

(84) 前天金于山请您到他家里是有甚么好事情商量<u>啊</u>?(《华语教范》)

⑤ "啊"前音节末尾音素为"i"(舌尖前音),共1例,若按现代汉语语音变化规则,应当写作"啊"。

(85) 也不过是叫你有则改之,无则加勉的意思<u>啊</u>!(《汉语指南》)

⑥ "啊"前音节末尾音素为"i"(舌尖后音)和"er",共8例,若按现代汉语语音变化规则,应当写作"啊"。

(86) 若是这么着,我恐怕误事<u>啊</u>,偺们还是电汇罢。(《华语教范》)

(87) 您怎么吃这么点儿<u>啊</u>?(《华语教范》)

从"啊"前音节末尾因素的分布情况来看,除4、5、6符合现代汉语的语音变化规则外,其他三种情况共40例皆不符合现代汉语语音变化规则,占比67.7%,这说明在日据时代韩国汉语中的"啊"还可以相对自由地分布在各个音节之后。

二 "呀"的使用情况及与"啊"的关系

"呀"在《汉语独学》《汉语指南》《华语精选》《华语教范》这四本书中总共出现"64"次,"呀"前面音节的末尾因素的分布情况如下。

① "呀"前音节末尾音素为"a、o(不包括ao、iao)、e、ê、i、ü"共59例,这些语料中的"呀"都是符合语音变化规则的。

(88) 办了来的都是甚么货<u>呀</u>?(《汉语独学》)

(89) 还上甚么地方去<u>呀</u>?(《汉语独学》)

(90) 你种着有多少地<u>呀</u>?(《汉语独学》)

②"呀"前音节末尾音素为"u（包括 ao、iao）"共3例，这些语料中的"呀"若按照现代汉语语音变化规则应当写作"哇"。

（91）是我呀，您纳。(《汉语独学》)

（92）要走的总有多少里路呀？(《汉语指南》)

③"呀"前音节末尾音素为"i"（舌尖前音）、"i"（舌尖后音）和"er"；共2例，这些语料中的"呀"若按照现代汉语语音变化规则应当写作"啊"。

（93）好一座的地势呀，天然造就的，真山真水呀。(《华语教范》)

（94）感情是那么些日子呀。(《汉语指南》)

从"呀"的前一音节因素的分布情况来看，语料中有59例是符合"呀"的语音变化规则的，占比92.1%；只有4条语料不符合语音变化规则。

一般认为，在现代汉语语音体系里，"呀"是语气词"啊"受前一音节最后一音素的影响才形成的；实则不然，"呀"也是一个独立的语气词，"呀"约出现在元代，它是语气词"也"音变的结果，在明清时期得到广泛应用。① 在功能上，可表疑问、祈使、感叹、停顿等语气；在语音上，还保留着一些自己的用法，并未完全纳入"啊"的音变轨迹。这从我们上述语料中就可看出，所以，此时的"呀"是一个独立的语气词。

三 "哪"的使用情况以及与"啊"的关系

①"哪"前音节末尾音素为"a、o（不包括 ao、iao）、e、ê、i、ü"共37例，这些语料中的语气词"哪"，若按照现代汉语语音变化规则应当写作"呀"。

---

① 翟燕：《近代汉语后期语气词"啊"与"呀""哇""哪"的关系》，《山东师范大学学报》（人文社会科学版）2011年第56卷，第5期。

（95）我一家儿还没去哪，打算过了初三再出去。(《汉语独学》)

（96）你们东家在行里哪么？(《汉语独学》)

（97）我的牙比你的强，连瓜子儿还能磕哪。(《汉语指南》)

② "哪" 前音节末尾音素为 "u（包括 ao、iao）" 共 19 例，这些语料中的语气词 "哪"，若按照现代汉语语音变化规则应当写作 "哇"。

（98）我还小哪，今年二十九岁。(《汉语独学》)

（99）今年收成的还算好哪。(《汉语独学》)

（100）就是为文法耽误哪。(《华语教范》)

③ "哪" 前音节末尾音素为 "n"，共 43 例，这些语料是符合现代汉语语音变化规则的。

（101）总得去五六趟才能看完哪。(《汉语独学》)

（102）你实在是忠厚人哪。(《汉语指南》)

（103）我们家里虽是贫穷，我们很勤俭哪。(《汉语指南》)

（104）你为什么吃我的父亲哪？我要吃你的肉，报我的冤仇了 (《汉语指南》)

④ "哪" 前音节末尾音素为 "ng"，共 6 例，若按现代汉语语音变化规则，应当写作 "啊"。

（105）请先生和我同心合力抓他吃怎么样哪？(《汉语指南》)

（106）这个东西我等着用哪，越快越好。(《华语精选》)

（107）不用，还很香哪。(《华语教范》)

⑤ "哪" 前音节末尾音素为 "i"（舌尖前音）、"i"（舌尖后音）和 "er"；共 4 例，这些语料中的 "哪" 若按照现代汉语语音变化规则应当写作 "啊"。

（108）今年您打了有多少石粮食哪？(《汉语独学》)

（109）我正想法子哪。(《华语精选》)

从我们整理的 "哪" 的语料来看，有 43 例符合语音音变规律，占

· 345 ·

比 39.5%，有 66 例不符合语音音变规律，占比 60.5%。

从上面的比例来看，"哪"是一个非常独立的语气词，前面的音节相对自由，语气词"哪"产生于魏晋南北朝；到了唐宋，"哪"用于是非、反诘问句；时至元代，功能扩大，"哪"还可以用于特指和选择问句。① 在日据时代韩国汉语教材中，"哪"有着强大的语法功能，可以用于多个问句和感叹句中，并且前面的音节也非常独立，也并未纳入"啊"的音变轨迹。所以，此时的"啊"是一个独立的语气词。

四 "哇"的使用情况以及与"啊"的关系

"哇"在《汉语会话书》中仅仅出现一例，出现在"ao"的后面，这是符合现代汉语语音音变规则的。

(110) 好哇，你叫我有什么事情啊？(《速修满洲语自通》)

"哇"与"啊"的关系要单纯得多，"哇"出现得较晚。孙锡信 (1999) 在《近代汉语语气词》一书中提到，《红楼梦》中没有使用"哇"，"哇"是清代后期 19 世纪后半叶才开始使用的。② 翟燕（2010）认为："哇"的直接源头便是"啊"，由"呀"变为"啊"再变音变为"哇"这样的演变顺序。

第三节　双音节语气词

在《汉语会话书》中，出现了一些双音节语气词，具体如下。

也好、似的

也好：表示容忍语气，对某种措施、观点、办法和行为虽然感到不满，但既然以及存在了也就算了。

---

① 曹广顺：《近代汉语助词》，语文出版社 1995 年版，第 170 页。
② 孙锡信：《近代汉语语气词》，语文出版社 1999 年版，第 174 页。

（111）（南）不知道，大人要我问他麽？

（主）问他也好。（《"支那"语集成》）

（112）那么也好，您请坐罢。（《华语教范》）

似的：用在小句或句字后面表示委婉语气。

（113）刚才谁在这里说话，倒像拌嘴似的。（《华语精选》）

（114）好像撒谎似的。（《华语精选》）

罢了、而已、就是

这三个语气词都有把事情往小里、往轻里说的意味，对前面的陈述有所减轻和冲淡。

（115）化了即万两银子，只算得上牛身上拔儿一根寒毛罢了。（《华语精选》）

（116）有甚么好呢？不过将就着居住而已罢。（《华语教范》）

（117）无论赶得上赶不上，你快跑着追他就是了。（《"支那"语集成》）

（118）是，回去都替您说就是了。（《"支那"语集成》）

一　词形比较

《汉语会话书》中同一个语气词有多种写法，但在现代汉语普通话里只有一种写法，见表11-3。

11-3　《汉语会话书》和现代汉语普通话中语气词的写法比较

《汉语会话书》	现代汉语普通话
罷、罢、吧	吧
吗、麽	吗
哪、那	哪

根据上文的叙述，上面各语气词的发展顺序是，罷→罢→吧，在现代汉语普通话里，统统由"吧"字承担其语气功能；麽→吗；那→哪。

二 语法功能的比较

《汉语会话书》中的语气词和现代汉语普通话里的语气词的语法功能大同小异，只有极个别的词用法和今天不同。

哪：在现代汉语普通话里不能用于是非疑问句，但在《汉语会话书》里去可以。

（117）令尊大人好哪？（《速修汉语大成》）

（118）近来您府上都好哪？（《"支那"语大海》）

第五节 小结

《汉语会话书》中语气词分单音节语气词和双音节语气词，列举如下。

单音节语气词包括啊、罷（罢、吧）、吗（麽）、呢、哪（那）、呀、哇、呵、咯、着、的。双音节语气词包括也好、似的、的话、罢了、而已、就是。

此时期的语气词和现代汉语普通话中的语气词还是有很大的不同，比如"哪"在现代汉语普通活中不能用于是非疑问句，而在《汉语会话书》里却能用于是非疑问句。

第十二章 《汉语会话书》的词类特征

《汉语会话书》产生于日据时期（1910—1945），此时段正处于汉语语法学的兴起和发展阶段，书中对汉语词类以及句式的分类和记录，既能反映域外汉语对汉语语法的早期分类，也能反映朝鲜半岛汉语学界的语法观念。①

第一节 命名的多样性

汉语没有严格意义上的形态变化，词类不能像印欧语系语言那样按照形态来划分，所以不同的语言学家划分词类的标准也各不相同，《汉语会话书》中各个书本对词类的划分，真实反映了朝鲜半岛汉语学界作为汉语的一个分支对汉语词类的划分，也反映了日据时期汉语语法词类划分的独特性。

《汉语会话书》是一个系列集，共包括九本书，分别是《汉语独学》《汉语指南》《华语精选》《华语教范》《速修汉语大成》《"支那"语集成》《中国语自通》《速修满洲语自通》《"支那"语大海》，各个书中对词类的命名和范畴皆不相同，具体统计如下。

---

① 注：李春红在博士论文《日据时期朝鲜半岛汉语会话教科书语言研究》中也进行过统计，但我们的统计范围和最终统计结果有所不同。

《汉语独学》：数字、代名词、动词、名词、形容词。

《汉语指南》：无分类。

《华语精选》：动辞、文话。

《华语教范》：陪伴词、动词、前宾词、副词、形容词、打消话、助词、连续词。

《汉语大成》：数字、代名词。

《"支那"语集成》：数词、陪伴字、代名辞、形容辞、动辞、接续辞、副辞、语助辞、感动辞、介字。

《中国语自通》：数字。

《满洲语自通》：数词。

《"支那"语大海》：数词、量词、代名词。

  从上述各个书中对词类的分类可以窥见每本书的编撰者对词类的大概认识，它们对词类的划分数量各不一样，有的无分类，有的分为6类，有的分为4类，有的甚至分为10类；并且不同的《汉语会话书》所叫的名称也不一样。有的书籍称为"字""词""短语"；有的书籍称为"动辞""文话"；有的在同一本书中称呼不同的，比如《"支那"语集成》又称为"数词"，又称为"代名辞""形容辞"等；有的书籍还称为"单语"。有的虽然命名相同，但书中所举例的范围却不相同，如《汉语独学》中的"数字"，就仅包括"一""二""三""四""六""七""八""九""十""百""千""萬""億""兆""京"；而《中国语自通》中的数字包括"一""二""三""四""五""六""七""八""九""十""一百""一千""一萬""一萬萬""億""兆""京"。后者的"数字"范围比前者大，可见当时朝鲜半岛汉语语法学界的学者对词类观念有很大的差异。

第二节　词类归属成员的不一致性

除了上述词类命名不一致外，各个汉语会话书中对词类的范围也有不一致性，我们详细地整理了各书中每个词类下面的成员进行对比，详见表12－1。

表12－1　《汉语会话书》系统九本节中各个词类下的成员对比

\《汉语独学》	
数字	一、二、三、四、六、七、八、九、十、百、千、萬、億、兆、京。
代名词	我、你、他、那、我的、你的、他的、那个、我们、你们、他们、这个。
动词	写、看、吃、喝、带、去、回家、上来、阴起来、下雨、着凉、打、受伤、到、做、见、当、回去、走、晴、可以、来、走、住、灭、下雨、开车、出来。
名词	天、电、虹、风、雨、雾、露水、雹子、雷、云彩、天气、风圈、霜、星星、月亮、太阳、地、海、岭、岸上、山、火山、平原、沙漠、水田、湖、水、泉、大洋、草地、河、温泉、海潮、波浪、池子、海岛、瀑布、大道、石头、沙滩、皇上、皇后、太子妃、祖宗、爷爷、奶奶、父亲、儿子、兄弟、弟兄、哥哥、妹妹、叔叔、姑姑、姪儿、王爷、父母、丈夫、母亲、公公、夫人、姐姐、男子、朋友、女婿、妇女、贱内。
形容词	高高的、长长的、厚厚的、好好的、辣辣的、淡淡的、甜甜的、澁澁的、大大的、小小的、稀稀的、瘦瘦的、软软的、鹹鹹的、苦苦的、香香的、乾乾的、臭臭的。
\《华语精选》	
动辞	拿、抬、拔、拧、捻、揞、找、撵、扭、推、拼、搁、抢、摆、吃、喝、尝、嚼、喘、磕、喂、哄、嚇、喷、看、瞧、听、问、念、写、劝、教、学、睡、认得、懂、知道、瞞、笑、罵、坐、躺、起、跑、爬、踢、跺、躲、去、到、逃、歇、进、刨、刮、铰、砍、切、割、折、撕、熬、煮、烧、晒。

续 表

	《华语精选》
文话	拌嘴、少看、多心、您、护庇、护短、献勤、背晦、硬朗、藐视、对劲、还席、卖弄、委屈、撒谎、勾当、妥当、担待、性急、小器、圈套、当家、算盘、照顾、舒服、夫妻、感激、含糊、受用、祸福、抢白、欺侮、晦气、撒娇、编造、规矩、横竖、机会、讲究、将就、打量、教导、机密、刻薄、丢脸、生气、张罗、调唆、趁愿、故意、生疎、冒昧、体谅、体已、扎挣、标志、惦记、赌气、淘气、客气、兴旺、悬心、讨嫌、折磨、折变、违拗、索性、打架、打仗、皱眉、吃醋、趁早、辜负、斯文、预备。

	《华语教范》
陪伴词	这、那。
动词	喫、喝、抽、尝、来、走、去、回、叫、做、办、说、办、到、得、有、成、对、喝、添、点、冷、花、买、装、酷、挪、拔、猜、想、找、撩、用。
前置词	打、上、打、往、从、往、由、在、从、解、到、从、打、起、到、替、到。
副词	早、刚、就、快、最、很、快、慢、怕、太、都、齐、还、再、才、该、可、大、很、顶、总、竟、也、并、必、所、全、直、断、慌、极、决、万、更、多、另、正、怎么、实在、一定、大概、点儿、已经、总得、不该、一概、刚才、回头、暂且、现在、多嗒、早已、马上、脚下、如今。
形容词	厚、薄、大、宽、细、粗、贱、贵、旧、新、辣、酸、淡、醎、老、嫩、沉、轻、苦、甜、乏、酽、浓、香、脆、硬、熟、生、沉、冲、淡、长、短、高、矮、瘦、肥、窄、宽、腥、膻、近、远、骚、臭、洼、潮、好、脏、胖、瘦、扁、圆、白、黑、多、素、晕、深、浅、笨、整、滑、松、歪、方、紧、严、结实、娇嫩、漂亮、轻巧、腌藏、干净、新鲜、光润、蠢笨、便宜、憋闷、敞亮、粗重、妥当、有德、老实、糊涂、明白、软弱、健壮。

续 表

《华语教范》	
打消话	不知、不行、不能、不完、不动、没到、不是、不对、不得、不用、不着、不了、不过、不敢、不着、不下、不得、不开、下来、不着、不起。
助词	是、也、倒、为、和、着、使、再、拿、许、但、还、若、光、看、的、但、跟、竟、把、叫、才、用、在、到、据、依、凭、越、往、等、照、由、连、按、带、着、随、论、任。
连续词	可是、任凭、并且、而且、又……又……、无论、不论、倘或、不管、虽然、不拘、连……带……、既然、一……就……、所以、因为、趁着、与其、反倒、果然、况且、敢情、想必、应该、固然、至于、不至。

《汉语大成》	
数字	一、二、三、四、五、六、七、八、九、十、百、千、萬、億、兆、京二十、五十九、三十五、三百八十四、四十六、五萬六千七百。
代名词	我的、你的、他的、我們的、你們的、他們的、誰的。

《"支那"语集成》	
数词	一、二、三、四、五、六、七、八、九、十、百、千、萬、億（一萬萬）、兆、京、一個、兩個、三個、五啊、六啊、第十、第一百、第一號、第二號、一半兒、十來個、十多個、一百多個、三分之一、四分之三、十分之七、三萬多、五百零八、九萬零六、一萬兩千、兩千二百。
陪伴字	盞、張、陣、乘、劑、架、件、隻、枝、牀、幅、桿、顆、口、塊、管、綑、粒、領、把、本、匹、疋、道、套、條、貼、朵、頭、座、尾、位、鋪、包、雙。
代名辞	儞、您、我、他、偺們、儞們、我們、他們、我的、儞的、他的、我們的、你們的、他們的、這個、那個、那個、這兩個、那幾個、這些個、那些個、這兒、那兒、那兒、這邊兒、那邊兒、那邊兒、我這兒、偺們那兒。

续表

	《"支那"语集成》
形容辞	大、厚、小、薄、乾淨、糊塗、聰明、好、高、歹、矮、要緊、腌髒、公道、好好的、小小的、大大的、少少的、多多的、遠遠的、很、厲害、好、輕、多、疼、結實、上、下、裏、外、後、左、右、前、厚、辣、貴、寬、淡、新、薄、酸、賤、醎、細、老、硬、好、生、惡、熟、臟、羶、苦、遠、舊、嫩、肥、沈、窄、輕、腥、聒、胖、長、區、乏、近、醶、騷、濃、臭、香、窪、脆、潮、深、沖、圓、短、多、高、少、矮、素、瘦、董、白、笨、淺、鬆、方、嚴、滑、黑、歪、緊、便宜、新鮮、乾淨、輕巧、結實、蠢笨、光潤、腌臢、漂亮、嬌嫩、憋悶、粗重、老實、糊塗、健壯、暖和、敦厚、傲慢、嫉妒、爽快、安靜、廠亮、妥當、明白、康健、軟弱、親熱、刻薄、慚愧、冒失、拉絲、容易、昂貴、貧窮、粗細、寬綽。
动辞	來、吹、下、學、弄、拿、種、給、告訴、送、打、咬、殺、喜歡、費心、去、買、輸、贏、吃、聽見、站、聽、坐、問、寫、做、起、走、賣、說、看、寫、瞧、念、等、嘗、問、說、逛、試、猜、擦、算、數、洗、行、對、賣、是、穿、服、到、完、改、活、忘、看、過、挑出、看起、使得、瞧起、止住、擡起、捨得、靠得、了得、對起、比得。
接续辞	是、就、若、一、只要、再、因爲……所以……、不但……而且……、連、何況、可、可是、就是、可得、與其……還……、又……又……、隨……隨……、越……越……。
副辞	竟、旣、忽然、本來、不、沒、別、得、也、打算、該當、也許、很、太、最、頂、至、極、好、這麼、那麼、怎麼、不必、不必、不敢、能、別、應當、多、快、不、明、好好兒、快快兒、慢慢兒、明明白白、慌慌張張、一直、看着、坐着、照舊、據實、順便、用心、隨便、說說笑笑的、說這個說那個、一層一層的、再三再四、早、終久、大、賭氣、屢次、一天比一天、實在、他、斷、為甚麼。
语助辞	麼、啊、呀、呢、啊、罷、哪、罷咧。
感动辞	唉（噯，哎）、嗳哟、哎呀、嗐、啊、哼、嚧、哦。

续　表

	《"支那"语集成》
介字	和、比、給、到、在、成、和、給、上、到、往、打、拿、為、把、叫。

	《中国语自通》
数字	一、二、三、四、五、六、七、八、九、十、一百、一千、一萬、一萬萬、億、兆、京。

	《满洲语自通》
数词	一、二、三、四、五、六、七、八、九、十、十一、十二、十三、十四、十五、十六、十七、十八、十九、二十、三十、四十、五十、六十、七十、八十、九十、一百、二百、一百零一、一百零四、一百一十一、一百一十五、一百二、一百三、一百四、五百、一千、兩千、一萬、十萬、一百萬、一千萬、一萬萬、一兆、一京、一半兒、十多、一百來、一個、兩個、三個、四啊、五啊、六啊、七個、九個、十個、些個、好些個、第一、第五、第二號、第三號、一分錢、一毛錢、一角錢、一塊錢、兩塊五、三塊兩角、四塊兩毛五、五個銅子兒、一兩銀子、一斤、五錢、一疋、一丈、一尺、一升、一斗、一石、一張紙、兩張椅子、一場雨、一陣風、一架鐘、一間屋子、一件衣裳、一件東西、一件事情、一支筆、一支花、一支蠟、一隻煙、一隻船、一處房子、一串珠子、一串院子、一牀被子、一盅水、一句話、一封信、一桿槍、一棵樹、一股道、一掛表、一管筆、一里地、一把刀子、一把勺子、一本書、一匹馬、一部書、一雙鞋、一雙襪子、一雙筷子、一墰酒、一套書、一套車、一套文書、一道河、一道電光、一條狗、一條褲子、一條路、一頂帽子、一朵墻、一朵花、一做廟、一尊佛、一尊砲、一團火、一眼井、一綑葱、一粒丸藥、一口鍋、一領蓆子、一位客、一鋪炕、一包糖、一尾魚、一幅畫、一篆燈、一塊墨、一條魚、一頭牛、一把傘。

	《"支那"语大海》
数词	一、二、三、四、五、六、七、八、九、十、十一、十二、十三、十四、十五、十六、十七、十八、十九、二十、二十五、三十、三十五、四十、四十五、五十、六十、七十、八十、九十、一百、二百、三百零四、一百一十一、五百一十六、一百二、三百四、五百六、七百八、一千、兩千、一万、十万、一百万、一千万、一万万、一兆、一京、一半兒、十多、一百来、一个、兩个、三个、四啊、五啊、六啊、七个、八个、九个、十个、些个、好些个、第一、第五、第六号、第十号。

续 表

	《"支那"语大海》
量词	分、角、块、个、两、斤、钱、疋、丈、尺、合、升、斗、石、枝、张、场、阵、架、间、件、支、只、隻、处、串、床、盅、句、封、杆、棵、股、掛、管、里、本、部、匹、把、双、坛、套、道、条、顶、朵、座、粒、綑、眼、团、尊、口、把、领、头、位、条、铺、块、包、笺、尾幅。
代名词	看、写、喝、吃、带、走、说、下雨、走、回去、可以、住、灭、走、来、开车、到、出来、去、回家、上来、打人、受伤、吃面、做买卖、到、见、当。

从上面各表可以看出在各类会话书中，词类成员归属方面有很大的不一致性，如《华语精选》包括无数词、形容词、名词等成员，《汉语大成》包括没有名词、动词、形容词等成员；各书对相同的词类范围不一，我们分别讨论。

一是"数词"成员，有"数词"词类的书籍分别是《汉语独学》《汉语大成》《中国语自通》《满洲语自通》《"支那"语大海》，《汉语独学》《汉语大成》和《中国语自通》的词类成员一样，都是单音节的数字，《满洲语自通》和《"支那"语大海》都称为数词，但前者比后者的范围很不一样，前者包括数量名结构，如"一串珠子""一串院子"，后者包括序数词，如"第五""第六"。

二是"动词"成员，有"动词"词类的书籍分别是《汉语独学》《华语精选》《华语精选》《华语教范》和《"支那"语集成》。《华语精选》和《华语教范》的动词都是单音节，《汉语独学》的动词还包括"动宾结构"的动词，如"回家""下雨"《"支那"语集成》的动词包括动补结构，如"听见""抬起""瞧起""看起"。

三是"代名词"成员，有"代名词"的书籍分别是《汉语独学》《汉语大成》《"支那"语集成》和《"支那"语大海》，《汉语独学》

的代名词有人称代词和指示代词;《汉语大成》的代名词包括人称代词和疑问代词,如"谁的";《"支那"语集成》的代名词还包括方位名词,如"这边儿""那边儿";《"支那"语大海》的代名词就显得非常宽泛了,不仅包括代词,还包括一些动词,如"打人""受伤""吃面""做买卖"等。

四是"形容词"成员,有"形容词"的书籍分别是《汉语独学》《华语教范》和《"支那"语集成》。《汉语独学》的形容词基本都是"AA 的"格式,如"瘦瘦的";《华语教范》的形容词比较丰富,有单音节的,有双音节的,如"娇嫩""漂亮",还有动宾结构的,如"有德";《"支那"语集成》的形容词既包括"AA 的",也包括双音节和动宾式形容词,还包括方位词,如"上""下""左""右""里""外"等。

五是"副词"成员,有"副词"的书籍分别是《华语教范》和《"支那"语集成》。《"支那"语集成》的副词范围比《华语教范》宽,比如"说说笑笑的""说这个说那个""一层一层的""再三再四"这些固定搭配在《华语教范》中没有;《华语教范》中一些表"时间"的副词在《"支那"语集成》中没有,比如"刚刚""如今"等。

第三节　词类的下位分类特征

一　名词的下位分类特征

《汉语独学》对名词的分类仅从语义范畴方面给予分类,并未从语法功用方面给予分类。

天文类名词,如:天、电、虹、风、雨、雾、露水、雹子、雷、云彩等。

地文类名词,如:地、海、岭、岸上、山、火山、平原、沙漠、水田等。

人文类名词,如:皇上、皇后、太子妃、祖宗、爷爷、奶奶、父亲等。

二 动词的下位分类特征

《汉语独学》中对动词没有进行下位分类,只是利用动词区分了时态。

现在:写着字、看着书、吃着饭、喝着酒、带着表。

过去:他去了、月亮上来了、打了人了、吃了饭了。

经过事:到过京城、见过他一回。

未来:咱们要回去、今天要下雨、回头可以晴。

未来推量:他快要来、风快住了、月亮快出来了、时候儿快到了。

《华语精选》中也未对动词进行下位分类,列举的动词皆是单音节的动作动词,并附例句。

《华语教范》中也未对动词进行下位分类,列举的动词主要是趋向动词,如来、去,以及和生活紧密相关的动词,包括吃、喝、走、用、尝、到等。

《"支那"语集成》对动词从自动、他动、受动和被动的角度进行了分类。

自动辞:车来了、客走了、风吹了、雨下了。

他动辞:我们学中国话、厨子弄菜、猫拿耗子、我给你这个东西。

受动辞:他叫人打了、小孩子叫狗咬了、他被人杀了。

被动辞:叫我看、叫他去、叫亲喜欢、叫您费心。

《汉语独学》的编撰者注意到了汉语中的"时态"范畴,即三个动态助词"着""了""过",编撰者特别说明了各自的时态意义,如

"动词+着"表现在,"动词+了"表过去,"快+动词"表未来推量,可见当时的编撰者对汉语时态的认识已经相当清晰了。

三 形容词的下位分类特征

《汉语独学》对形容词没有进行分类,所列举的形容词皆是"AA的"形式,如高高的、长长的、厚厚的、好好的、辣辣的、淡淡的、甛甛的、澁澁的、大大的、小小的、稀稀的、瘦瘦的。

《华语教范》对形容词也没有分类,所举形容词分为单音节形容词和双音节形容词,有书面语词汇,也有方言词汇,如羶、冲、紧、轻巧、腌藏等。

《"支那"语集成》中对形容词的分类为纯全形容词、复合形容词、重复形容词。

纯全形容词包括大、厚、小、薄、干净、糊涂、聪明、好、高、歹、矮、要紧、腌脏、公道。

这些纯全形容词都是成对列举的,如大小、厚薄、干净和腌脏、糊涂和聪明。

复合形容词,书中并未明确举例,但却说出了功能,纯全形容词 下에 的 [듸] 字를 添ᄒ 用ᄂᆞ니라,即在纯全形容词后加"的"字的用法。如大的、厚的、小的、薄的、干净的、糊涂的、聪明的、好的、高的、歹的、矮的、要紧的、腌脏的、公道的。

重复形容词包括好好的、小小的、大大的、少少的、多多的、远远的。

动词作形容词包括来的、去的、说的、买的、看的、交的、写的、商量。

成语形容词包括说话的、见人的、刮风的、走路的。

上述分类可以看出编撰者对"的"的功能有了初步的认识,形容词加"的"具有修饰功能,还认识到了"动词+的"构成的"的"字短语,如说话的、走路的。这类短语已经由谓词性转化为体词性,相当于名词成分。但《"支那"语集成》的编撰者把它们归入形容词,可见编撰者是根据词所在的位置进行归类的。

《"支那"语集成》还专门列举了"形容词+了"活用为动词的情况,如好了、亮了、红了,但并未举例句。还列举了形容词活用为名词的情况,如好得很、忙得厉害。以及列举了形容词活用为说明语的情况,如天气好、这个东西轻、去来的人多、肚子疼、身子结实。还列举了形容词形容名词的所在,如上头、底下、里头、外头、前头、后头、左边儿、右边儿、前头的人。

四 介词的下位分类特征

在《"支那"语集成》中,把"介词"命名为"介字",并分为"接续介字"和"前置介字",并给每个介字下面举了例句。

接续介字:和、比、给、到、在、成。

(1) 你拿胰子和手巾来。(《"支那"语集成》)

(2) 今儿比昨儿兴旺起来。(《"支那"语集成》)

(3) 你说给他。(《"支那"语集成》)

前置介字:和、给、上、到、往、在、打、拿、为、把、叫。

(4) 和他三人商量。(《"支那"语集成》)

(5) 给我看看。(《"支那"语集成》)

(6) 把屋里拾掇好了。(《"支那"语集成》)

作者对介字的划分完全是依据词的位置来判定的,有些词在今天应当划分为不同的词类,比如接续介字"和"应当划分为连词,"给"应当划分为助词,"把"被看作单独的句式。从这些分类可以看到日据时期朝鲜半岛的汉语学界对词类的早期概念,完全依据句法位置进行词类划分。

五　代名词的下位分类特征

只有四本会话书指出了代名词的具体内容，分别是《汉语独学》《"支那"语大海》《汉语大成》《"支那"语集成》，前三本书都未对代名词做任何分类，仅仅是罗列了代名词，《"支那"语集成》也并未对其进行明确的分类，把代名词分为两部分并对其进行了简单的说明。

如"你"是对"平交间"或"手下人"的称呼，"您"用于"敬长处"，"你"和"您"的复数皆是"你们"。

"我这儿"意味着"我的这儿"，"你们那儿"意味着"你们的那儿"。

上面的代名词有两点特征，第一，对人称代词的"卑称"和"敬称"的重视；第二，指示代词区分了近称和远称。

六　连词的下位分类特征

《华语教范》中把"连词"称为"连续词"，《"支那"语集成》中把"连词"称为"接续词"。

《华语教范》仅列出了词类范围，并未对其分类和说明，如可是、任凭、并且、而且、又……又……、无论、不论、倘或、不管、虽然、不拘、连……带……、既然、一……就……、所以、因为、趁着、与其、反倒、果然、况且、敢情、想必、应该、固然、至于、不至。

《"支那"语集成》对"接续词"的语法功能进行了说明，即介于主语和客语的中间，使话语更顺。《"支那"语集成》注意到了"连词"的连接功能，但有些例句不太正确。

（7）这是我的。(《"支那"语集成》)

（8）这不是卖的。(《"支那"语集成》)

（9）下雨就去。(《"支那"语集成》)

（10）车来了我就走。(《"支那"语集成》)

这些例句中并没有连词，如例（7）、（8）中的"是"应当归入名词例（9）中的"就"也应该归入为副词，可见当时的语法概念还不太成熟，对词类划分还不太准确。

在两本书里又注意到了"又……又……""随……随……""越……越……"的连接功能，"又……又……"表示几种情况和动作的累积，"随……随……"表示后一个动作紧跟前一个动作发生，"越……越……"表示后者随前者的增加而增加。在书中，作者虽未明说这三个词是连词，但它们的连接功能确实存在。

七 副词的下位分类特征

在《华语教范》中，并未给出副词明确的定义和下位分类，仅仅举出55个副词及其例句；如早、刚、就、快、最、很、快、慢、相、太、都、刘、还、再、都、才、该、可、大、很、顶、总、意、也、并、必、所、金、直、断、极、决、萬、更、多、吊、正、怎么、实在、一定、大概、点儿、已经、总得、不该、一概、刚才、回头、暂且、现在、多嗻、早已、马上、脚下、如今；

《"支那"语集成》中的"副字"也没有分类，甚至连例字都没有列出，而在后面的韩文解释中用的形式标识出来。

（11）竟闲着。[징쎈저] 놀기만 흐어。(《"支那"语集成》)

（12）既来了。[지래라] 이왕 왔다。(《"支那"语集成》)

（13）忽然出来。[후만츄래] 급히 나온다。(《"支那"语集成》)

在这些例句的最后，还附有一段解释性的说明文字，言语히华饰은 即副辞L 好辩흐다 称誉를 闻ㄴㄴ 라必히斯에注意흘진ㄴ라。(翻译过来就是，以上括弧内的词汇常常帮助或者修饰动词，所以叫"副字"，翻译的时候要注意。)

从这句解释以及在《"支那"语集成》中的例句可以看出,当时的词类划分还是非常不准确的,如他怎么总没信儿、那么早、一层一层的堆、请您给快点儿问。这些例子中"怎么""那么""一层一层""点儿""快"皆不属于副词,之所以出现这种分类,大概是因为作者语法功能看作是划分词类的唯一标准,即修饰动词的词皆是副词。

第四节　词类划分的原因

一　中国语法著作的影响

日据时代朝鲜半岛的汉语会话书涵盖的时段是1910年至1945年,这正处于中国汉语语法学的兴起和发展交替之间,在这个时间段,中国有两部代表性的语法专著。

第一部是《马氏文通》,在划分词类方面,它以"意义"为划分的基本标准,部分以"功能"范畴为基础,在汉语词类学史上具有里程碑的意义。它将汉语词类划分为9类,分别是名字、代字、动字、静字、状字、介字、连字、助字、叹字。

第二部是黎锦熙所著的《新著国语文法》,是中国第一部现代汉语语法专著,建立了第一个现代汉语词类体系,它提出了"依句辨品,离句无品"的词类区分原则,提出了"助词"和"量词"的概念。这两本书对各类词的命名列表如下。

表12-2　　　　　　　　各类词的命名列表

《马氏文通》	名字	无	代字	静字	动字	状字	连字	助字	介字	叹字
《新著国文语法》	名词	量词	代名词	形容词	动词	副词	连词	助词	介词	叹词

从上表可以看到，汉语会话书中各书的名称大部分来源于这两本书。比如《汉语独学》中的"代名词""动词""名词""形容词"直接沿用了《新著国文语法》里的称谓。《华语教范》中的"动词""副词""形容词"也直接沿用了《新著国文语法》里的称谓，各书中以"字"命名的称谓就来源于对《马氏文通》的借用。

从词类的定义，《汉语会话书》主要依据词的语法功能对词类进行划分，如在《"支那"语集成》中定义"接续辞"为"介在主语和客语中间"。另外，语义也是《汉语会话书》词类划分的一个重要标准，在《"支那"语集成》中根据动词和名词语义关系的不同，将动词分为自动词、他动词、受动词、被动词。由此可见，《汉语会话书》对词类的划分吸收了《马氏文通》和《新著国语文法》根据语法功能和语法意义划分词类。当然对词类归属成员也有负面影响，如《"支那"语集成》把"说说笑笑""说这个说那个""一层一层的""再三再四""一天比一天""为什么"等归入副词，而这些副词在今天的词类观念里并不是副词，但以"句本位"的语法体系来看，上述词语皆处于动词前作状语；《新著国文语法》认为划分词类标准要"依句辩品"，那么上述副词按照此标准，就应当归于副词词类。

《"支那"语集成》里的语助辞包括麽、啊、呀、呢、罷、哪、咧。马建忠将其命名为助字，他认为，汉语动词没有形态变化，所以句子的情态、语气要靠助词来传达，所谓助字者，盖以助实字以达字句内应有之神情也。[①] 他把助字分为两类，传信助字和传疑助字，前者如也、矣、耳、已，后者如乎、哉、耶、欤。我们从命名可以看到，二者都有一个"助"字，且两本书的助词的范围大致等于现代汉语的句末语气词，可以看到《"支那"语集成》明显受到《马氏文通》的影响。

---

① 马建忠:《马氏文通》，商务印书馆1983年版，第23页。

二 日本汉语语法著作的影响

《汉语会话书》是日据时期所完成的汉语会话书集，所以其词类分类也会受到日本语语法著作的影响。日本明治时期出现了大量的汉语语法教科书，如《"支那"语文典》（宫锦舒，1911）、《清语文典》（1905）、《清语正规》（1906）、《大清文典》（1877）等。《"支那"语文典》里的词类名称最为完善，如名词、代名词、数词、量词、动词、形容词、副词、助词、接续词、感叹词、接语词等，各词类的下位分类也非常丰富。

《清语正规》出现了"陪伴字""前置词""接续词""助动词"等词类名称，《华语教范》和《"支那"语集成》中出现的陪伴词（字）、前置词、接续词等命名应受到这一时期汉语语法的影响。

《华语教范》和《"支那"语集成》里皆有副词（辞）的概念，可见副词这一概念在日据时代韩国汉语教材中已经比较稳定；《清语文典》（1905）、《"支那"语文典》（1911）中皆出现了副词的概念，可见《汉语会话书》中的副词概念应是沿用了日本汉语语法书及同时期副词的概念。

日语词类划分的历史较早，从富樫广荫的《词玉桥》一书中开始，对日语词类的划分采用三分法，分别是言、词、辞，他是根据意义来对词进行分类的；现代日本语法科学的奠基者大槻文彦在其所著《广日本文典》（1897 年）中就借助了欧洲的语法概念，他把词归类为四种，分别是名词、形容词、代词、动词等；自此以后，日语语法学家把欧洲语言学界的词类范畴应用到日语中来，相继分出连接词和感叹词，同时提出了后置词这一范畴。

桥本进吉提出划分词类的三原则，分别是词义、词形和功能，根据词义，他把词划分为地理、岁时、动物和植物类。寺川根据语法角度的意义、功能和形态,把日语词划分为 10 类,分别是名词、动词、形容动词、连体词、副词、接续词、感叹词等。①

根据上面的分析,我们可以看出汉语会话书对词类的命名和划分都借鉴了日语语法的词类命名和划分。如《汉语指南》中把词划分为四季部、天文部、地理部、方向部、人事部、工商部、身体部和房屋部等,这就借鉴了桥本进吉的划分方法。《"支那"语集成》中既采用了"词"的称谓,如"数词",也采用了"辞"的称谓,如代名辞、形容辞、动辞、接续辞、副辞、语助辞和感动辞等。《华语教范》中的陪伴词和《"支那"语集成》中的"接续辞""感动辞"等都是借鉴于日语词类名称。

三 朝鲜半岛语法著作的影响

朝鲜半岛历史上第一部韩语语法著作《大韩文典》(俞吉濬 1909)在划分词类标准方面,受西方传统语法的影响,以"意义"和"功能"为基础,给词类划分出 8 类,分别是名词、代名词、动词、形容词、助动词、接续词、添附词和感动词。《汉语会话书》编写期间也正是《大韩文典》产生影响的时期,从命名上,我们可以看到"接续词"和"感动词"等直接受到了影响。

并且韩语把动词分为三类,自动词、受动词、他动词,可见《"支那"语集成》中对动词的分类显然受其影响。

第五节 "儿"化特征

"儿"既可以在构词平面上充当词缀,又可以在构形平面上充当儿

---

① 刘耀武:《关于日语词类的划分原则》,《黑龙江大学学报:外语版》1978 年第 1 期。

化音，不充当构词语素。在《汉语会话书》中，"儿"化音节非常丰富，不仅可以在多个词类后面加"儿"化音，甚至可以在一些小句后面加"儿"化音，下面我们详尽展示《汉语会话书》中的"儿"化现象。

一 "X"为名词

（一）"X"为普通名词

1. 称谓名词

A. 亲属称谓词

连襟儿、干女孩儿、老娘儿们、老家儿

B. 关系称谓

原告儿、对儿

C. 职业称谓

跑堂儿的、打杂儿的、打杂儿的、弄戏法儿的、盆儿匠

由"V+O+儿"构成的"儿"缀，需加"的"构成转指的施事者。

D. 社交称谓

别人儿、同伴儿、外人儿、人儿、小妞儿、妞儿（女孩儿）、小孩子儿

2. 居住类等地点名词

车站儿、地方儿、房顶儿、远处儿、嘎拉儿、窝儿、海边儿、门口儿、胡同儿、隔壁儿、单间儿、官座儿、雅座儿、池座儿、渡口儿、村儿、街儿、原处儿、台阶儿、套间儿、胡同儿、十字口儿

3. 指称地理类名词

山岭儿、山根儿、山坡儿、山涧儿、小河儿、山峰儿、山顶儿、高处儿、河沿儿、山岭儿、山峯儿、旁岔儿、路儿、土（山）坡儿、

河儿、山溪儿、沟沿儿

4. 指称器官部位名词

手儿、牙花儿、肩膀儿、牙床儿、骨节儿、脚掌儿、翅膀儿、鬓角儿、牙缝儿、翅儿、嘴儿、脊梁背儿、波棱盖儿、领毛儿、毛儿、下巴颏儿、肚脐眼儿、嘴唇儿、手缝儿、手纹儿、奶头儿、手丫巴儿、眼圈儿、脸儿、眼脂儿、髻角儿、眼球儿、卷毛儿、脸儿、心儿、鼻孔儿、鼻梁儿

5. 指称器物的名词

茶盘儿、茶船儿、墨盒儿、牙签儿、火纸捻儿、信封儿、胡琴儿、土物儿、球儿、灯苗儿、脚踏儿、灯苗儿、棍儿、墨盒儿、高粱秆儿、罐儿、灯罩儿、戒指儿、横梯儿、顶针儿、船帮儿、钱数儿、包儿、篆儿、瓦盆儿、小船儿、照相片儿、家当儿、门儿、灯苗儿、火棍儿、小车儿、信儿、盅素儿、把儿、座儿、壳儿、钱儿、烟草儿、葫芦儿、轴儿、材料儿、洋火儿、屉板儿

6. 指称服饰名词

朝珠儿、短袄儿、肚带儿、腿带儿、汗巾儿、官帽儿、褡褳儿、纽子眼儿、妞襻儿、马褂儿、坎肩儿、汗褟儿、兜儿、衣料儿

7. 指称植物名词

爬蔓儿、树根儿、树枝儿、花朵儿、桑椹儿、枣儿、花枝儿、花蕊儿、木叶儿、树干儿、杏儿、树梢儿、桃儿、花骨朵儿、苗儿、梗儿、树枝儿、椹儿、花儿、高枝儿、籐儿、胡椒面儿、豆儿、芽儿、皮儿

8. 指称动物名词

鸡子儿、家雀儿、羊羔儿、家兔儿、松鼠儿、鹦哥儿、猴儿、蜂儿、鸟儿、雀儿、小燕儿、蝴蝶儿、火虫儿、蝈蝈儿、虫儿、猫儿、蚕儿

9. 指称食物名词

黄焖鸭块儿、脍鸭丁儿、脍鸡丝儿、红烧鱼块儿、焦肚仁儿、门丁儿、脍三丁儿、鱼片儿、带片儿饽饽、白干儿、春卷儿、闷炉儿、水晶包儿、丝儿饼、醎肉丝儿、压桌样儿、小米儿、馅儿、水儿、饺儿、酱汁鲤鱼中段儿、米粒儿、茶水儿、山药豆儿、水菓儿、红枣儿、锅贴儿

10. 指称商铺类名词

茶馆儿、银行儿、小铺儿

11. 天文类名词

风丝儿、星星儿、月芽儿、风儿、雪景儿、露水珠儿、冰柱儿

12. 抽象名词

空儿、劲儿、数儿、底根儿、颜色儿、总名儿、梗儿、好处儿、影儿、香味儿、趣儿、味儿、俗话儿、格儿、一面儿、声儿、古语儿、字眼儿、眼面前儿、小命儿、缝儿、名儿、本儿、错儿、病根儿、世面儿、量儿、性儿、分量儿、总码儿、钱项儿、活儿、心窍儿、高板儿、模样儿、材料儿、出息儿、权儿、意儿、年纪儿、圈套儿、地步儿、钱财儿、魂灵儿、次儿、肮星儿、毛病儿、样儿、好事由儿、闷儿、言儿、尽头儿、滋味儿、价吗儿、工夫儿、褶儿、功夫儿、玩意儿、道儿、样儿、准儿、趣儿、力量儿、文字儿、圈儿、方儿、约会儿、各样儿、价儿、力量儿

13. 其他名词

过后儿、紫色儿、白色儿、小官儿、画儿、曲儿、歌儿、一辈儿、奇处儿、小说儿、古儿词、一窍儿、汉仗儿、卵子儿、卵胞儿、岁数儿、风筴儿、檐溜儿、像片儿、几步儿、片段儿

(二) 名词形式

1. "XX儿"式

年年儿、天天儿、月月儿、句句儿、光光儿

光光儿：指光亮、光线。如"甲：素的也得拿出来看看。乙：有带光光儿的麽？甲：是，给我瞧瞧顶好的"(《满洲语自通》)。

2. "X+词缀+儿"式

旁边儿、右边儿、这边儿、西边儿、海边儿、左边儿、外边儿、沿边儿、北边儿、东边儿、南边儿、两边儿、那边儿、傍边儿、话头儿、气头儿、笑头儿、粉头儿、南头儿、北头儿、对面儿、四面儿、瓜子儿、戒子儿、中间儿、铜子儿、弹子儿、子儿

3. "X 儿 Y"式

烟捲儿盒子、格儿纸、小人儿们、娘儿们、老哥儿俩、学伴儿们

二 "X"为动词

（一）"X"为普通动词

1. 加了"儿"仍为动词

打膈儿、摸粉儿、步行儿、贪玩儿、抽空儿、玩儿、打鸣儿、服元儿、还元儿、会齐儿、发芽儿、当面儿、拐弯儿、取笑儿、献勤儿、打战儿、打盹儿、该班儿、冒嘴儿、拔儿、盼儿、响儿、塔伴儿

还有的用于固定动词短语之中。

（14）喝得前仰儿后合的，站不住，叫人看着不斯文来。(《华语精选》)

2. 加了"儿"为名词

这些词语，本为动词结构，加了"儿"之后便转换成了名词。

伴儿、儿、坐儿、捆儿

个别词语释义如下。

咂咂儿：指女性乳头。

取灯儿：旧时也称火柴为洋取灯儿或取灯儿。

(二) 动词性结构

1. "X + 儿 + 的"式

出土儿、跟班儿、住家儿、出土儿、排大儿、玩儿、歇乏儿、挨晚儿、喝儿、打价儿、巴不得儿

2. "XX儿"式

坐坐儿、歇歇儿、等等儿

3. "X一X儿"式

等一等儿、凉一凉儿、乐一乐儿、歇一歇儿

4. "X了儿"式

(15) 瞻虚是应该胆虚，到了儿怎么样呢？(《"支那"语集成》)

5. "X了一X儿"式

(16) 原是竟是杨广那个柴艇撞了，他们先是一惊讶，后来心定了一定儿，就望他要赔补的钱。(《"支那"语集成》)

三 "X"为形容词

(一) "X + 儿"之后变为名词

(17) 你想瞒了我，就在老爷跟前讨了好儿了。(《华语精选》)

其他词语，如"鼻尖儿、刀尖儿"。

(二) "X + 儿"之后变为动词

(18) 尖儿那个字眼儿甚么？(《汉语指南》)

(三) "儿"相当于"少"

(19) 连学带费一个月通共花多儿钱？(《华语教范》)

(四) "XX儿"式

中中儿、烂烂儿、痒痒儿、少少儿、慢慢儿、简简儿、重重儿、细细儿

(五)"X了儿"式

(20) 可惜了儿的,眼看著他这个人是要饭的。(《"支那"语集成》)

(六)"X了一X儿"式

(21) 自从有病,那个大夫没治过,甚么样儿的好药没吃过,"才好了一好儿,又重落了。(《"支那"语集成》)

(七) 一般形容词+儿

1. 性质形容词

烫手儿、随便儿

2. 状态形容词

单皮儿、可怜儿、阴凉儿、整个儿、各处儿、远处儿、现成儿、悄不声儿、高等儿、细高挑儿、差不多儿、紧见儿、爽爽利利儿、痛痛快快儿、曚曚亮儿、普裏普儿

(八) 由"些儿"所构成的词和短语

1. 形容词+些儿

高些儿、大些儿、小些儿、新鲜些儿、强些儿、方便些儿、干净些儿、劳乏些儿、软些儿、迟些儿、好(了)些儿、松快些儿、便宜些儿

2. 动词性短语+些儿

疼他些儿、减少些儿、快着些儿

四 "X"为副词

(一)"XX儿"式

1. "XX"成词

渐渐儿、处处儿、常常儿、明明儿、悄悄儿、好好儿

2. "XX"不成词

快快儿、慢慢儿、细细儿、简简儿、早早儿、晃晃儿、严严儿

这类副词的"X"单独不能加"儿",重叠后可加"儿",构成副词。

(二)"其他副词+儿"式

特意儿、故意儿、好生儿、照样儿、蹑手蹑脚儿、活脱儿

五 "X"为量词

(一)物量词+儿

物量词表示人和事物的单位,一般与数词组成数量短语,常作定语,又称"名量词",其后的名词可以省略,也可以不省。

1. 专用物量词

A. 个体量词

一节儿、单张儿、个儿、件件儿、个个儿、样样儿、四样儿、句句儿、一分儿、几样儿、一段儿

"下"有表"点"的意思,表示时间概念,一昼夜的二十四分之一。

(22) 一下儿钟就是一点钟。(《"支那"语集成》)

(23) 孩子就掐着指头说:"一下儿、两下儿、三下儿、四下儿、五下儿、六下儿、七下儿、八下儿、九下儿、十下儿、十一点钟、十二点钟了、回头么一定打了十三点了。"(《汉语指南》)

B. 集合量词

一家儿

C. 不定量词

一点儿、大宗儿、趸儿

2. 借用物量词

A. 借自名词

几处儿、两匣儿、字字儿、箭箭儿、一煜儿①

B. 借自动词

半截儿、一送儿、一恍儿

（24）一个鱼四做儿红烧鱼、锅搭鱼、鱼片儿、金蝉鲍鱼来。（《"支那"语大海》）

（25）来一个鱼四作儿、红烧鱼头、脍万鱼、酱汁鲤鱼中段儿、鱼片儿，来半只烧鸭子，带片儿饽饽。（《华语教范》）

C. 借自数词

（26）您若是打**万**儿趸儿买，可以减轻点儿。（《华语精选》）

（八）动量词+儿

一溜儿、一会儿、一块儿、一回儿

"下"也作动量词。

（27）我把他痛打了一顿，踢了一**下**儿，才算解我的恨了。（《华语精选》）

第六节　小结

通过《汉语会话书》中的语料可以看出，日据时代韩国汉语教材里的词类没有统一的命名，范围也不一样，这都是因其受到了中国语法书籍、朝鲜半岛语法著作和日语语法著作的影响。

每个词类的下位分类并不准确，但也能初步反映用语法形式作为判定词类归属的方法，有些词类后面有解释语对其词类的功能和用法进行说明。由此可见，汉学家运用西方现代语言学理论解释汉语词类所作的努力。

---

① "煜"和"夜"同音，"一煜儿"表示"一夜儿"的意思。

第十三章 结论

《汉语会话书》一共收录了1911—1938年韩国出版的汉语教科书9种，皆以当时的北京方言和东北方言为基础编写而成，在当代由韩国鲜文大学中韩翻译文献研究所朴在渊、金雅瑛整理编撰而成，于2009年8月在韩国学古房出版社出版。这批《汉语会话书》产生于日据中期，内容印记着独特的口语特征和时代特征，研究此阶段9种教材里的词类，有利于展现当时独特的词类现象以及一些语法现象，以及发现当时东北方言和北京方言里的一些语料，也有利于为早期现代汉语研究提供海外的语料印证。

本文参照吴福祥（1996、1997）的研究框架，采取定量与定性相结合的方法，对《汉语会话书》中的词类现象进行详细描写和分析，以期完整、全面地展示《汉语会话书》中所呈现的词类特点。下面按照本文的行文框架分别介绍。

名词方面：《汉语会话书》中亲属称谓名词比较发达，对父系亲属称谓绝对多于母系亲属称谓，可见那个时代的人特备重视直系亲缘关系。从职业称谓名词可以看到当时社会正处于一个封建和现代的交替的时代，如司机人、教师、记者等皆是现代职业称谓；而大夫、太医、教习等皆是古代社会的称谓；谦称、敬称和卑称词语丰富，如"令尊"

"公子""贱内""犬子"等。此阶段的军事词汇相比于明代时期的军事词汇有如下特点，多音节词汇增多，单音节词汇变少。这反映了中国军事武器的增多，展现了当时落后的中国在努力探索救亡图存之道，积极研发和引进了西方先进的军事技术和武器装备。和现代汉语普通话相比，很多名词随着社会的变化发展消失了，而有些名词则是采取了不同的命名，这展现了不同的时代人们对事物认知理据的不同。

动词方面：《汉语会话书》中的动词按照语义可分为动作动词、心理动词、战争动词、商业动词、政令类动词以及一些日常生活类动词；动词的造词法可分为状中偏正式、词缀词根式、述补式、支配式、联合式、连续式，其中状中偏正式和支配式所占比例最大。这些词汇方言特征和口语特征皆比较明显，如：扎挣、抢白、出恭、平西、打哈息等属于北京方言，讨扰、遛打、打围等属于东北方言，得、怪、拉倒、瞧不起、饶、估摸、借光等皆属于口语词汇。会话书中的动词"有"用法比较特殊，其后不仅可以加名词作宾语，可以接动词和形容词作宾语，还可以接动词结构作补语；"有"主要有四种语义，分别是表领有、表存在、用于动词前表客套、表程度深。

形容词方面：根据外在形式，把会话书中的形容词分为性质形容词和状态形容词，根据造词法可把形容词分为并列式、状中式、动宾式、重叠式和"F+形容词+的"的形式。性质形容词作定语时有是否"的"的区别，当前面形容词对后面名词起描写作用时就需加"的"，起分类作用时就不需加"的"。状态形容词作定语时需要加"的"。性质形容词作谓语表程度和动态，状态形容词作谓语起描写的功能。性质形容词作状语，主要起限定和分类的作用；状态形容词作状语，主要起描写的作用。性质形容词和状态形容词皆可作补语。《汉语会话书》中的形容词具有明显的方言特征，如腌臢、口沉、啬刻等皆属于方言词。

副词方面：《汉语会话书》中的副词包括总括副词、类同副词、限定副词、统计副词、程度副词、时间副词、频率副词、累加副词、情状副词、语气副词和否定副词等共 11 个类，数量较多，在具体词汇上，《汉语会话书》更倾向于使用口语化的副词，如顶、忒、颇、躺、些微、体已、悄不声儿、怪不得、抽冷子等。

量词方面：《汉语会话书》中的量词种类和词项比较丰富，其中"个"是最常见和最灵活的量词，适用范围比较广，由名词充当临时量词的例子比较多。

代词方面：《汉语会话书》中代词的种类和词项比较丰富，有很多古代的写法，如偺们、喒们、爾、儞等；还有很多方言词汇，如这程子、怎么着等。和现代汉语相比，第一、二人称代词比较丰富，第三人称比现代汉语少。

介词方面：《汉语会话书》中介词的种类和词项比较丰富，分为时间处所介词、范围对象介词、凭借方式介词和原因目的介词；方言色彩比较重，如打、起、解等。

连词方面：《汉语会话书》中的连词包括并列连词、承接连词、递进连词、选择连词、假设连词、因果连词、让步连词、条件连词、转折连词和因果连词等共 10 类。《汉语会话书》中介词的搭配规律和使用规律显然不够成熟。比如在现代汉语里，当主语一致时，连词位于主语的后面，当主语不一致时，连词位于主语的前面，而《汉语会话书》中这一点则显得比较混乱；《汉语会话书》里连词的搭配也不够科学，如"虽"和"宁可"搭配，这显然会造成前后逻辑不清楚，两个都是让步连词，现代汉语是"虽然……但是……"搭配，则逻辑清楚明了得多。

助词方面：《汉语会话书》中的助词包括动态助词、事态助词和结构助词，其中助词用法和现代汉语相比，则随意得多，甚至看起来是错误的，如"着了"连用，"没"可修饰"动词+动态助词'着'"；有些助词在现代汉语需换成其他介词，如："就是叭着沿边儿仅露着脑袋正叫喊的时候儿。"这句话中的"着"需替换为"在"。

语气词方面：《汉语会话书》中的语气词分为单音节语气词和双音节语气词，其写法是古今并存，如"吧"就有"罷""罢""吧"三种写法，"哎呀"就有"哎呀""嗳呀"两种写法；其语气词的用法和现代汉语存在着不同，如"哪"在现代汉语里不能用于是非疑问句，如："令尊大人好哪？"

《汉语会话书》中的9种教材对词类的划分没有统一的命名，范围也不一样，根据我们的考察，这些不同的名称大概是受中国、韩国、日本各语法著作的影响；各会话书中每个词类的下位分类也不太准确，但也能看到当时的汉学家用语法形式作为判定词类归属的方法，有的词类后面有解释语对其词类的功能和用法进行说明；《汉语会话书》中的"儿"化现象比较明显，根据我们统计，"儿"化词汇总共有3764个，可以加在名词、动词、副词、形容词、代词、量词后边。

参考文献

(按出版年度先后排列)

征引汉语会话教科书的文献

［韩］宋宪奭：《汉语独学》，朝鲜书馆发行 1911 年版。

［韩］宋宪奭：《"支那"语集成》，德兴书林 1921 年版。

［韩］柳廷烈：《汉语指南》，汇东书馆 1913 年版。

［韩］高永完：《华语精选》，普书馆 1913 年版。

［韩］李起馨著，陈国栋阅：《华语教范》，普昌书馆 1915 年版。

李源生：《汉语大成》，以文堂 1918 年版。

白松溪：《中国语自通》，永昌书馆 1929 年版。

［韩］文世荣著，马茂林校阅：《满洲语自通》，株式会社以文堂 1934 年版。

［韩］文世荣：《"支那"语大海》，永昌书馆 1938 年版。

著作类

杨树达：《高等国文法》，商务印书馆 1920 年版。

黎锦熙：《新著国语文法》，商务印书馆 1924 年版。

吕叔湘：《语法修辞讲话》，辽宁教育出版社 1951 年版。

赵元任：《现代汉语吴语研究》，科学出版社 1956 年版。

吕叔湘:《汉语语法分析问题》,商务印书馆1979年版。

赵元任:《汉语口语语法》,商务印书馆1979年版。

吕叔湘:《现代汉语八百词》,商务印书馆1980年版。

任学良:《汉语造词法》,中国社会科学出版社1981年版。

吕叔湘:《中国文法要略》,商务印书馆1982年版。

朱德熙:《语法讲义》,商务印书馆1982年版。

马建忠:《马氏文通》,商务印书馆1983年版。

吕叔湘:《汉语语法论文集》,商务印书馆1984年版。

吕叔湘:《近代汉语指代词研究》,学林出版社1985年版。

王力:《中国现代语法》,商务印书馆1985年版。

李荣:《中国语言地图集·汉语方言的分区》,朗文出版有限公司1987年版。

王力:《汉语语法史》,商务印书馆1989年版。

陈其光:《中国语文概要》,中央民族学院出版社1990年版。

张志公:《汉语语法》,广东教育出版1991年版。

刘坚、江蓝生:《近代汉语虚词研究》,语文出版社1992年版。

曹广顺:《近代汉语助词》,语文出版社1995年版。

吴福祥:《敦煌变文12种语法研究》,岳麓书社1996年版。

邢福义:《汉语语法学》,东北师范大学出版社1996年版。

蒋冀骋、吴福样:《近代汉语纲要》,湖南教育出版社1997年版。

吴福祥:《近代汉语纲要》,湖南教育出版社1997年版。

孙锡信:《近代汉语语气词》,语文出版社1999年版。

冯春田:《近代汉语语法研究》,山东教育出版社2000年版。

赵杰:《汉语语言学》,朝华出版社2001年版。

吕叔湘、王海棻:《马氏文通读本》,上海教育出版社2001年版。

丁声树等:《现代汉语语法讲话》,商务印书馆2002年版。

石毓智：《现代汉语语法系统的建立》，北京语言大学出版社2003年版。

[日] 太田辰夫：《中国历史文法》，蒋绍愚、徐昌华译，北京大学出版社2003年版。

黎锦熙：《黎锦熙语言学论文集》，商务印书馆2004年版。

王力：《汉语史稿》，中华书局2004年版。

蒋绍愚、曹广顺：《近代汉语语法史研究综述》，商务印书馆2005年版。

陆俭明：《现代汉语语法研究教材》（第三版），北京大学出版社2005年版。

杨荣祥：《近代汉语副词研究》，商务印书馆2005年版。

黄伯荣、廖旭东：《现代汉语》（增订四版·下册），高等教育出版社2007年版。

江蓝生：《近代汉语探源》，商务印书馆2007年版。

邵敬敏：《汉语语法的立体研究》，商务印书馆2007年版。

张西平：《世界汉语教育史》，商务印书馆2009年版。

方一新：《中古近代汉语词汇学》，商务印书馆2010年版。

石毓智：《汉语语法》，商务印书馆2010年版。

傅德华：《日据时期朝鲜刊刻汉籍文献书目》，上海人民出版社2011年版。

胡裕树：《现代汉语》，上海教育出版社2011年版。

郎宓榭：《西学译介与晚清汉语词汇之变迁》，山东画报出版社2012年版。

徐时仪：《近代词汇词汇学》，暨南大学出版社2013年版。

陈明娥：《日本明治时期北京官话课本词汇研究》，厦门大学出版社2014年版。

陈保亚：《20世纪中国语言学方法论研究》，商务印书馆2015年版。

李无未：《日本汉语教科书汇刊（江户明治编）总目提要》，中华书局 2015 年版。

宋婧婧：《现代汉语口语词研究》，厦门大学出版社 2015 年版。

[英] 约瑟夫·艾约瑟：《汉语官话口语语法》，董方峰、杨洋译，外语教学与研究出版社 2015 年版。

陆宗达、俞敏：《现代汉语语法》，中华书局 2016 年版。

中国学者的论文

吕叔湘：《助词说略》，《中国语文》1956 年第 6 期。

王还：《动词重叠》，《中国语文》1963 年第 1 期。

吕叔湘、饶长溶：《试论非谓形容词》，《中国语文》1981 年第 2 期。

梅祖麟：《现代汉语完成貌句式和词尾的来源》，《语言研究创刊号》1981 年。

李兴亚：《语气词"啊，呢，吧"在句中的位置》，《河南大学学报》（社会科学版）1986 年第 2 期。

曹广顺：《语气词"了"源流浅说》，《语文研究》1987 年第 2 期。

史锡尧：《论副词"也"的基本语义》，《世界汉语教学》1988 年第 4 期。

陈一：《试论专职的动词前加词》，《中国语文》1989 年第 1 期。

刘勋宁：《现代汉语句尾"了"的语法意义及其与词尾"了"的联系》，《世界汉语》1990 年第 2 期。

林国伟：《敦煌变文中"是"字用法略述》，《古汉语研究》1992 年第 2 期。

方梅：《北京话句中语气词的功能研究》，《中国语文》1994 年第 2 期。

曹广顺：《近代汉语助词》，语文出版社 1995 年版。

曹小云：《〈西游记〉中的人称代词前缀"是"》，《古汉语研究》1996 年第 4 期。

吴福祥：《敦煌变文语法研究》，岳麓书社1996年版，第288—301页。

严戎庚：《论现代汉语词缀及其与助词的区别》，《新疆大学学报》（哲学社会科学版）1996年第24卷，第4期。

钟兆华：《论疑问语气词"吗"的形成与发展》，《语文研究》1997年第1期。

金立鑫：《试论"了"的时体特征》，《语言教学与研究》1998年第1期。

刘丹青、徐烈炯：《焦点与背景、话题及汉语"连"字句》，《中国语文》1998年第4期。

陆丙甫：《从语义、语用看语法形式的实质》1998年第5期。

朱景松：《动词重叠式的语法意义》，《中国语文》1998年第5期。

张敏：《认知语言学与汉语名词短语》，中国社会科学出版社1998年版。

张伯江：《论"把"字句的句式意义》，《语言研究》2000年第1期。

张谊生：《略论时制助词"来着"》，《大理师专学报》2000年第4期。

张谊生：《现代汉语副词的性质、范围与分类》，《语言研究》2000年第2期。

刘一之：《北京话中的"着（zhe）"字新探，北京大学出版社》2001年第12期。

董秀芳：《论句法结构的词汇化》，《语言研究》2002年第3期。

杨锡彭：《关于词根与词缀的思考》，《汉语学习》2003年第2期。

扬平：《动词重叠式的基本意义》，《语言教学与研究》2003年第5期。

祝建军：《"打V"之"打"的语法化探析》，《古汉语研究》2004年第3期。

陈广宏：《韩国"汉学"向"中国学"转型之沉重一页——日据朝鲜时期京城帝国大学的"中国学"研究及其影响》，载《韩国研究论丛》第十二辑，中国社会科学出版社2006年版。

董秀芳:《从虚词到词缀的转化谈汉语虚语素的内部分类》,《汉语史研究集刊》第七辑,巴蜀书社 2005 年版。

何伟:《现代汉语副词"也"的功能视角研究》,《汉语学习》2006 年第 12 期。

邵敬敏:《"连 A 也/都 B"框式结构及其框式化特点》,《语言科学》2008 年第 4 期。

王圣博:《试论"V 也/都 VP"的构造特征及其"也""都"的表达功用》,《汉语学习》2008 年第 5 期。

汪维辉:《域外借词与汉语词汇史研究》,《江苏大学学报》(社会科学版)2009 年第 1 期。

张西平:《世界汉语教育史》,商务印书馆 2009 年版。

李军华:《"呢"字句的情态类型与语气词"呢"的情态意义考察》,《语言研究》2010 年第 7 期。

聂志军:《唐亚慧·程度副词"顶"进入现代汉语的过程》,《内蒙古农业大学学报》2011 年第 2 期。

翟燕:《近代汉语后期语气词"啊"与"呀""哇""哪"的关系》,《山东师范大学学报》(人文社会科学版)2011 年第 56 卷,第 5 期。

李静:《朝鲜时期汉语教科书中的处置式研究——以〈朴通事彦解〉和〈训世评话〉为中心》,硕士学位论文,辽宁师范大学,2012 年。

李会荣:《再 A 也 B 构式的类型分析——兼谈构式的基本类型》,《语文研究》2012 年第 4 期。

汪维辉:《研究早期现代汉语和汉语教育史的重要资料》,《燕赵学术》2012 年第 1—6 期。

翟燕:《语气词"罢"的语法化及相关问题》,《学术交流》2013 年第 10 期。

曹瑞炯:《〈原本老乞大〉语法研究》,博士学位论文,中国社会科学院研究生院，2014 年。

赵艳平：《现代汉语词缀研究》，博士学位论文，河北大学，2014 年。

陈前瑞：《词尾和句尾"了"的分析模式》，《汉语史学报》第十五辑，上海教育出版社 2015 年版。

陈明娥：《韩国汉语会话教材 600 多年的发展变化——以 14 至 20 世纪汉语会话书为例》，《宁夏大学学报》（人文社会科学版）2016 年第 2 期。

黎楠婷：《朝鲜日据时期汉语教材句式研究》，硕士学位论文，四川师范大学，2018 年。

李春红：《日据时期朝鲜半岛汉语会话教科书语言研究》，博士学位论文，吉林大学，2018 年。

李梦芳：《"X 好"契合类语气副词研究》，硕士学位论文，吉林大学，2018 年。

韩国学者的论文

［韩］李明晶：《19 世纪末至 20 世纪上半叶韩国汉语教学概况——兼论韩国汉语学习者的民族心理背景》，《国际汉语教学动态与研究》2007 年第 1 期。

［韩］苏恩希，金美恩：《日帝强占期中国语会话教材自习完璧支那语集成无先生速修中国语自通中表现出的社会文化相研究》，《中国文化研究》2008 年第 12 期。

［韩］苏恩希、沈英淑：《日帝殖民地时期中国语会话教材改正增补汉语独学全中反映的日本对朝鲜的教育政策考察》，《中国文化研究》2009 年第 14 期。

［韩］苏恩希：《日帝殖民地时期汉语会话教材研究》，《中国文化研究》2009 年第 15 期。

［韩］白芝莲：《日本殖民地时期中国语会话教材语汇的社会文化相研究——以〈自习完璧支那语集成〉和〈中国语自通〉为中心》，硕士学位论文，韩国淑明女子大学，2009年。

［韩］沈英淑：《日本殖民地时期中国语会话教材〈改正增补汉语独学全〉〈高等官话话语精选〉研究》，硕士学位论文，韩国淑明女子大学，2009年。

［韩］金雅瑛：《1910年代旧活字本中国语会话书研究——以〈汉语独学〉〈汉语指南〉〈华语精选〉〈华语教范〉〈汉语大成〉的熟语语汇为中心》，硕士学位论文，韩国鲜文大学，2009年。

［韩］金雅瑛、金铉哲：《民国时期汉语会话教材中的词汇特征》，《汉语与汉语国际教育》，学古房2010年版。

［韩］申美燮：《日帝强占时期的汉语教材研究：以内鲜满最速成中国语自通和最新华语教科书为中心》，《东亚人文学》2010年第6期。

［韩］辛允姬：《1938—1943第3次朝鲜教育令时期中国语教育研究——以〈（北京官话）支那语大海〉及〈速成自习标准支那语教程〉为中心》，硕士学位论文，韩国淑明女子大学，2010年。

［韩］苏恩希、辛允姬：《日本殖民地时期第三次朝鲜教育令与汉语教育政策——以东亚日报朝鲜日报相关报道为研究资料》，《中国文化研究》第17辑，2010年第12期。

［韩］金雅瑛：《1910—30年代的9种旧活字本汉语会话教材初探》，《清代民国汉语研究》，学古房2011年版。

［韩］金昭希、宋宪奭《〈自习完璧支那语集成〉研究》，硕士学位论文，上海师范大学，2011年。

［韩］李周娟：1910年代中国语会话教材——以〈速修汉语大成〉（1918）和〈官话华语新编〉（1918）为中心》，硕士学位论文，韩国淑明女子大学，2011年。

[韩]申美燮:《日帝强占期中国语教材官话问答中的"来着"考察》,《中国语文学论集》2011年第6期。

[韩]崔桓、申美燮:《韩国日帝强占期汉语教材中的介词研究》,《东亚人文学》2012年第22期。

[韩]徐美零:《『滿洲語自通』과『支那語大海』의중국어역음표기법비교연구저자명》,중국어문학논집,2012年第77期。

[韩]徐美零:《满洲语问答会话集中的中韩转写音研究》,《中国语文学论集》2013年第81期。

[韩]申美燮:《日帝强占期 中国语教材에서 나타나는"时制"와"相"에 관한 인식 연구》,《中国语文学》第62辑,2013年第4期。

[韩]申美燮:《日帝强占期 中国语教材에 나타나는文法内容研究》,《东亚人文学》第25辑,2013年第71—93页。

[韩]徐美零:《『满洲语问答会话集』의中·韩转写音연구중국어문학논집》,《中国语文学论集》2013年第81期。

[韩]金雅瑛:《日帝强占期中国语会话书出现的词汇研究》,博士学位论文,延世大学,2014年。

[韩]申美燮:《20世纪初北京语研究—日帝强占期中国语教材를中心으로》,《东亚人文学》第28辑,2014年第8期。

[韩]金铉哲:《韩国汉语教材现状及研发》,《国际汉语教学研究》2015年第2期。

[韩]申美燮:《日帝强占期 中國語 教材에 나타나는代詞연구》,《东亚人文学》第30辑,2015年第137—155页。

[韩]申美燮:《近代韩国의中国语文法수용 고찰 – 日帝强占期中国语教材를 중심으로 – 》,《东亚人文学》第35辑,2016年第6期。

[韩]金雅瑛:《民国时期中国语会话教材的时间词特征》,《中国语文学论集》第84辑,2014年第2期。

后　记

　　本书是在我的博士学位论文《日据时期韩国汉语会话书词类研究》（2019）基础上打磨而成的。

　　与韩国汉文文献结缘于2014年，刘兴均教授正在攻关教育部社会科学项目《三礼名物词的研究》，我帮助刘老师完成了项目中一些数据库的录入和表格的制作工作。完成之时，刘老师建议我可以到韩国岭南大学攻读博士学位，韩国有大量的汉语文献值得研究。2016年9月我顺利来到韩国岭南大学求学，在与博士导师崔桓教授第一次见面后，崔老师基于我以往研究成果，以及当下韩国汉文文献语法前沿研究的思考，为我规划了博士课题。

　　《汉语会话书》由9本日据时期民间汉语口语书籍汇编而成，初读时给我第一印象就是许多词类的用法和现在不一致，文字有许多俗体、异体，甚至是"错别字"，但这些字体在汉文文献中又是客观存在的，不是书籍作者个人的错误。基于此，我萌发了全面研究日据时期《汉语会话书》的词类现象，参照吴福祥（1996、1997）的研究框架开始全面按词类搜集素材，由于平时还有课业及小论文的发表任务，搜集工作断断续续耗时两年才完成。

　　关于汉语词类的研究很多，主要集中于两个核心问题：第一，词类同句法成分的关系问题；第二，词类划分的标准问题。汉语在自身发展过程中，词类是不断变化的，在历史上某个时段可以有这种用法，但现在又没有这种用法。所以要用变化发展的眼光看待汉语词类，更要基于语料事实。因此，我既整理了自己搜集的《汉语会话书》语料，又阅读吸收了新的理论方法，力求全面科学描写《汉语会话书》的词类现象，为汉语史的研究提供域外汉语文献证据。

回顾在韩学习生活，感恩博导崔桓教授对我各方面的关心，督促我小论文要尽快完成发表，也时刻关注我博士论文的进度，您的培养之恩，永远铭记。感谢课程老师李春永教授、陈贤教授、柳秀晶教授，他们不仅是良师，更是益友，跟着他们学习交流不仅增加了我的学识，也丰富了我对韩国文化的认知。还要感谢四川外国语大学的曹保平教授，2019年他正在韩国岭南大学做访问学者，作为我博士论文的答辩委员，他严格但又宽容，为我论文的整体框架和细节指出了很多问题，让我受益良多。感谢四川大学硕士生导师顾满林教授，您的谦逊和博学，让我受益匪浅，您还经常聚集师门弟子聊学术和工作，帮我开阔视野，给予我正能量。

2019年9月，我有幸通过人才引进渠道回到母校成都大学任教，在单位我感受到了端正踏实的学术氛围和严谨活泼的教学态度，领导的关怀、前辈的指导和同辈新人的互相帮助让我近几年的工作非常顺利。我通过努力获取了一些教学奖项，发表了一些论文，这些微小的成绩都是我教学事业起步阶段重要的自信积累。最后我要感谢"成都大学文明互鉴与'一带一路'研究中心"，是中心提供了宝贵的机会才让我有机会将此书出版。感谢杨玉华副校长，在修改书籍阶段，每次碰到我都要关心修改的进度，叮嘱我要抓紧时间。感谢外审专家和中国社会科学出版社编辑的慧眼以及付出的辛勤劳动，没有你们的拔草除莠和正缪补漏，这本书是不可能出版的。

奋斗的岁月有阳光也有风雨，所幸都有父母、妻子和儿女的温馨陪伴，你们的理解和支持是我前行最大的动力。每当回家看到儿女那幼小可爱活泼的样子，都让我觉得疲倦的教学科研中随时能感受到人生值得。回首过去，感慨万千，立足未来，将持续奋斗，永不止步。

张　程

2022 年 7 月 3 日

于成都龙泉驿区天悦国际 8 栋

成都大学文明互鉴与"一带一路"研究中心学术丛书

书目（第一辑共七卷）

一、《天府文化概论》，杨玉华 等著

二、《唐诗疑难详解》，张起、张天健 著

三、《阿恩海姆早期美学思想研究》，李天鹏 著

四、《雪山下的公园城市——大邑历史文化研究》，杨玉华 主编

五、《中国广播电视国际传播能力建设研究》，车南林 著

六、《龙泉驿古驿道历史文化研究》，杨玉华 主编

七、《韩国汉语会话书词类研究（1910—1945）》，张程 著